탁월한 적중률! 합격의 동반자!

채한태
명품헌법
조문해설집

메가 공무원

머리말 | PREFACE

본서는
헌법조문의 내용과 헌법이론, 헌법재판소의 판례를
유기적으로 정리한 교재입니다.

최근 헌법시험에서 헌법조문의 중요성이 날로 증가하고 있습니다.

헌법조문의 내용을 체계적으로 숙지하는 것은 고득점으로 가는 지름길이라고 할 수 있습니다. 본서는 헌법조문의 내용과 헌법이론, 헌법재판소의 판례를 유기적으로 정리한 교재입니다.

본서의 특징은 다음과 같습니다.

① 헌법이론의 방대한 이론 중에서 핵심적인 내용을 명료하게 정리하였습니다.
② 헌법조문과 관련되는 헌법재판소의 주요 판례내용을 유기적으로 정리하였습니다.
③ 헌법조문의 내용 중에서 출제예상이 되는 영역을 입체적으로 기술하였습니다.

탁월한 적중률! 합격의 동반자! 채한태 법학박사의 명품헌법

헌법에 관해 궁금한 점이나, 합격을 위한 효율적인 학습 방법에 대한 상담, 그 밖에 수험 고민 등은 다음카페 채한태헌법교실(http://cafe.daum.net/cht016) 게시판이나 이메일 cht016@hanmail.net 으로 질문하면 직접 신속하게 성실한 답변해 드릴 것을 약속합니다. 농부가 밭에서 씨앗을 뿌리는 심정으로 공부에 매진하길 바라는 바입니다.

본서 출간에 성원해주신 채한태 헌법교실의 3만 7천여명의 회원 여러분과 열정적으로 함께 해주신 메가공무원 출판사 배성은님과 편집부 여러분께도 무한한 감사드립니다.

盡人事待天命

더불어 수험생 여러분의 합격을 진심으로 기원합니다.
꿈은 이루어 집니다.
진인사대천명입니다.

다산 공무원 합격 연구소
법학박사 채한태 배상

합격자 추천 후기 | RECOMMENDATION

선생님 안녕하세요. 일반행정직 지원자 장○○입니다. 선생님 덕분에 합격했습니다. 감사합니다.
2024 서울 지방직 9급 합격 장○○

교수님 수원시 9급 최종 합격했습니다! 지금까지 열심히 지도해 주셔서 감사합니다.
2024 수원 지방직 9급 합격 김○○

박사님 안녕하십니까. 오늘 대구 발표날인데 최종 합격했습니다. 박사님 덕분에 합격한 것 같습니다. 감사합니다.
2024 대구 지방직 9급 합격 김○○

안녕하세요! 학원에서 선생님 면접 수업을 들었던 김○○이라고 합니다. 다름이 아니라 이번 지방직 공무원 시험 최종 합격하여 감사 인사를 드리기 위해 메일 드립니다. 감사합니다!
2024 경남 지방직 9급 합격 김○○

면접은 채한태 박사님 강의가 많이 도움이 되었습니다. 공무원의 공직관에 대한 것들을 너무나 잘 가르쳐주셨습니다. 그리고 수업 시간에 하는 면접 스터디도 많은 도움을 받았습니다. 다시 한번 감사드립니다. 박사님.
저는 늦은 나이에 이번 공무원 시험에 합격했습니다. 그동안 아르바이트도 여러 가지 많이 했었고 직장생활도 10년 정도 했습니다. 포기하지 않고 6년간 열심히 도전하니까 이번에 좋은 결과가 있었습니다. 제가 영어와 행정법이 조금 부족했었는데 부족한 과목을 두배 세배로 더 열심히 했더니 이번엔 좋은 점수가 나왔습니다. 다른 분들도 포기하지 않고 열심히 노력하시면 다들 좋은 결과 있으실 것 같습니다~ 고맙습니다. 박사님~^^
2024 경남 지방직 9급 합격 김○○

교수님 안녕하세요. 교수님 면접 수업 들었던 강○○라고 합니다!
저는 면접 끝나고 불안한 마음으로 지내고 있었는데 오늘 최종 합격 연락을 받았습니다.
면접 준비가 너무 막막했는데 수업을 들으면서 그리고 그 외 시간에 꾸준하게 이메일로 질문에 답변해 주셔서 감사했습니다.
2024 경북 지방직 9급 합격 강○○

안녕하세요. 교수님, 2024 면접반 수강생 태○○입니다.
교수님께서 지도해 주신 덕분에 이번 경상북도 지방공무원 채용에 최종 합격하였습니

탁월한 **적중률! 합격의 동반자!** 채한태 법학박사의 **명품헌법**

다. 감사합니다! 강의에서 알려주신 귀중한 면접 지식과 예절을 면접 팀원들과 함께 연구하며 제 것으로 녹여내는 과정에서 지방공무원으로서의 정신을 내면화하는 데에 큰 도움이 되었습니다.
교수님의 지도에 따라 경산의 역사문화공원, 박물관, 지역축제, 전통시장, 경산시청, 행정복지센터를 모두 돌아다니며 혹독한 날씨 속에서 힘들고 때로는 선배 공무원들의 웃음을 사기도 하고 진심 어린 격려를 듣기도 했지만, 반드시 성공하겠다는 일념으로 뜻깊은 경험을 할 수 있었습니다.
그리고 마지막 모의 면접에서 해주셨던 평가와 따뜻한 덕담으로 큰 용기를 얻어 어려움을 딛고서 경상북도청에서 진행된 실전 면접에서도 최고의 기량을 발휘할 수 있었습니다.
그리하여 실전 면접에서 모든 질문에 풍부한 대답을 할 수 있었으며, 교수님께서 강조하신 '헌법 제7조 1항'을 함양한 포부로써 면접을 맺으며 면접관으로 오신 교수님께서 공감해 주시고, 도의원님께서는 씩씩하다며 화이팅을 외쳐 주시고, 도청 공무원분께서는 놀람을 연발하셨던 대답으로 면접을 빛내었습니다.
올해 무더운 여름에 저희의 성공을 위해 애써 주신 노고에 다시 한번 진심으로 감사드립니다!

2024 경북 지방직 9급 합격 태○○

필기 합격 점수 컷트라인에 걸린 것 같아 불안한 마음이 들어서 면접에 올인해야겠다라고 생각하며 채한태 박사님의 열정적인 강의를 듣고 난 뒤 면접의 유형이나 방식을 조금 더 상세하게 배웠습니다. 또한 면접 예상 질문에 대한 답변을 작성하여 메일로 보내드려 피드백을 얻을 수 있었습니다. 그래서 면접을 잘 보아 합격이라는 큰 결실을 맺을 수 있었다고 생각합니다.
다시 한번 감사드립니다.^^

2024 전남교육청 지방조리직 9급 합격 김○○

박사님 안녕하십니까!! 좋은 아침입니다~~
어제 늦게 연락드렸음에도 불구하고 긴 글 읽어주시며 피드백 답변 주셔서 너무 감사드립니다~~ 피드백 주신대로 수정하고 보완해서 이번 지방직 공무원 시험에 최종 합격할 수 있도록 최선을 다하며 유종의 미를 거두겠습니다!! 항상 건강하시고 좋은 일만 가득하시기를 바랍니다^^
다시 한번 감사의 말씀 드립니다!!

2024 부산 지방직 9급 합격 김○○

합격자 추천 후기 | RECOMMENDATION

안녕하십니까? 교수님 박○○입니다. 오늘 부산 지방직 최종 합격했습니다. 감사드립니다.
2024 부산 지방직 9급 합격 박○○

교수님의 명품 강의에 힘입어 금일 최종 합격 발표를 받았습니다!
훌륭한 가르침을 주셔서 감사드립니다! 항상 열심히 하는 공무원이 되겠습니다!
2024 부산 지방직 9급 합격 이○○

채한태 박사님께서 어려운 법과목을 쉽게 설명해주셔서 합격한 것 같아요. 감사합니다!!
2024년 7급 국가직 합격 김○○

교수님 명품헌법 수업을 듣고 많은 도움이 돼서 고맙다는 인사드려요. 방대한 판례를 도표로 정리해주셔서 시간 절감 되었어요.
2024년 7급 지방직 합격 박○○

명품헌법 기본서와 헌법 종합 기출문제집으로 박사님 수업을 인강으로 반복적으로 수강하여 합격을 했습니다. 박사님 감사드립니다.
2024년 비상계획관 합격 김○○

메가공무원 국회 면접 과정까지 잘 지도해 주셔서 입법부 공무원이 되었습니다.
2024년 국회 8급 합격 김○○

경찰헌법으로 인강으로 수업을 듣고 고득점으로 합격을 했어요.
2024년 순경 합격 김○○

방대한 공직선거법 출제내용을 요약해주어 단기간에 총정리하여 합격했습니다. 감사드려요.
2024년 9급 선관위직 합격 김○○

공직선거법 최근기출문제를 쉽게 정리하여 고득점으로 합격하게 되어 감사해요.
2024년 9급 선관위직 합격 이○○

명품헌법 기본서와 헌법 종합 기출문제집으로 공부하여 좋은 결과를 이루었습니다. 채박사님 감사드려요.
2024 경정승진 합격 박○○

명품헌법으로 공부하여 단기간에 총정리하여 고득점 하였습니다. 적극적으로 추천해요.
2024 순경직 상반기 순경 공채 필기 합격 김○○

탁월한 적중률! 합격의 동반자! 채한태 법학박사의 명품헌법

헌법을 처음 공부할 때는 기본강의 이후 기출문제만 반복하다 보니 일정 수준 이상의 점수를 벗어나기가 어려웠습니다.
단순 기출 반복이 아닌 적용된 법이나 원리의 이해를 바탕으로 지문 하나하나의 쟁점을 파악하며 문제 푸는 연습을 하였습니다. 그 결과 모의고사에서도 여러 차례 50점 만점을 받을 수 있었고 헌법이라는 과목에 자신감이 생겼습니다. 특히 앞서 말씀드린 것처럼 매일 전과목을 공부하고 기록하는 방법은 채한태 교수님께서 강조하여 말씀해 주신 방법이기에 반드시 지켜야겠다는 생각으로 매일매일 전과목을 공부했습니다.
채한태 교수님이 면접의 노하우를 지도해 주셔서 면접에서도 합격을 할 수 있습니다. 감사합니다.
2023년 경찰(순경직) 서울경찰청 김○○

명품공직선거법 시리즈 강의를 통해서 고득점으로 합격하였습니다. 감사합니다.
2023년 9급 선관위직 합격 이○○

헌법은 채한태 박사님 기본강의 들었습니다.
이해하면 외워지는 스타일이라 기출 풀 때 초반 문제 다지기에 집중했습니다. 저는 법 과목은 일단 기본서를 정독하고 판례에 저만의 코멘트를 달며 저의 언어로 법을 이해하며 학습했습니다. 법 과목은 해설도 난해한 용어로 적혀 있고, 두 번 꼬아서 말을 하기에 회독 시 이해 시간을 줄이기 위해 제가 이해한 내용대로 옆에 열심히 필기해 놓으며 저의 것으로 만들려고 노력했습니다. 처음엔 시간이 많이 걸리는 과목이지만 개인적으로 헌법이 제일 재밌는 것 같습니다. (박사님의 훌륭하신 강의 덕분에 95점 받았습니다)
공부는 입력도 중요하지만 출력은 더더욱 중요합니다. 꼭 하프, 모고 등 출력의 과정을 거치시고 자신의 학습수준을 점검하셔서 더욱 효율적으로 공부하시기 바랍니다. 자신이 공부할 때 어떤 스타일인지 메타인지를 키우셔서 적용하시면 빠르게 합격하실 거라 생각합니다.
헌법 시작부터 합격까지 면접도 채한태 박사님의 도움으로 합격을 할 수 있었습니다. 자소서는 채한태 박사님께 첨삭 지도받았습니다. 부족한 부분을 잘 캐치해 주셔서 더 완성도 높은 자소서와, 면접 마인드를 배울 수 있었습니다. 대단히 감사드립니다!
오직 국회만 바라보고 준비해서 많은 부담감이 있었으나 면접일 2일 전부터 이러한 마음을 내려놓고 마인드컨트롤에 집중하였습니다. 긴장을 많이 하는 편이라 인데놀 복용하였

합격자 추천 후기 | RECOMMENDATION

습니다. 면접 당일 준비한 답변들 마음속으로 중얼거리며 연습하였습니다. 저는 긴장을 조금이라도 낮추기 위해 면접장 문 열고 들어갔을 때 제가 면접 씬을 찍는 배우라 생각하고 현실의 압박을 내려놓으려 했습니다. 면접관님들께서 미소를 띠며 질문해 주셔서 저도 똑같이 미소를 띠고 답변했습니다.
(면접 때 안 웃으셔도 되지만, 전 인상이 안 웃으면 화나 보인다고 해서 미소를 신경썼습니다) 준비해 간 답변들이 채한태 박사님께서 지도해 주신 것과 같이 '국회사랑, 공직자 마인드, 나라사랑'에 중점을 둔 답변이라서 정말 제가 국회를 사랑하고, 합격한다면 정말 나라와 국민을 위해 헌신하여 일하겠다는 의지와 모습을 최대한 보여드렸습니다. 국회 면접은 제로베이스라고 알고 있었고, 면접장에서 만난 다른 면접자분들 인상이 훌륭하셔서 여기서 돋보이지 않으면 끝이겠구나 판단하였고 최선을 다해서 쉬운 질문이더라도 저라는 사람을 보여드릴 수 있는, 특히 평정표에서 점수를 얻을 수 있는 답변을 하였습니다. 또한 면접관님께서 질문하실 때 눈을 쳐다보고 살짝 고개를 끄덕이는 등 집중하는 시그널, 긍정적인 모습을 보여드리려 노력했습니다.
끝까지 포기하지 않고 왔더니 합격하게 되었습니다. 사실 아직도 실감은 안 나지만 괴로웠던 모든 과정이 끝났다는 게 너무 기쁘고 벅차답니다! 꿈을 이루기까지 많이 힘드시겠지만 조금만 더 힘내시고 꼭 합격하시길 바라겠습니다.
채한태 박사님께 다시 한번 존경과 감사의 말씀 올립니다. 박사님의 자소서 첨삭 지도가 면접 준비 방향을 잡는 데 정말 많은 도움이 되었습니다. 감사드립니다.

2023년 국회(속기직) 문ㅇㅇ

명품헌법으로 공부하여 단기간에 고득점으로 합격하였습니다. 다양한 사례와 방대한 판례를 공식으로 만들어 주셔서 감사드립니다.

2023년 7급 국가직 김ㅇㅇ

명품헌법 시리즈를 구해서 반복적으로 공부하여 합격하게 되었습니다. 명품헌법은 정리가 잘 되어 있어 시간을 줄일 수 있습니다.

2023년 7급 대구시 지방직 이ㅇㅇ

채한태 박사님께서 헌법재판소 판례비교 정리를 잘해주셔서 단기간에 총정리하여 좋은 결과가 왔습니다. 감사드려요.

2023년 상반기 비상계획관 김ㅇㅇ 대령

탁월한 **적중률!** 합격의 **동반자!** 채한태 법학박사의 **명품헌법**

명품헌법 종합기출문제집 특강과 헌법 기출지문 OX 4700제로 헌법고득점을 하였습니다. 채한태교수님의 도표정리가 많은 도움이 되었습니다.
2023년 국회8급 이○○

명품헌법으로 공부하고 고득점하여 꿈을 이루었습니다. 최신판례와 시사적인 내용을 신속하게 정리하여 주어 많은 도움이 되었습니다.
2023년 상반기 순경직 순경 공채필기 합격 최○○

명품헌법 채한태 박사님의 강의는 전체적인 개요와 도표를 통한 설명은 자신감을 높일 수 있었습니다. 단기간에 고득점을 할 수 있습니다. 감사드립니다.
2023 사무관 승진합격 김○○

방대한 헌법재판소의 판례를 체계적으로 정리해 주시고 판례공식을 알려주어 부담을 줄일 수 있었습니다. 채한태 박사님 강의를 통해서 목표를 이루었습니다.
2023 경정승진 합격 이○○

실제 면접과 질문이 똑같아서 놀랐어요. 저는 2023년 국가직 경찰행정에 합격했습니다. 작년에 지방직에서 면탈한 이후 (심지어 점수도 커트라인보다 무려 3점이나 높았습니다 ㅠㅠ) 잔뜩 면접에 겁을 먹은 상태였습니다. 직장도 다녀보고 말은 잘한다고 생각했는데 면접에서 떨어지니 낙오자 느낌이 있었지만 교수님 수업 듣고 합격을 하였습니다. 감사드립니다.
2023 국가직 경찰행정 김○○

제가 지원한 지역은 필기합격이 되었어도 선발인원보다 많이 뽑혀 면접에 엄청난 부담감과 압박감을 느껴 채한태 교수님의 면접강의를 수강하였습니다. 첫 수업 자기소개서 작성에 대한 수업에서 작성법과 공무원면접에서 가장 중요한 요소 5가지를 말해주신 것에 지도 해주신 것을 잘 적용하여 무난하게 합격을 하였습니다.
2023년 지방직 9급 강○○

2023년 서울특별시 일반행정 9급 최종합격했습니다!! 필기 공부만 할 때는 면접은 식은 죽 먹기라고 생각했으나 필기 합격 후 마주한 면접은 저에겐 또 다른 난관이었습니다. 아무 것도 모르는 상태로 메가면접학원에 등록하였고 채한태 선생님을 만났습니다. 채한태 선생님 지도 덕분에 합격을 할 수 있었습니다.
2023 서울시 지방직 9급 장○○

합격자 추천 후기 | RECOMMENDATION

면접관의 마음을 알 수 있는 수업이다. 면접 공부 혼자 2주간 기출 봐도 붙는다지만 요즘은 리스크를 안고 간다고 생각한다. 공무원에게 적극행정을 요구하는 이 시기에 혼자 준비는 어렵다고 생각해 메가면접센터에 등록했다. 채한태 교수님께서는 평정표에 나와있는 요소들을 하나하나 풀어주시면서 여기에 어떠한 답을 해야 하는지 정확하게 짚어주셨다.

단순히 '열심히 하겠습니다, 국가와 국민, 시민 위해 일하겠습니다.'가 아니라 5개의 평정요소를 만족하며 자신을 어필 할 수 있는 답을 공무원 행동강령과 이해충돌방지법 부정청탁금지법을 통해 알려주신다. 그러면서 지금까지 내가 돌아보지 못한 윤리관도 깨닫게 되었다. 그리고 공직자가 진정으로 갖추어야 할 덕목을 깨우쳐주셨다.

이 수업은 나에게 인생의 교훈까지 알려준 수업이었다. 그리고 교수님께서는 항상 학생들의 어려움을 들어주셨고 각 수강생들의 성향, 스펙을 보시며 그에 맞는 솔루션을 주셨다. 면접이란 것이 처음이고 자기 생각을 정리하는 게 서투신 분들이 합격을 원하시고 또한 참된 인재로서의 마인드까지 함양하시고자 한다면 채한태 교수님을 추천드립니다.

2023 지방직 9급 ○○○

존경하는 채한태 교수님께. 안녕하세요. 저는 교수님의 면접 특강과 연천 봉사활동에 참여하여 많은 것을 배우고 감동 받았습니다. 면접 준비에 있어서 교수님의 세심한 피드백과 가르침 덕분에 많은 도움을 받았습니다. 이에 대해 깊은 감사의 말씀을 전하고 싶어 편지를 드립니다.

오늘 서울시 7급 필기 결과가 나왔는데 합격하지 못하여 매우 송구스럽게 생각하고 있습니다. 그러나 그 결과에 상관없이, 교수님의 지도와 가르침으로 얻은 것들은 저에게 큰 자산이 되었습니다. 자기소개서, 지원동기에 대해서 꼼꼼히 봐주시고 5분 스피치를 잘 할 수 있도록 도와주셔서 감사합니다. 뿐만 아니라 봉사활동과 공모전 등 다양한 기회를 알려주시고 참여할 수 있도록 독려해 주셔서 감사합니다.

지금은 필기 시험에 합격하지 못했지만 앞으로 이를 바탕으로 앞으로 더욱 열심히 노력하여 훌륭한 공무원이 되도록 노력하겠습니다. 교수님께서는 제게 멘토가 되어주셨고, 그 은혜에 저는 깊은 감사를 표합니다. 앞으로도 교수님의 가르침을 몸소 실천하며 발전하는 모습을 보여드리겠습니다.

2023 서울시 7급 이○○

채한태 교수님 정말 감사합니다. 다 교수님 덕분입니다. 이번에 면접 준비하면서 헌법에서는 예전부터 유명하신 교수님 뵙게 되어서 굉장히 좋았습니다. 공무원 강의로 유명하신 교수님 직접 뵌 적은 처음입니다. 든든합니다. 대단히 감사합니다.

2023년 창원시 지방직 9급 최○○

선생님 안녕하십니까!! 면접반 수강생 장○○입니다!! 선생님의 가르침 덕분에 많이 부족한 제가 감사하게도 이번 서울특별시 일행직 9급 공무원에 합격하였습니다 ㅎㅎ 면접이 다소 막막할 때도 있었지만 선생님의 가르침으로 합격할 수 있었습니다! 다시 한 번 진심으로 감사드리며 서울특별시에 선한 영향력을 미치는 공무원이 되도록 노력하겠습니다!! 감사합니다!!

2023 서울시 일반행정직 지방직 9급 장○○

교수님 이번 부산공○○에서 면접수업 들은 이○○입니다!!! 교수님께서 잘 가르쳐주셔서 덕분에 무사히 합격할 수 있어서 정말로 감사합니다!!!!!! 사실 저는 다른 분들보다 경력이나 자격증이 없어서 준비하면서 걱정이 많이 되었었습니다. 하지만 교수님께서 공모전과 봉사활동들을 알려주셔서 면접을 볼때 이러한 것들을 위주로 많이 말할 수 있었습니다…!!!!! 다시 한번 정말로 감사드립니다!!!

2023 지방직 9급 이○○

교수님 안녕하십니까. 경남 교육청 면접강의 수강한 박○○입니다. 교수님 덕택에 최종합격했습니다. 오늘 경남 교육청 결과 발표가 나왔고 전원합격 3조 모두 최종합격했습니다! 처음부터 끝까지 도와주셔서 감사합니다! 많은 도움을 주셔서 정말 감사드립니다!^^

2023 경남교육청 전원 합격1조 조장 박○○

안녕하십니까. 교수님 덕분에 경기도 고양 일반행정 9급에 합격한 임○○입니다.
1. 강의 전 준비기간에 지역사랑을 실천하기
나는 지방직 시험일 약 7일후 채한태 선생님의 면접 설명회를 들었다. 채한태 선생님의 지방직 면접 설명회에서 '면접 준비기간을 주는 이유는 지역에 대한 사랑을 보여달라는 뜻이다' 선생님의 말씀을 들었다. 그리하여 지역 공공기관에서 봉사활동도 하고 지역 문화재 탐방을 하는 등 강의 한 달 전부터 면접 이야깃거리를 쌓아갔다.
2. 믿고 따라가는 면접 강의
국가직 면접위원이셨던 채한태 선생님의 노하우를 담아 면접의 A~Z까지 알려주셨다.

합격자 추천 후기 | RECOMMENDATION

공직가치의 9개 요소부터 무엇을 중요시해야 하는지, 예를 들어 애국심을 표현하려면 어떻게 해야 하는지, 창의성을 기르려면 어떻게 해야 하는지 포인트 별로 알려주셨다. 또한 면접위원으로 지원자의 인상도 중요하게 생각하셔서 수업시간에 인사하는 방법, 남성 지원자라면 넥타이, 코로나 시국에 맞추어 마스크까지 세심하게 살펴 주셨다.

3. 신속한 피드백

면접강의가 끝나고, 지역별로 각 조를 나눠서 활동을 이어갔다. 조별로 활동을 하면서, 조별 활동을 통해 모의 면접을 한 후 피드백을 선생님께 요청하면 선생님께서는 신속하게 피드백을 해 주셨다. A4용지에 피드백을 해 주셨으며, 개선점을 말씀해주시는 모습은 지금도 잊을 수 없다.

또한 모의면접을 통해 통찰력 있는 질문을 해 주셔서 본 면접을 대비하는데 도움이 되었다. 신속한 피드백은 수험생 입장에서 매우 도움이 되며 채한태 선생님의 가장 큰 강점이다.

2022 경기도 지방직 일반행정 9급 임○○

순경준비하던 수험생으로서 시작이 가장 힘든 과목이었습니다. 채한태 교수님 명품 헌법을 들으면서 시작하였습니다. 적지 않은 시험 범위에 걱정이 많이 되었지만, 채한태 교수님이 차근차근 명쾌하게 설명해 주시면서 출제예상 판례와 이론 위주의 수업은 시간을 절약해야 하는 저에게 큰 도움이 되었습니다.

첫 2회전을 돌렸어도 여전히 기출을 바로 풀기에는 무리였으나, 올해 1월쯤 시작한 〈명품헌법 기출지문 4700제 OX〉를 풀고 나서 완전히 달라졌습니다. 문제가 이해가 되고 보이기 시작하였습니다. 그래서 짧은 기간 내 6회전을 바로 돌렸고, 그제서야 헌법 종합 기출 문제가 쉽게 풀리기 시작하였습니다. 마지막 달에 해주신 예상 판례 특강을 통해서 마지막 복습 정리를 하여서 출제예상 문제에 좀 더 집중할 수 있었습니다. 많은 수험생 여러분도 채한태 교수님 헌법 커리큘럼을 믿고 따라오시면 합격 점수는 보장해 주실 겁니다.

2022년 상반기 서울지방경찰청 순경 공채 합격 서○○

채한태 박사님 명품헌법 기본심화 강의와 헌법재판소판례 특강을 통해서 방대한 헌법을 정복하였습니다.

2022년 상반기 비상계획관 합격 김○○ 대령

명품헌법 시리즈특강을 통해서 고득점을 할 수 있었습니다. 국회직 면접까지 박사님이 지도해 주셔서 최종합격할 수 있었습니다.

2022년 국회 8급 합격 이○○

탁월한 적중률! 합격의 동반자! 채한태 법학박사의 명품헌법

법과목 중에서 헌법분량이 많지만 채한태 선생님이 요약정리해 주셔서 고득점하였습니다.
2022년 법원서기보 합격 박○○

명품 공직선거법 교재와 채한태샘 강의 듣고 합격을 했습니다. 도표정리가 많은 도움이 되었어요.
2022년 9급 선관위직 필기 합격 이○○

방대한 공직선거법 조문을 잘 정리해 주셔서 단기간에 고득점했습니다.
2022년 9급 선관위직 필기 합격 김○○

국가공무원 7급 시험을 준비하고 있는 수험생입니다. 박사님의 명품헌법 기본강의, 기출강의, 최신판례 강의, 모의고사 강의 등을 통해서 헌법 만점을 얻었습니다. 이번 2차 시험에서 헌법 만점을 받을 수 있었습니다. 좋은 가르침에 진심으로 감사드립니다.
2021년 7급 국가직 합격 김○○

채한태 박사님 명품헌법 기본서 · 종합기출문제집 · 헌법재판소판례특강을 메가공무원 홈페이지에서 인터넷 강의를 통해 반복적으로 수강하였습니다. 독학으로 알아내기 어려웠던 명쾌한 부분들을 짚어주신 덕분에 고득점으로 합격을 했습니다.
2021년 비상계획관 합격 김○○

박사님의 헌법재판소 판례강의와 기본이론 명품헌법강의는 주제별로 총정리가 잘 되어 있기에 단기간에 원하는 목표를 얻을 수 있었습니다.
2021 경찰승진 합격 최○○

비전공자에게 법적인 마인드 함양과 법해석의 방법을 선생님께서 쉽고 자세하게 설명해 주셔서 법원직 헌법 과목에서 좋은 점수를 득점할 수 있었습니다.
2021 법원직 합격 이○○

헌법이론과 시사적인 내용을 하나로 연결하여 이해하기 쉽게 설명을 해주신 덕분에 단기간에 헌법을 쉽게 이해할 수 있었습니다.
2021 국회직 합격 정○○

사실 저는 현직에 근무하면서 학습시간의 부족으로 퇴근 후 학습시간은 주로 헌법과 법령 위주로 공부하여 면접에 많은 시간을 투자할 시간을 가지지는 못했습니다. 면접과 관련한 기본적 지식은 제가 다녔던 비상계획관 학원 강의를 통해 배운 내용을 주요 키워드 위주로 정리 암기하였으며 면접 PT 작성요령, 답변 방법, 자세, 기타 면접 노

합격자 추천 후기 | RECOMMENDATION

하우 등은 채한태 박사님께서 운영하는 면접 특강을 2회 수강하면서 가르쳐주신 방법을 전적으로 믿고 면접 당일 그대로 적용하려 노력하였으며 그 결과 첫 시험치고는 괜찮은 면접 성적을 얻었다고 생각합니다. 채한태 박사님께 문자로 질문하였고 박사님의 친절하신 답변이 많은 도움이 되었습니다. 박사님과의 면접 실습을 통한 저의 약점 보완은 제게 커다란 도움이 되었습니다. 박사님의 노하우 담긴 조언과 개별적인 눈높이 교육은 정말 큰 도움이 되리라 믿습니다. 박사님의 도움이 커다란 힘이 되었음에 깊은 감사를 드립니다.
2020년 상반기 비상계획관 합격 조○○

경찰 간부후보생 시험 합격 후 경찰 승진 준비를 하면서 채한태 박사님 책을 보게 되었습니다. 기초가 부족하고 헌법을 처음 접해 보는 사람에게 무조건 추천해 드리고 싶습니다. 시간이 되신다면 박사님 강의를 병행하면서 짧은 시간에 큰 효과를 거둘 수 있습니다. 박사님 책을 보면서 더욱 수험생 혹은 승진 대상자들을 배려하는 세심한 설명과 자세한 자료를 보면서 매년 더욱 만족하고 있습니다.
2020년 국가직 7급 합격 이○○

저는 법학 전공이 아니지만 공직선거법을 채한태 박사님 강의를 듣고 고득점했어요. 중요 내용을 도표로 정리해 주는 최적화된 강의 감사해요.
2019년 선거직 9급 합격 박○○

명품 공직선거법의 기본서와 단원별 객관식 문제집으로 공부하여 합격의 영광을 얻게 되었어요. 면접까지도 채한태 박사님이 지도해 주셔서 최종 합격했어요. 감사드려요.
2019년 선거직 7급 합격 김○○

채한태 박사님의 명품헌법 강의를 듣고 헌법에 대한 이해와 자신감을 가지게 되었습니다. 헌법에 대해서 어려움을 가지고 계신 분들은 채한태 박사님의 강의를 통해서 해결할 수 있습니다.
2019년 국가직 7급 합격 김○○

어려운 헌법 과목을 가장 이해하기 쉽게 가르쳐 주십니다. 핵심정리와 암기 공식을 제시하여 헌법이 고득점 과목이 되었습니다.
2019년 국회직 8급 합격 이○○

명품헌법 기본서와 채한태 박사님 강의로 방대한 헌법을 단기간에 해결하여 비상계획관 시험에서 합격의 영광을 얻게 되었어요. 질문할 때마다 친절하게 도와주셨던 채한태 박사님 고맙습니다.
2018년 비상계획관 합격 김○○

탁월한 적중률! 합격의 동반자! 채한태 법학박사의 명품헌법

공대생이라 법 과목이 너무나 힘들었으나 쉽고 명쾌하게 강의하시는 채한태 교수님 명품헌법 덕분에 합격할 수 있었습니다.
2018년 소방간부후보생 합격 이○○

채한태닷컴에서 동영상으로 명품헌법 기본강의를 반복적으로 공부하여 합격했습니다. 명품헌법 교재는 중요 내용의 밑줄 처리와 색감 처리가 잘 되어 있어 가독성이 탁월합니다. 동영상으로 강의 듣기에도 편리합니다.
2018년 법원직 합격 김○○

합격한 선배님의 추천으로 명품헌법 기본서로 강의를 듣고 합격하였습니다. 중요 내용의 도표 정리와 기출문제의 반복적인 설명 등을 채한태 교수님이 잘해주셔서 헌법에서 고득점을 하였습니다.
2018년 국회직 8급 합격 이○○

명품헌법과 헌법 종합 기출문제집을 반복적으로 공부하여 단기간에 고득점을 하였습니다. 복잡한 헌법재판소 판례가 주제별로 잘 정리되어 보기에 편했습니다. 실전에서도 문제 푸는 데 많은 도움이 되었습니다.
2018년 서울시 7급 합격 박○○

추상적이고 방대한 양의 헌법에 처음엔 힘이 들었지만 채교수님의 체계적인 강의 덕분에 어려운 헌법 용어 및 개념들을 쉽게 이해할 수 있게 되었으며 또한 핵심적인 부분만을 가르쳐주시는 수험적합적 강의 덕분에 짧은 시간에 무리 없이 고득점을 확보할 수 있었다고 생각합니다.
2017년 국가직 7급 출입국관리직 합격 김○○

채한태 교수님 강의가 최고라고 생각합니다. 강의는 기본강의 들어보시면 판례도 비슷한 판례를 비교해서 정리도 잘해주시고, 체계도 잘 잡아주십니다. 저는 특히 강의에서 테마별·주제별로 정리해 주시는 부분이 가장 마음에 들었습니다. 그거 그대로 단권화할 때 써먹으시면 됩니다.
2017년 국가직 7급 외무영사직 합격 이○○

채한태 박사님의 명품헌법 강의를 통해 어디에서도 배울 수 없었던 남다른 팁과 정리표, 1:1 관리 등으로 실전 감각을 유지할 수 있었고 가벼운 마음으로 자신감 있게 합격할 수 있었습니다.
2017년 서울시 7급 합격 김○○

간결하고 명쾌하며 풍부한 시사 상식을 접목시키는 박사님의 명품 강의는 시간 가는 줄 모르고 헌법 공부에 몰입할 수 있게 해 주었습니다. 저는 헌법 용어와 개념이 취약

합격자 추천 후기 | RECOMMENDATION

했기 때문에 채한태 명품헌법 기본서를 충실하게 공부하며 기출문제집, 모의고사 문제집에 시간을 많이 투자했습니다. 저자가 다른 여러 헌법 서적을 보라는 조언들이 있었지만 저는 부화뇌동하지 않았습니다. 채한태 명품헌법의 강의가 가장 알차고, 기본서는 가장 충실하며, 언제든지 궁금한 점이 있으면 답변을 받을 수 있었기에, 저는 꾸준히 강의를 듣고 기본서를 중심으로 공부하면서 문제집을 공략하였습니다. 든든한 언덕이 되어 주신 채한태 박사님으로부터 헌법을 배울 수 있었던 것은 행운이었습니다.

2015년 상반기 비상계획관 합격 오○○

채한태 교수님 강의 덕분에 기본 개념부터 충분히 인지할 수 있었고 특히 채한태 교수님 카페에 가입하며 메일로 최신 판례를 받아볼 수 있었던 점이 도움이 됐습니다. 헌법은 최신판례가 많이 반영되기 때문에 수험생들이 최신판례 공부를 철저히 한 뒤 시험에 임하는 것이 좋을 것 같습니다. 또한 헌법은 비슷한 개념이 많이 나오는 편인만큼, 유사 개념들을 표로 정리해 특징을 정리하고 헷갈리는 부분들을 점검할 수 있어서 마무리까지 많은 도움이 됐습니다.

2014년 서울시 7급 일반행정직 최연소(당시 21세) 합격 김○○

성실한 강의, 헌법의 핵심과 출제경향을 꿰뚫는 강의, 채한태 박사님의 강의를 직접 확인하신다면 헌법에 대한 시야는 확 달라질 것입니다.

2014년 교정직 7급 최연장(당시 51세) 합격 조○○

법에 대해서 아무것도 몰랐던 저도 채한태 선생님의 명품헌법을 보고 헌법을 정복할 수 있었습니다. 채한태 선생님의 체계적인 강의와 더불어 이 책을 함께 보신다면 여러분 또한 합격의 길로 들어서실 수 있습니다.

2014년 국가직 7급 세무직 차석 합격 박○○

말이 필요하겠습니까. 결과가 보여줍니다. 국가직 헌법 고득점의 1등 공신 역할은 명품헌법이었습니다.

2014년 국가직 우정사업본부 합격 조○○

헌법의 기본이론을 강의를 들으면서 총정리하고 반복하여 공부하여 정복했습니다. 최신판례특강과 모의고사 문제풀이를 통해서 마무리 정리하여 효과를 보았습니다.

2014년 국회사무처 8급 합격 박○○

탁월한 적중률! 합격의 동반자! 채한태 법학박사의 명품헌법

채한태 박사님의 헌법 강의를 듣지 않았으면, 앞으로 6개월은 더 학습을 해야 할 상황이었습니다. 무조건 특강이든, 수업이든 참석했습니다. 강의는 기본이지만 간간이 들려주시는 시사성 있는 멘트들은 웃음을 자아냈고, 봉사활동 등 말씀을 들으며 많이 배웠습니다. 공부야 시험 보고 나면 합격으로 끝나지만 인생은 오래가니까. 헌법 공부하시는 분들~ 명품을 믿고 그리고 추가 공부!
2014년 비상계획관 합격 오○○

이번에 시험 보면서 교수님이 적중률이 정말 높다는 것을 새삼 실감했어요. 헌법이 어려웠다고 한 학생들은 처음 보는 게 많아서 그랬다고 하는데 저는 교수님 덕분에 처음 보는 문제는 하나도 없었던 거 같아요. 봤던 문제, 중요하다고 하셨던 문제가 다 나와서 시간 절약이 많이 된 과목이었어요. 정말 감사드립니다!
2013년 외무영사직 수강생

2013년 외무영사직 수강생법 과목을 처음 접해본 저에게 채한태 박사님의 명품헌법은 그야말로 명쾌한 해답으로 다가왔습니다. 정확하고 깔끔한 강의! 합격생으로서 감히 여러분께 추천드립니다.
2013년 국가직 7급 일반행정직 합격 홍○○

헌법은 당연히 100점을 맞고 합격했습니다. 합격하고 나서 생각해보니 헌법이란 과목을 채한태 박사님께 배운 것은 큰 행운이었습니다. 헌법은 화학과를 나온 저에게도 합격할 때까지 항상 효자 과목이었습니다. 박사님 감사합니다!
2013년 국가직 7급 일반행정직 합격 소○○

제가 수험 2년차에 명품헌법을 처음 접하고 나서 "헌법이 쉽다"라고 감히 생각할 수 있었습니다. 풍부한 사례를 통해 추상적인 헌법을 생활 속에 숨 쉬게 해줍니다. 믿고 따라가신다면 합격의 전략과목 중 하나가 헌법이 될 것입니다. 꼭 합격하시길 바랍니다.
2013년 국가직 회계직 합격 김○○

법 공부를 처음 접했던 저에게 헌법은 굉장히 낯선 과목이었습니다. 채한태 쌤 수업을 들으면서 시사를 예로 들면서 명료하게 진행하시는 것을 느꼈고 헌법 공부를 재밌게 할 수 있었습니다. 더하여 언제나 합격할 수 있다는 자신감을 심어주신 쌤께 진심으로 감사드립니다. 명품헌법 + 채한태 쌤 강의를 통해 훌륭한 공무원이 되기 위한 첫걸음을 시작하시길 바라며, 합격을 기원합니다.
2013년 외무영사직 합격 신○○

합격자 추천 후기 | RECOMMENDATION

수험공부를 하면서 가장 좋았던 책을 꼽으라면 고민 없이 명품헌법을 꼽을 수가 있습니다. 정리와 요약이 잘 되어 있고, 기출문제 표기도 들어 있어서 다른 책을 볼 필요가 없었습니다. 명품헌법 한 권에 단권화를 하여 시험 당일까지 들고 다니시면 무적의 파트너를 만난 기분이실 것입니다. 헌법 공부는 시작부터 마무리까지 명품헌법 한 권으로 잡아낼 수 있으니 걱정 마시고 명품헌법을 나만의 책으로 만들어 보세요.

2013년 외무영사직 합격 임ㅇㅇ

명품헌법은 헌법을 처음 접하는 수험생도 체계적이고 효율적으로 공부할 수 있도록 합니다. 강의만 믿고 따라가시면 헌법 고득점은 보장되어 있습니다. 믿고 따라가십시오! 합격의 문이 열립니다!

2013년 국가직 7급 일반행정직 합격 심ㅇㅇ

헌법은 단연 만점으로 합격했습니다. 비(非)법대생인 저도 이해하기 쉽고 체계적으로 공부할 수 있게 해준 명서입니다. 특히 기출 표시는 2회독부터 그 진가를 발휘하더군요. 정말 유용했습니다. 명품헌법에 있던 문장들을 그대로 시험장에서 봤을 때의 그 희열을 잊지 못할 것입니다. 명품헌법! 경험한 만큼 자신 있게 추천드립니다.

2012년 7급년 국가직 일반행정직 합격 이ㅇㅇ

명품헌법 덕분에 저의 전략 과목이었던 헌법은 당연하게 100점 맞고 최종 합격하였습니다. 이해를 시켜주는 교재였기 때문에 처음 공부하는 헌법이 막막하지 않았고, 뜬구름 잡는 듯한 느낌이 없었습니다. 법 과목은 기본기가 중요하다는 것이 공부를 할수록 무슨 말인지 알겠더군요. 앞으로도 계속 예비 공무원들의 합격 길라잡이로서 명성을 이어나갈 것을 확신합니다.

2012년 국가직 7급 세무직 합격 권ㅇㅇ

9급 합격 후 이제 그만 현실에 안주하고 싶던 즈음에 친구의 권유로 박사님께 상담받고 조금 더 도전하자 스스로를 다독이며, 주저 없이 명품헌법을 선택하여 최종 합격까지 무난히 올 수 있었습니다. 돌이켜 생각해 보아도 정말 다행입니다. 처음 공부할 때와는 달리 목표의식이 다소 희박해졌을 때인데 명품헌법을 선택하고 시행착오 없이, 더불어 헌법 공부도 짧지만 강렬하게 할 수 있었습니다. 남들보다 빨리 헌법 고득점을 원하신다면 명품헌법 추천해 드립니다.

2012년 서울시 7급 일반행정직 합격 박ㅇㅇ

탁월한 적중률! 합격의 동반자! 채한태 법학박사의 명품헌법

명품헌법은 헌법의 사용설명서다!! 헌법을 어디서부터 어떻게 시작해야 할지 모를 때 나의 지침서가 되어 주었기 때문에~ 기본서 위주로 공부한 나한테 꼭 맞는 맞춤서였습니다 ~ 쉽지만 속이 꽉 찬~ 단권화를 위한 필수 기본서!! 강추합니다~~^^

2010년 국가직 7급 세무직 합격 이○○

저는 처음부터 헌법은 시행착오 없이 바로 명품헌법으로 공부하였습니다. 기본서를 선택하기 위해 여러 가지 책을 살펴보고 강의도 청취해 보았습니다. 그중에서 명품헌법의 틀이 체계적으로 잡혀있었고, 헷갈리기 쉬운 것들이나 같이 묶어서 외우면 편리할 것들이 잘 정리되어 좋았습니다. 이 점에서는 명품헌법을 공부하신 분들은 누구나 인정하더군요. 그리고 다른 책들과는 달리 불필요하다고 생각되는 내용이 없더군요. 명품헌법 보시고 고득점하세요.

2010년 국가직 7급 세무직 합격 김○○

시간이 부족한 7급 수험생에게 헌법은 특히 효율적으로 공부할 필요성이 있는 과목입니다. 명품헌법은 난해한 법 이론과 법조문 및 판례가 보기 쉽게 집필되어 있으며, 사이사이에 핵심요약 정리가 되어 있어 공부하기 편리합니다. 명품헌법 교재와 함께 교수님의 명품 강의는 합격을 위한 필수죠! 간명하게 이해시켜 주신 뒤에 핵심정리 및 암기 공식을 제공. 그리고 매시간마다 치러지는 쪽지시험, 매주 있는 모의시험을 통해 헌법이 효자 과목이 되었던 것 같습니다.

2010년 국가직 7급 세무직 합격 권○○

명품헌법 교재는 법 공부를 처음 공부하는 초학자도 단기간에 쉽게 이해할 수 있도록 정리가 잘 되어 있습니다. 시험 합격하는 데 큰 힘이 되어 준 명품 교재입니다.

2010년 비상계획관 합격 정○○

채한태 박사님 헌법 강의의 가장 큰 특징은 헌법을 처음 접한 사람도 박사님의 강의를 한 번만 들으면 자신감을 가지고 공부를 할 수 있도록 과목의 구성이 체계적이며, 단계적으로 헌법을 공부할 수 있도록 지도해 주시며, 무엇보다 어렵고 낯선 헌법 과목을 가장 이해하기 쉽게 가르치시며, 혼신의 불타는 열정을 가지고 한 가지라도 더 알려주고자 하는 대한민국 최고의 명품 강사이십니다. 박사님의 명품헌법 책자 발간을 다시 한 번 축하드립니다.

2010년 비상계획관 합격 강○○

차례 | CONTNETS

전문 22

제1장 총강 26

제2장 국민의 권리와 의무 55

제3장 국회 178

제4장 정부 212

제5장 법원 252

탁월한 적중률! 합격의 동반자! 채한태 법학박사의 **명품헌법**

제 6 장	헌법재판소	268
제 7 장	선거관리	279
제 8 장	지방자치	282
제 9 장	경제	290
제 10 장	헌법개정	297

 # 전문

전문

유구한 역사와 전통에 빛나는 우리 대한국민은 3·1운동으로 건립된 대한민국임시정부의 법통과 불의에 항거한 4·19민주이념을 계승하고, 조국의 민주개혁과 평화적 통일의 사명에 입각하여 정의·인도와 동포애로써 민족의 단결을 공고히 하고, 모든 사회적 폐습과 불의를 타파하며, 자율과 조화를 바탕으로 자유민주적 기본질서를 더욱 확고히 하여 정치·경제·사회·문화의 모든 영역에 있어서 각인의 기회를 균등히 하고, 능력을 최고도로 발휘하게 하며, 자유와 권리에 따르는 책임과 의무를 완수하게 하여, 안으로는 국민생활의 균등한 향상을 기하고 밖으로는 항구적인 세계평화와 인류공영에 이바지함으로써 우리들과 우리들의 자손의 안전과 자유와 행복을 영원히 확보할 것을 다짐하면서 1948년 7월 12일에 제정되고 8차에 걸쳐 개정된 헌법을 이제 국회의 의결을 거쳐 국민투표에 의하여 개정한다.

1987년 10월 29일

❶ 전문의 의의

헌법의 서문으로서 헌법의 제정목적, 제정과정, 이념, 국가질서형성에 관한 지도이념 등을 규정

❷ 전문의 주요 명시사항

건국이념 및 유래와 헌법의 제정이념과 기본원리 등을 규정

❸ 전문의 법적인 성격

(1) 최고규범성
① 국가권력의 최고의 원리를 규정
② 모든 법령에 대하여 우월한 효력을 가지는 최고규범성을 가짐.
③ 헌법전문에서 선언한 내용은 헌법의 최고원리로서 입법·사법·행정 시 따라야 할 기준이 됨.

(2) 재판규범성
① 헌법의 기본원리와 최고규범성을 규정하고 있으므로 구체적 사건에 적용되는 재판규범성을 가짐.
② 헌법전문이 재판의 근거로서 구체적인 사건에 직접적으로 적용될 수 있느냐의 유무에 대해서는 부정설과 긍정설이 대립
③ 우리나라의 다수설은 긍정설이며, 헌법재판소의 판례 태도

(3) 헌법해석의 기준
① 헌법 본문내용이 충돌되거나 모순되는 경우에 헌법해석의 기준이 될 뿐만 아니라 모든 법령해석의 기준이 됨.
② 헌법전의 한 부분으로서 헌법본문의 내용을 제한하며, 정당성 내지 타당성의 근거가 됨.

(4) 헌법개정의 한계
① 자유민주적 기본질서, 국제평화주의 및 국가의 근본이념과 가치질서 등 헌법개정의 대상이 될 수 없음.
② 헌법전문의 기본적 동일성을 침해하지 않는 한도 내에서 헌법개정을 인정
③ 우리의 헌정사상 5, 7, 8, 9차 개헌에서 전문을 개정

제5차 개헌	단기연호 → 서기연호로 개칭
제7차 개헌	평화통일규정 신설
제8차 개헌	4 · 19 규정 삭제
제9차 개헌	① 임시정부의 법통계승과 불의에 항거한 4 · 19 민주이념 ② 조국의 민주개혁 신설 ③ 자율과 조화의 신설 ④ 8차에 걸쳐 개정규정 신설

(5) 헌법전의 일부를 구성
① 헌법전문은 법체계의 최상의 규범으로서, 단순한 공포문이나 선언문이 아닌 형식상 헌법의 일부를 구성
② 헌법본문의 개별적인 조문과 상호 유기적인 관계를 가진 것으로 하나의 통일된 가치체계를 형성

❹ 법적 성격에 대한 학설

(1) 효력긍정설
① 한국통설, 결단주의 · 통합주의, 헌법재판소의 판례, 독일헌법재판소, 일본의 다수적 견해
② 주장자 : 칼 슈미트(C. Schmitt), 케기(Kägi), 헷세(Hesse), 마운츠(T. Maunz)

(2) 효력부정설
① 법실증주의자, 미국연방대법원의 판례 〔주의〕 주의사항 : 미국헌법은 전문이 있다.
② 주장자 : 안쉬츠(Anschütz), 코윈(Corwin), 위어(Wheare)

❺ 전문이 없는 국가
벨기에, 우루과이, 노르웨이, 구소련, 덴마크

❻ 관련 헌법재판소 판례

국가보안법 제7조에 대한 위헌심판(헌법 전문의 재판규범성 긍정 : 헌재 1990.4.2, 89헌가113)

국가보안법 제7조 제1항의 찬양고무죄를 문언 그대로 해석한다면 헌법 전문의 '평화적 통일의 사명에 입각하여 정의 · 인도와 동포애로써 민족의 단결을 공고히 하고'의 부분과 헌법 제4조의 평화적 통일지향의 규정에 양립하기 어려운 문제점이 생길 수도 있음. 순수한 동포애의 발휘로써 서로 도와주는 일, 체제문제와 관계없이 협력하는 일은 단일민족으로서의 공감대 형성이며, 이는 헌법전문의 정신과 헌법 제4조에 합치되는 것임.

> **보충정리** 북한헌법
>
> **1. 북한의 제헌헌법**
> ① 소련 헌법의 영향을 받아 연방국가적 규정을 명시한 인민민주주의 헌법이라고 할 수 있음.
> ② 개인과 사법인의 사유화원칙을 명시하고 집단소유제, 권력분립, 천부적 인권 부정 등을 명시한 가식적 · 모방적 헌법
> ③ 1948년 제정된 북한의 헌법은 국민주권 대신에 국가주권을 명시하고, 공민의 기본적 권리와 의무, 국가사회제도 등을 규정

2. 1998년 9월 5일 개정된 북한의 제7차 개정헌법(김일성헌법이라고도 함)의 개정내용
   ① 전문을 신설
   ② 중앙인민위원회를 폐지, 최고인민회의 상임위원회에 이양
   ③ 주석제를 폐지하고 국방위원장의 권한을 강화
   ④ 지방행정위원회를 폐지하고, 지방인민위원회에 그 권한을 부여
   ⑤ 최고인민회의 상설회의를 최고인민회의 상임위원회로 개편하고, 지위와 권한을 확대 보장
   ⑥ 거주·이전의 자유와 사유재산제를 부분적으로 인정
   ⑦ 북한 헌법상 국가의 대표자는 최고인민회의 상임위원회위원장이 됨.
   ⑧ 북한 헌법은 형식상이나마 집단지도체제를 채택

🔍 북한 헌법과 우리나라 헌법의 비교

구분	북한 헌법	우리나라 헌법
차이점	① 국민소환 ○ ② 망명권 ○ ③ 선거연령 규정 ○ ④ 수도 규정 ○ ⑤ 의무교육연한의 11년 규정 명시	① 국민소환 × ② 망명권 × ③ 선거연령 규정 × ④ 수도 규정 × ⑤ 의무교육연한의 초등규정
공통점	전문이 있다는 점, 모방적 헌법, 성문헌법	

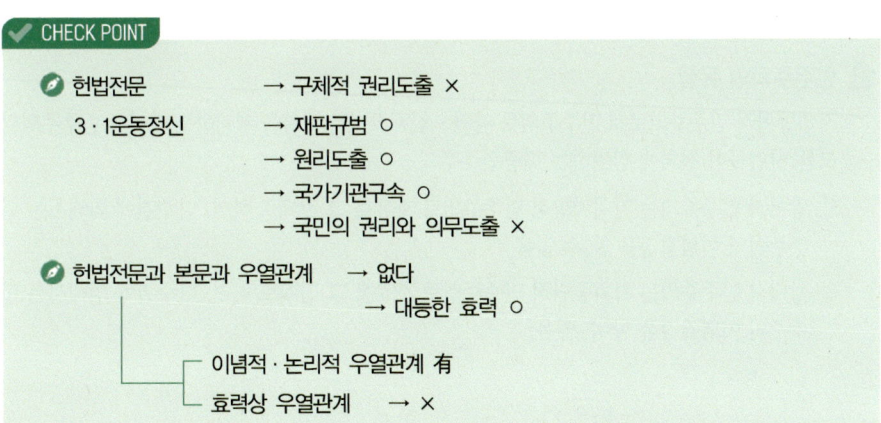

제 1 장 총강

| 제1조 | 국호 · 정체, 주권

① 대한민국은 민주공화국이다.
② 대한민국의 주권은 국민에게 있고, 모든 권력은 국민으로부터 나온다.

OX 문제

Q 제1조도 재판규범으로 사용되었나? ◎

❶ 민주
자유민주주의와 사회민주주의를 의미하고 권력이 분립되어 있는 형태를 의미함(통설).

> **쟁점 비교** 헌법 제8조 제4항의 민주는 자유민주주의를 의미한다(다수설).

❷ 민주공화국의 의미
(1) 공화국은 군주제를 부정하는 것임(가장 중요한 의미).
(2) 국가형태를 의미

❸ 민주주의의 유형
자기방어적 민주주의로서 민주주의를 파괴 · 침해하려는 세력을 제재하는 방어적 민주주의와 모든 시민들이 정치에 참여하는 대중민주주의

① 방어적 민주주의는 가치지향적 민주주의로 자유를 그 전제로 하며, 다수결에 의해서는 민주주의의 이념결정을 할 수 없음.
② 상대적 민주주의는 가치중립적 민주주의로 자유를 그 전제로 하며, 다수결에 의해서는 민주주의 이념결정을 할 수 있음.

❹ 방어적 민주주의를 위한 제도 구현

(1) 위헌정당해산제
① 한국 헌법 제8조 제4항, 제111조 규정
② 한국 위헌정당 해산한 판례는 있음(2014.12.19. 통진당 해산).
③ 독일 헌법규정, 사회주의국가당(1952), 공산당(1956) 판례가 형성된 바 있음.

(2) 기본권 상실제도
① 의의 : 특정한 자의 기본권을 침해한 자에 대해서는 그 침해한 기본권을 상실시키는 제도
② 한국 불인정
③ 독일 헌법규정, 독일판례 미형성

❺ 민주주의의 내용

(1) 기본적 인권의 존중, 의회제도, 복수정당제, 권력분립제, 선거제도, 사법부의 독립, 책임정치, 사유재산제도와 시장경제를 기초로 한 경제질서 등을 그 내용으로 함(헌재 1990.4.2, 89헌가113).

(2) 언론·출판의 자유 보장은 자유민주주의의 실현을 위한 그 전제요건

(3) 현대적 민주주의는 사회보장제도, 복지사회주의, 지방자치제, 정당제도의 헌법상 수용

(4) 헌법상 자유민주적 기본질서에 대한 규정
  ㉠ 전문   ㉡ 제4조 통일조항   ㉢ 제8조 정당조항

❻ 방어적 민주주의와 관련되는 독일판례

(1) 사회주의국가당(SRP, 1952.10), 공산당(KPD, 1956.8) 위헌판결
   🔎 한국 : 통합진보당 해산, 2014.12.19

(2) 방어적 민주주의는 군대 내부에서도 적용된다는 군인판결(1970.2)과 도청금지를 규정한 도청법은 헌법에 합치된다는 도청판결(1970.2)

(3) 자유민주주의나 법치국가의 질서를 부정하는 자는 공직에 임명해서는 안된다는 급진주의자판결(1975.5)

❼ 주권과 통치권

대내적 주권		대외적 주권	통치권
① 최고성	② 절대성	① 자주성	① 상대성
③ 유일성	④ 시원성	② 독자성	② 가분성
⑤ 불가분성	⑥ 항구성		
⑦ 자율성	⑧ 불가양성		

❽ 주권론

(1) 군주주권론
  ① 주권은 군주에게 있다는 것으로 왕권신수설을 그 기초로 함.
  ② 최초의 주장자 : 보댕(J. Bodin) → 홉스(T. Hobbes) 계승

(2) 국가주권론
  ① 주권은 국가가 가진다는 것으로, 국가법인설을 기초로 함.
  ② 주장자 : 옐리네크(G. Jellinek), 라반트(P. Laband)

(3) 국민주권론
  ① 주건은 국민에게 있다는 사상, 군주주권론에 대한 반항적 의미를 가지기도 함.
  ② 최초의 주장자 : 알투지우스(Althusius)

(4) 인민주권론
  ① 주권은 국민에게 있는 것이 아니라 인민에게 있다는 것
  ② 인민은 유권적 시민의 총체
  ③ 주장자 : 루소(J.J. Rousseau)

📖 **참고** 인민주권론(People)과 국민주권론(Nation)의 비교

구분	People(인민주권론)	Nation(국민주권론)
의의	유권자로서의 국민	정치적·이념적 통일체로서의 국민
관계	직접민주정치·반대표제	대의제·순수대표제
주권위임	강제위임	무기속위임
선거	보통·평등선거	제한·차등선거
권력분립	권력통합	권력분립
민주주의	이상적 민주주의	현실적 민주주의
사상가	루소	로크

9 관련 헌법재판소 판례

> **공직선거및선거부정방지법 제53조 제3항 위헌확인(헌재 1999.5.27, 98헌마214-위헌)**
>
> 헌법은 제1조 제2항에서 "대한민국의 주권은 국민에게 있고, 모든 권력은 국민으로부터 나온다."고 규정함으로써 국민주권의 원리를 천명하고 있다. 민주국가에서의 국민주권의 원리는 무엇보다도 대의기관의 선출을 의미하는 선거와 일정사항에 대한 국민의 직접적 결정을 의미하는 국민투표에 의하여 실현된다. 선거는 오늘날의 대의민주주의에서 국민이 주권을 행사할 수 있는 가장 중요한 방법으로서, 선거를 통하여 국민은 선출된 국가기관과 그의 국가권력의 행사에 대하여 민주적 정당성을 부여한다. 민주주의는 참정권의 주체와 국가권력의 지배를 받는 국민이 되도록 일치할 것을 요청한다. 국민의 참정권에 대한 이러한 민주주의적 요청의 결과가 바로 보통선거의 원칙이다. 즉, 원칙적으로 모든 국민이 균등하게 선거에 참여할 것을 요청하는 보통·평등선거원칙은 국민의 자기지배를 의미하는 국민주권의 원리에 입각한 민주국가를 실현하기 위한 필수적 요건이다.

10 국민주권주의 관련헌법조문(제1조 제2항)

① 헌법전문(국민이 헌법 제정자)
② 국회의원, 대통령선거권 규정(제41조 제1항, 제67조 제1항)
③ 국민투표권(제72조, 제130조)

| 제2조 | 국민의 요건, 재외국민의 보호

> ① 대한민국의 국민이 되는 요건은 법률로 정한다.
> ② 국가는 법률이 정하는 바에 의하여 재외국민을 보호할 의무를 진다.

❶ 개설

① 국민이란 정치적인 통일체인 국가라는 공동체에 속하는 개개인의 자연인으로, 국가라는 공동체를 전제로 함.
② 국민과 인민은 다른 개념으로서 국민은 국가질서와 관련되고, 인민은 사회구성원 하나하나를 의미, 국적은 국민이 되는 자격을 말함.
③ 우리나라는 국적에 관한 형식적인 근거조항을 헌법에 명시하고 구체적인 사항은 법률로 정하는 국적단행법률주의를 채택하고 있음.

참고 국적에 관한 입법례

라틴아메리카	헌법주의
프랑스, 벨기에 등	민법주의
한국, 일본 등	단행법주의

❷ 국적법

국민이 되는 요건은 국적법에 규정

(1) 국적법의 제·개정 연혁

① 우리나라는 국적에 관하여 혈통주의, 부모양계 혈통주의, 복수국적자에 대한 국적선택주의 등을 채택
② 국적에 관한 최초의 법령은 1948년 5월 11일의 국적에 관한 임시조례
③ 1997년 12월 13일 개정된 국적법에서 국적선택권 신설

(2) 현행 국적법의 주요 내용

① 혈통주의 원칙, 예외적 출생지주의
② 부모양계주의와 부부개별국적 선택주의
  국적취득자 외국국적포기의무: 제10조 → 1년 내

③ 국적선택권 인정(제12조)
　㉠ 법무부장관은 복수국적자로서 국적을 선택하지 아니한 자에게 1년 내에 하나의 국적을 선택할 것을 명하여야 하고, 명령을 받고 따르지 아니한 자는 그 기간이 지난 때에 대한민국 국적을 상실한다.
　㉡ 직계존속이 외국에서 영주할 목적 없이 체류한 상태에서 출생한 자는 병역의무의 이행과 관련하여 다음에 해당하는 경우에만 국적이탈신고를 할 수 있음(제3항).

✅ CHECK POINT
1. 현역·상근예비역 또는 보충역 대체역으로 복무를 마치거나 마친 것으로 보는 경우
2. 전시근로역
3. 병역면제처분을 받은 경우

④ 귀화허가주의
　㉠ 일정한 요건을 구비하면 법무부장관이 허가
　㉡ 귀화자는 모든 공직에 취임할 수 있음.

⑤ 보통귀화요건(제5조)
　1. 5년 이상 계속하여 대한민국에 주소가 있을 것
　1의2. 대한민국에서 영주할 수 있는 체류자격을 가지고 있을 것
　2. 대한민국의 「민법」상 성년일 것
　3. 법령을 준수하는 등 법무부령으로 정하는 품행 단정의 요건을 갖출 것
　4. 자신의 자산(資産)이나 기능(技能)에 의거나 생계를 같이하는 가족에 의존하여 생계를 유지할 능력이 있을 것
　5. 국어능력과 대한민국의 풍습에 대한 이해 등 대한민국 국민으로서의 기본 소양(素養)을 갖추고 있을 것
　6. 귀화를 허가하는 것이 국가안전보장·질서유지 또는 공공복리를 해치지 아니한다고 법무부장관이 인정할 것

특별귀화 요건

① 다음 각 호의 어느 하나에 해당하는 외국인으로서 대한민국에 주소가 있는 자는 제5조 제1호·제2호 또는 제4호의 요건을 갖추지 아니하여도 귀화허가를 받을 수 있다.
  1. 부 또는 모가 대한민국의 국민인 자. 다만, 양자로서 대한민국의 「민법」상 성년이 된 후에 입양된 자는 제외한다.
  2. 대한민국에 특별한 공로가 있는 자
  3. 과학·경제·문화·체육 등 특정 분야에서 매우 우수한 능력을 보유한 자로서 대한민국의 국익에 기여할 것으로 인정되는 자

  ⑥ 처의 수반국적취득 조항을 삭제. 자(子)의 수반취득은 인정
  ⑦ 국적상실자의 권리변동(제18조)
    국적 상실의 원인은 혼인, 입양, 인지, 복수국적, 외국국적의 자진취득, 혼인 취소, 이혼으로 외국국적 취득 등을 들 수 있음.
    ㉠ 대한민국의 국적을 상실한 자는 국적을 상실한 때부터 대한민국의 국민만이 향유할 수 있는 권리를 향유할 수 없음.
    ㉡ 대한민국의 국민이었을 때 취득한 것으로서 양도가능한 것은 그 권리와 관련된 법령이 별도로 정한 바가 없는 한 <u>3년</u> 내에 대한민국의 국민에게 권리를 양도하여야 함.

국적 관련 판례

1. 북한지역 주민이 귀순하는 경우 별도의 조치 없이 바로 우리 국적을 취득한다.
2. 건국 이전에 출생한 조선인을 부친으로 하는 자는 대한민국의 국적을 취득한다.
3. 북한지역에 거주하고 있는 주민은 그 조상이 대한제국의 후손이고 대한민국 영토 내에 거주하고 있기 때문에 대한민국 국민이다.
4. 우리나라의 남자와 결혼하여 대한민국의 국적을 취득하였다가 이혼하였다고 하여도 대한민국의 국적을 상실하지 않는다.
5. 외국의 영주권을 취득하여도 대한민국 국적을 취득하지 않는다.
6. 국적상실자의 권리변동기간 1년(위헌) → 3년으로 개정
7. 특정조약의 체결에 대한 입법위임의무는 없다(재외국인 보호의무조항이 미성년자보호협약에 가입할 의무를 발생시키지 않는다).

❸ 재외국민보호

(1) 연혁
① 헌법에 재외국민의 보호를 최초로 규정 : 8차 개정 신설
② 재외국민보호 의무를 규정 : 9차 개정 신설

(2) 재외국민의 의의
대한민국의 국적을 가진 자로서 외국에 일시·장기적으로 체류하는 자를 의미

(3) 재외국민등록제를 채택(취지 : 재외국민보호)
① 재외국민등록법 제3조 규정에 의해서 등록을 하여야 함.
② 민주평화통일자문회의법 제10조에 의할 때 민주평화통일자문위원이 될 수 있음.

(4) 관련 헌법재판소 판례

재외동포의출입국과법적지위에관한법률 제2조 제2호 위헌확인

① '외국인'은 '국민'과 유사한 지위에 있으므로 원칙적으로 기본권 주체성이 인정
② 정부수립이전 이주동포를 재외동포법의 적용대상에서 제외한 것은 합리적 이유없이 정부수립이전 이주동포를 차별하는 자의적인 입법이어서 헌법 제11조의 평등원칙에 위배(헌재 2001.11.29, 99헌마494)

공직선거및선거부정방지법 제15조 제2항 등 위헌확인(제16조 제3항, 제37조 제1항)(헌재 2007. 6.28, 2004헌마644)

① **대통령·국회의원 선거권(국정선거권)의 경우**
  ㉠ 단지 주민등록이 되어 있는지 여부에 따라 선거인명부에 오를 자격을 결정하여 그에 따라 선거권 행사 여부가 결정되도록 함으로써, 주민등록법상 주민등록을 할 수 없는 재외국민의 선거권 행사를 전면적으로 부정하고 있는 법 제37조 제1항은 그에 대한 정당한 목적을 찾기 어려우므로 헌법 제37조 제2항에 위반하여 재외국민의 선거권과 평등권을 침해하고 보통선거원칙에 위배됨.
  ㉡ 선거인명부에 오를 자격이 있는 국내거주자에 대해서만 부재자신고를 허용함으로써 재외국민과 단기해외체류자 등 국외거주자 전부에 대해 국정선거권의 행사 가능성을 부인하고 있는 법 제38조 제1항은 정당한 입법목적을 갖추지 못한 것으로 헌법 제37조 제2항에 위반하여 국외거주자의 선거권과 평등권을 침해하고 보통선거원칙에 위반됨.

② **지방선거 참여권(선거권 및 피선거권)의 경우**
국내거주 재외국민에 대해서 주민등록만을 기준으로 그 체류기간을 불문하고 전면적, 획일적으로 지방선거권을 박탈하는 법 제15조 제2항 제1호, 제37조, 제37조 제1항은 헌법상 평등원칙에 어긋날 뿐 아니라 헌법 제37조 제2항이 요구하는 기본권 제한의 한계를 넘은 것으로 국내거주 재외국민의 평등권과 지방의회 의원선거권을 침해

③ **국민투표권의 경우**
주권자인 국민의 지위에 아무런 영향을 미칠 수 없는 주민등록 여부만을 기준으로 하여, 주민등록을 할 수 없는 재외국민의 국민투표권 행사를 전면적으로 배제하는 국민투표권 제14조 제1항은 국정선거권의 제한에 대한 판단에서와 동일한 이유에서 청구인들의 국민투표권을 침해

| 제3조 | 영토

> 대한민국의 영토는 한반도와 그 부속도서로 한다.

OX 문제

Q 영토조항 자체로 헌법소원 ⓧ

Q 영토조항을 전제로 영토권을 다른 권리 구제차원에서 기본권으로 간주 ⓞ

❶ 영역

영역이란 영륙·영공·영해로 구성되며, 국제법상의 제한이 없는 한 배타적으로 지배할 수 있는 범주를 말함.

(1) **영륙**
한반도(영륙 내의 하천·운하 등을 포함)와 그 부속도서를 의미

(2) **영공**
영토와 영해의 수직상공을 말하며, 영공은 영토의 변경에 따라서 변경될 수 있음. 영공에 대한 우리나라의 통설은 실효적 지배설

(3) 영해

① 육지에 접속한 특정한 국가의 주권이 행사되는 영토와 내수에 접속하는 해역을 말함.

② 1994년 11월 16일 발효된 UN해양법협약은 12해리를 통일적으로 적용하기로 함.

③ 우리나라는 영해 및 접속수역법에 따라 12해리를 원칙으로 하고, 대한해협은 영해 및 접속수역법 별지 1에 따라 3해리를 채택

> ✔ **CHECK POINT**
>
> 12해리 원칙, 영해법시행령에 근거하여 대한해협 3해리 ·················· 한국
> 24해리 ·· 접속수역
> 200해리 ··· 배타적 경제수역(EEZ)

📖 **보충정리**　배타적 경제수역(Exclusive Economic Zone)

① 영해측정 기선으로부터 200해리를 초과하지 않는 수역에 한하여 특정국가에 대한 배타적 관할권을 인정하는 것

② 배타적 경제수역 내에서 연안국은 권리와 의무를 가지고 자국민의 전속어업권, 인공도 설치, 천연자원 탐사, 개발관리권, 해양조사권 등의 권리를 가짐.

③ 항행자유 보장, 사공비행자유 보장, 해저관설 부설권 보장 등의 보장의 의무를 수반

❷ 휴전선 이북지역은 대한민국의 영토

(1) 헌행헌법 제3조에 의하면 휴전선 이북지역은 대한민국의 영토라 할 수 있음.

(2) 대법원의 판례는 휴전선 지역을 반국가단체가 일시적으로 점령한 지역으로 판시한 바 있음.

(3) 현실적으로는 휴전선 이북지역은 통치권이 미치지 않을 뿐만 아니라, 대한민국의 법률효력이 발생되지 아니함.

① 규범성이나 타당성은 있으나 실효성은 없음.

② 대법원판례(1972.12.7) : 반국가단체의 불법점거 지역

③ 헌법 제3조와 제4조의 비교분석

구분	제3조	제4조
법조문	영토규정	평화통일규정
북한규정	반국가단체 일시점령지역	민족적 공동체 규정
법적근거	국가보안법의 헌법상 근거	남북한교류에 관한 법률의 헌법상 근거
신설	건국헌법 신설	현행헌법 신설

④ 헌법 제3조에 의해 휴전선 북방지역도 대한민국의 통치권이 미치는 영토이므로 헌법과 법률이 적용된다(대판 1954.9.28, 4286경상109).

(4) 헌법 제3조와 제4조의 평화통일규정의 충돌

① 헌법 제3조는 제헌헌법에서 신설된 것인데 비하여, 헌법 제4조의 국가의 평화통일 의무 규정은 제6공화국 헌법에서 규정된 것으로 법이론상 신법우선의 원칙에 의해서 제4조의 평화통일규정이 제3조의 영토규정보다 우선적으로 적용

② 헌법 제3조와 제4조의 충돌 시에는 비현실에 대한 현실우선의 원칙에 따라 제4조의 평화통일규정이 우선 적용되어야 한다는 견해가 유력

❸ 헌법재판소의 북한에 대한 판례태도(2중적 성격)

북한을 조국의 평화적 통일을 위한 대화와 협력의 동반자이면서 자유민주적 체제전복을 획책하는 반국가단체의 성격을 가진 단체로 봄.

❹ 영토규정을 헌법에 명시한 국가

한국, 캐나다, 네덜란드, 서독의 기본법 등　🔍 미국 : 미규정

| 제4조 | **통일정책**

> 대한민국은 통일을 지향하며, 자유민주적 기본질서에 입각한 평화적 통일정책을 수립하고 이를 추진한다.

❶ 국가의 평화통일 의무규정은 9차 개헌, 평화통일규정 자체는 7차 개헌에서 신설

❷ 평화통일은 국가적 목표인 동시에 헌법이 지향하는 이념을 규정한 것

❸ 남북통일은 평화주의와 자유민주적 기본질서가 존중되는 차원에서 이루어져야 함.

❹ 자유민주적 기본질서의 내용

> 📖 참고 헌재 1990.4.2, 89헌가113
>
> ① 기본권 존중
> ② 권력분립
> ③ 의회제도
> ④ 복수정당제
> ⑤ 사법권의 독립
> ⑥ 선거제도
> ⑦ 사유재산과 시장경제를 골간으로 하는 경제질서

❺ 남북한기본합의서는 북한을 잠정적인 특수한 관계로 규정

❻ 관련 헌법재판소 판례

남북교류협력에관한법률 제9조 제3항 위헌소원(헌재 2000.7.20, 98헌바63)

이 법은 기본적으로 북한을 평화적 통일을 위한 대화와 협력의 동반자로 인정하면서 남북대결을 지양. 자유왕래를 위한 문호개방의 단계로 나아가기 위하여 종전에 원칙적으로 금지되었던 대북한 접촉을 허용. 이를 법률적으로 지원하기 위하여 제정된 것으로서, 그 입법목적은 평화적 통일을 지향하는 헌법의 제반규정에 부합하는 것

| 제5조 | 침략전쟁의 부인, 국군의 사명 · 정치적 중립성 보장

① 대한민국은 국제평화의 유지에 노력하고 침략적 전쟁을 부인한다.
② 국군은 국가의 안전보장과 국토방위의 신성한 의무를 수행함을 사명으로 하며, 그 정치적 중립성은 준수된다.

❶ 연혁

국토방위의무 최초규정	국가의 안전보장 최초규정	국군의 정치적 중립성 최초규정
건국 헌법	제5공화국 헌법	제6공화국 헌법

❷ 국제평화에 대한 국가별 유형

국가별	내용
일본헌법(1947)	일체의 무장을 금지한 평화주의 헌법
프랑스헌법(1791)	침략적 전쟁 금지 최초규정
독일헌법(1949)	국제평화를 위한 주권의 제약을 인정하는 국가

❸ 우리나라 국제평화주의의 내용

(1) 침략적 전쟁의 금지

① 침략적 전쟁, 타국의 생존권 확보를 위한 전쟁, 영토 확장이나 회복을 위한 전쟁, 채권회수를 위한 전쟁은 부인

② 방어적 전쟁은 인정

이라크 전쟁이 국제규범에 어긋나는 침략전쟁인지 여부 등에 대한 판단은 대의기관인 대통령과 국회의 몫이고, 성질상 한정된 자료만을 가지고 있는 우리 헌법재판소가 판단하는 것은 바람직하지 않다고 할 것이다(헌재 2004.4.29, 2003헌마814).

(2) 국제조약·국제법과 국제관행의 준수

① 헌법에 의해서 체결·공포된 조약과 일반적으로 승인된 국제법규는 국내법과 같은 효력을 가짐.

② 일반적으로 승인된 국제법은 성문화된 국제법과 불문법인 국제관습법을 포함하는 개념이며 국내법과 동일한 효력이 있음.

③ 일반적으로 승인된 국제관습법은 국내문제 불간섭의 원칙, 민족자결의 원칙, 조약준수의 원칙, 대사·공사의 국제법상 특별지위에 관한 원칙, 전쟁법의 일반원칙 등을 들 수 있음.

④ 성문화된 국제법규는 제네바 협정, 집단학살금지에 관한 조약, UN헌장, 만국우편협정, 항공기테러범 처벌에 관한 조약 등을 들 수 있음.

(3) 외국인의 지위보장

① 현행 헌법 제6조 제2항에는 「외국인은 국제법과 조약이 정하는 바에 의하여 그 지위가 보장된다.」고 규정. 외국인의 지위보장에 대하여 우리나라는 상호주의를 채택. 현행 우리의 헌법상 상호주의를 채택하고 있는 것은 국가배상청구권, 범죄피해자 국가구조청구권 등을 들 수 있음.

② 외국인에게 제한적으로 인정되는 기본권은 입국의 자유, 거주 · 이전의 자유, 재산권 보장, 직업선택의 자유를 들 수 있으나, 출국의 자유나 인권존중, 행복추구권, 급여청구권 등은 원칙적으로 보장해야 한다.

❹ 국군의 정치적 중립성 보장은 헌법의 사전적 보장에 해당

| 제6조 | 조약 · 국제법의 효력, 외국인의 법적 지위

> ① 헌법에 의하여 체결 · 공포된 조약과 일반적으로 승인된 국제법규는 국내법과 같은 효력을 가진다.
> ② 외국인은 국제법과 조약이 정하는 바에 의하여 그 지위가 보장된다.

❶ 국제조약

(1) 의의
  ① 국가 간의 문서에 의해서 합의된 내용
  ② 외교문서의 하나이며, 국가와 국가 간의 문서에 의한 합의는 사법상의 성격을 가진 것이라도 조약이라 할 수 있음.
  ③ 조약의 명칭은 협정, 협약, 의정서, 선언서, 규정, 규약, 헌장, 각서 등으로 사용되고 있음.
  ④ 체결 당국 간의 합의에 의해서 정함.

(2) 조약의 성립요건
  조약의 성립요건은 조약체결의 능력, 조약체결을 위한 정당한 권한, 조약체결에 관한 명백한 주관적 의사, 조약체결 당사자 간의 하자 없는 합의가 있을 것을 요함.

(3) 조약의 효력
  ① 법률과 동일한 효력을 가짐.
  ② 독일은 국내법보다 국제조약이 우월한 효력을 인정하고 있음.
  ③ 조약과 헌법이 충돌하는 경우에는 조약우위설과 헌법우위설이 대립하고 있으나, 우리나라의 통설은 헌법우위설이고 이에 의할 때 조약도 헌법재판소의 위헌심사의 대상이 됨.

> 📖 **참고** 조약의 충돌

조약과 헌법이 충돌하는 경우	조약과 행정협정이 충돌하는 경우	조약과 법률이 충돌하는 경우
조약우위설 헌법우위설 (통설)	행정협정은 명령인 대통령령과 동일한 효력을 가지기 때문에 조약이 우월한 효력이 있음(반대견해 있음).	신법우선의 원칙과 특별법 우선의 원칙에 의해서 효력의 우선유무를 결정해야 함.

④ 조약에 대해서 헌법재판소에서 위헌으로 결정하면 당해 조약은 그 이후부터 효력이 상실됨.
⑤ 위헌의 효력은 국내법적으로 무효가 되나 국제법상으로는 유효

📋 **보충정리** 위헌조약의 심사

① 위헌조약의 심사가능성

긍정설(다수설)	위헌인 조약의 사법심사에 대해서 사법심사의 대상이 될 수 있음.
부정설	위헌인 조약의 사법심사에 대해서 사법심사의 대상이 될 수 없음.

② 위헌조약의 심사기관

법률과 동일한 효력인 조약	명령과 동일한 행정 협정
헌법재판소	• 헌법재판소, 각급법원 • 최종적인 법원 심사: 대법원

③ 헌법 제107조 제1항에서는 위헌법률심판의 대상을 "법률"로 규정하고 있는데, 헌법재판소는 위헌심사의 대상이 되는 법률에는 "조약"과 "일반적으로 승인된 국제법규"도 포함된다고 봄.

(4) 조약과 국회동의

국회동의를 요하지 않는 조약	국회동의를 요하는 조약(제60조 제1항)
• 어업조약 • 행정협정 • 비자협정 • 문화협정 • 무역조약	• 상호원조 또는 안전보장에 관한 조약 • 중요한 국제조직에 관한 조약 • 우호통상항해조약 • 주권의 제약에 관한 조약 • 강화조약 • 국가나 국민에게 중대한 재정적 부담을 지우는 조약 • 입법사항에 관한 조약

🔍 주권을 제약하는 어업조약은 국회의 동의를 필요로 함.	🔍 헌법 제60조 제1항은 열거제한조항으로 보는 견해와 예시규정으로 보는 견해가 대립되고 있음.
🔍 명령적 효력 → 법원 : 제107조 제2항 명령 규칙·심사대상	🔍 법률적 효력 → 헌재 : 위헌법률심판 헌재법 제68조 제1항·제2항 헌법소원

① 국회는 조약에 대한 수정의결권이 없다는 수정부정설과 수정의결설이 대립하고 있으나 다수설은 수정부정설
② 가분적 성질의 조약에 대해서는 일부승인 또는 일부부결이 예외적으로 인정되는 경우도 있음.

❷ 국제관습법

❸ 남북한기본합의서
① 남북한기본합의서는 국회동의를 받지 않았으며 남북한 관계를 잠정적인 특수관계로 규정
② 신사협정에 준하는 성격을 가짐.
③ 조약으로서의 성격부정(헌재·대법원)

❹ 관련 헌법재판소 판례

대한민국과일본국간의어업에관한협정비준등 위헌확인(헌재 2001.3.21, 99헌마139·142·156·160 병합)

이 사건 협정은 어업에 관한 한일 양국의 이해를 타협·절충함에 있어서 현저히 균형을 잃은 것으로는 보이지 않으므로, 청구인들의 헌법상 보장된 행복추구권, 직업선택의 자유, 재산권, 평등권, 보건권은 침해되었다고 볼 수 없음.

❺ 외국인의 법적 지위

(1) **상호주의 채택**
외국인은 국제법과 조약이 정하는 바에 의하여 그 지위가 보장됨.

(2) 헌법관

규범주의적 헌법관	결단주의적 헌법관	통합주의적 헌법관
불인정	인정	불인정

(3) 외국인의 기본권 인정유무

외국인에게 제한적으로 인정하는 것	외국인에게 불인정하는 것
① 직업선택의 자유 ② 거주 · 이전의 자유 ③ 재산권보장 ④ 입국의 자유	참정권(대통령, 국회의원 선거권)

|제7조| 공무원의 지위 · 책임 · 신분

> ① 헌법에 의하여 체결 · 공포된 조약과 일반적으로 승인된 국제법규는 국내법과 같은 효력을 가진다.
> ② 외국인은 국제법과 조약이 정하는 바에 의하여 그 지위가 보장된다.

❶ 공무원규정에 대한 연혁

공무원규정 최초	공무원신분보장과 정치적 중립 최초 규정	국군의 정치적 중립성 보장
건국헌법	3차 개헌	9차 개헌

❷ 공무원의 헌법상 지위

(1) **국민전체의 봉사자** : 바이마르 헌법에서 최초로 규정
(2) **공무원과 국민의 관계** : 이념적 · 윤리적 대표설(다수설)

❸ 공무원의 책임

(1) **책임의 성질** : 정치적 · 윤리적 책임(다수설)

(2) 직접적인 책임 추궁은 불가
(3) 간접적인 책임 추궁인 선거, 탄핵심판 및 청원권 행사는 인정

❹ 공무원의 범위

헌법 제7조 제1항의 공무원	최광의 공무원
헌법 제7조 제2항의 공무원	협의의 공무원(권영성)

❺ 직업공무원제

(1) 직업공무원의 범위

원칙적으로 직업공무원은 협의의 공무원으로 국가공무원법과 지방공무원법이 적용되는 공무원을 말하며, 임시직 공무원과 국제공무원, 정무직 국제공무원은 제외

(2) 직업공무원제의 내용

성적제	공개경쟁시험에서 실증된 자격 내지 성적에 의하여 공무원을 임용하고 그 능력에 따라 승진할 수 있도록 보장하는 제도를 의미
신분보장	경력직 공무원은 형의 선고, 징계처분 또는 법이 정하는 사유에 의하지 아니하고는 그 의사에 반하여 휴직·강임·면직을 당하지 아니하는 것을 의미
정치적 중립성 보장	국가공무원법 제65조 제2항에서는 공무원의 정치활동을 금지. 정치적 중립성 보장이라고 함은 공무원의 정당가입이나 정치활동을 행하는 것을 금지하는 것을 의미

❻ 공무원의 기본권제한

(1) **직업선택의 자유** : 공무원은 영리활동을 금지
(2) **거주이전의 자유** : 군인, 경찰공무원인 특정직 공무원 등에 대해서는 근무지를 제한
(3) **노동 3권** : 공무원은 헌법 제33조 규정에 의해서 법률이 정하는 자에 한하여 노동 3권을 인정, 소방공무원 노동조합가입대상제외 – 합헌(헌재 2008.12.26, 2006헌마462)
(4) **2중 배상** : 헌법 제29조 규정에 의해서 군인, 군무원, 경찰공무원은 2중 배상을 청구할 수 없음.

(5) **정치적 중립** : 정당가입제한, 정치활동제한[헌법에 직접 명시한 공무원은 중앙선거관리위원회위원(헌법 제114조 제4항)과 헌법재판소 재판관(헌법 제112조 제2항)을 들 수 있다.

❼ 관련 헌법재판소 판례

결정일자	사건 번호	판례요지	비고
1993.9.2	92 헌바21	6급 이하의 공무원에게만 특별채용을 규정한 1980년 해직공무원의 보상 등에 관한 특별조치법 제4조는 상당한 이유가 있음.	합헌
1997.3.27	96 헌바86	농촌지도관의 정년을 61세로, 농촌지도사의 정년을 58세로 차등을 두어 규정한 것은 농촌지도관의 직무내용이 고도의 판단작용을 요구하는 점을 고려할 때 이는 합리적 차별임.	합헌
1997.11.27	95 헌바14	공무원의 범죄행위가 직무와 직접적인 관련이 없거나 과실에 위한 경우에도 금고 이상의 집행유예 판결을 받는 경우 당연퇴직토록 규정한 것은 합헌임.	합헌
1998.5.28	96 헌가12	형사사건으로 기소된 공무원에 대해 일률적으로 직위해제하도록 규정한 것은 공무담임권침해이고 무죄추정의 원칙에도 위반된다.	위헌
2002.12.14	99 헌마112	초·중·고교사의 정년을 65세에서 62세로 하향조정하는 것은 평등권 침해가 아님.	합헌
2003.9.25	2003 헌마30	국가공무원 7급 시험에서 기능사 자격증에는 가산점을 주지 않고 기사등급 이상의 자격증에 가산점을 주는 것은 비례성원칙에 위배되지 아니함.	합헌
2004.11.25	2002 헌바8	지방자치단체의 폐지, 분합, 직제, 정원의 개폐, 예산의 감소 등에 의하여 폐직 또는 과원이 된 때 임용권자가 직권으로 공무원을 면직할 수 있도록 하는 법은 인사위원회의 의결을 거치도록 하고 있으므로 직업공무원제도에 위반된다고 할 수 없다.	합헌
2005.6.30	2004 헌바4	금융기관의 임직원의 수뢰죄를 공무원의 수뢰죄와 동일하게 처벌하는 것은 합리적이다.	합헌
2006.4.27	2006 헌가5	금융기관의 임직원의 수뢰죄를 일정한 경우 공무원의 수뢰죄보다 가중처벌 하는 것은 최소침해원칙에 위반된다.	위헌
2006.5.25	2004 헌바12	형사사건으로 기소된 공무원을 임의적으로 직위해제할 수 있도록 규정한 것은 공무담임권을 침해하였다고 보기 어렵다.	합헌
2012.3.29	2010 헌마97	선거관리위원회 공무원에 대하여 특정 정당이나 후보자를 지지·반대하는 단체에의 가입·활동 등을 금지하는 등 일정한 정치활동을 금지하는 것은 헌법에 위배되지 아니한다.	합헌

2013.6.20	2012 헌바169	공무원노조의 비교섭대상으로 국가 또는 지방자치단체의 정책결정에 관한 사항이나 기관의 관리·운영에 관한 사항으로서 근무조건과 직접 관련되지 아니하는 사항을 정하고 있는 규정 중 '직접' 부분은 헌법에 위반되지 않는다.	합헌
2013.7.25	2012 헌바409	일반 국가공무원은 임용결격사유 중 금고 이상의 형의 선고유예를 받은 경우에 한하여 당연퇴직의 예외에 해당하되, 그 중에서도 수뢰죄를 범하여 금고 이상의 형의 선고유예를 받은 국가공무원은 당연퇴직하도록 규정하고 있는바, 이는 헌법에 위반되지 않는다.	합헌
2014.8.28	2011 헌바32	교원노조의 일체의 정치활동 금지	합헌
2014.9.25	2014 헌마414	부사관으로 최초로 임용되는 사람의 최고연령을 만 27세로 제한한 것은 공무담임권 침해가 아니다.	합헌
2016.3.31	2013 헌바190	전투경찰에 대한 징계처분으로 영창을 규정하는 것은 과잉금지원칙에 위배되지 아니한다.	합헌
2016.7.28	2015 헌마236	부정청탁금지조항과 금품수수금지조항 및 신고조항과 제재조항은 전체 민간부문을 대상으로 하지 않고 사립학교 관계자와 언론인만 '공직자등'에 포함시켜 공직자와 같은 의무를 부담시키고 있다. 그런데 이들 조항이 청구인들의 일반적 행동자유권 등을 침해하지 않는 이상, 민간부문 중 우선 이들만 '공직자등'에 포함시킨 입법자의 결단이 자의적 차별이라 보기는 어렵다.	합헌
2016.9.29	2012 헌마1002	사법시험법을 폐지하는 변호사시험법 부칙 2조는 헌법에 위배되지 아니한다.	합헌
2018.4.2 · 2020.6.25	2016 헌바454 · 2018 헌마865	국립대총장후보자에게 기탁금 1000만원 납부하는 것은 헌법에 위배된다. 퇴직 연금 수급자가 유족 연금을 함께 받는 경우 유족연금 2분의 1을 빼고 지급하는 것은 헌법에 위배되지 않는다.	합헌
2022.12.22	2020 헌바39	국내로 귀환하여 등록절차를 거친 국군포로에게만 보수를 지급하도록 하는 것은 헌법에 위배되지 아니한다.	합헌
2023.10.26	2017 헌가16	군형법상의 그 밖의 추행 부문은 헌법에 위배되지 아니한다.	합헌
2025.1.23	2024 헌나1	방송통신위원회 이진숙 위원장에 대한 탄핵 결정에 필요한 정족수에 이르지 못하였으므로 기각한다.	기각

| 제8조 | 정당

> ① 정당의 설립은 자유이며, 복수정당제는 보장된다.
> ② 정당은 그 목적·조직과 활동이 민주적이어야 하며, 국민의 정치적 의사형성에 참여하는 데 필요한 조직을 가져야 한다.
> ③ 정당은 법률이 정하는 바에 의하여 국가의 보호를 받으며, 국가는 법률이 정하는 바에 의하여 정당운영에 필요한 자금을 보조할 수 있다.
> ④ 정당의 목적이나 활동이 민주적 기본질서에 위배될 때에는 정부는 헌법재판소에 그 해산을 제소할 수 있고, 정당은 헌법재판소의 심판에 의하여 해산된다.

❶ 정당

(1) 의의
① 국민의 이익을 위하여 책임 있는 정치적 주장이나 정책을 추진하고 공직후보자를 추천하는 정치적인 뜻을 같이 하는 사람들의 영속적이고 자발적인 단체
② 정당의 개념은 헌법이 아닌 정당법 제2조에 규정되어 있음.

(2) 정당의 개념적인 특징
① 정당은 민주적 기본질서와 국가의 기본질서를 긍정해야 함.
② 정당은 정치적 주장이나 정책을 추진하기 위한 정강이나 정책 등을 가지고 있어야 함.
③ 정당은 정권획득을 목적으로 하는 단체이다. 따라서 정당은 특정한 이념적인 경향이 확실한 경우에도 정권획득을 포기하는 정당은 허용되지 않음.
④ 정당은 국민의 권익보장과 국민의 의사형성에 참여하는 단체이므로, 계속성과 영속성을 가져야 함.

(3) 의회제 민주주의와 정당제 민주주의

구분	의회제 민주주의	정당제 민주주의
국민의 역할	국민은 선거를 통해서 의사표시를 하는 정치적·이념적 통일체	국민은 정당의 중개에 의해서 계속적·자발적으로 정치에 참여하는 실질적 행위의 통일체
국가권력의 형태	국가권력은 분립되어 견제와 균형의 원리가 작용	정당을 중심으로 국가권력이 통합
위임의 성격	대표자는 자기의사에 따라서 권한을 행사하는 자유위임의 형태	국민대표자는 독립성·자주성이 상실되고 정당에 기속되어 자유위임의 원칙이 변질
선거의 성격	국가기관을 구성하는 대표자의 선출 행위이며, 의원은 국민대표	국가기관의 구성과 국민투표적 성격을 동시에 가짐.

❷ 정당에 대한 연혁(최초규정)

정당규정	정당의 발전촉진	정당에 대한 정치자금 보조	정당의 목적과 민주성
3차 개헌	5차 개헌 (극단적 정당국가)	8차 개헌	9차 개헌

🔎 정당규정이 헌법에 없는 국가 : 미·영·일·캐나다

❸ 정당에 대한 학자의 견해

(1) **라이프홀츠(Leibholz)**

① 현대정치는 정당정치이며 대의제와 정당국가는 조화될 수 없다고 봄(대의제는 자유위임인 데 비하여, 정당제는 정당에 기속되기 때문).

② 19세기의 대의적·의회적 민주주의는 20세기의 정당국가적·국민투표적 민주주의로 변화되었다고 주장

(2) 트리펠(H. Triepel)

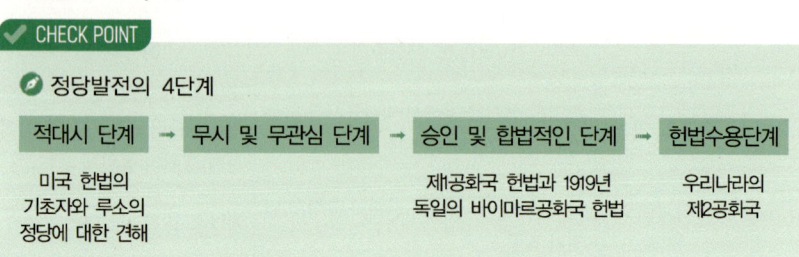

④ **정당의 헌법상 지위에 대한 학설**

(1) 헌법기관설
① 정당을 헌법상의 기관으로 보는 견해, 국가기관설이라고도 함.
② 라이프홀츠(Leibholz)와 초기 독일 헌법재판소 판례 태도

(2) 사법적 결사설
① 정당을 자유의사에 의한 사인간의 사법적인 단체로 보는 견해
② 주장자는 옐리네크(G. Jellinek)와 포르스트호프(E. Forsthoff)

(3) 중개적 권력설(제도적 보장설) : 통설
① 정당을 국민과 국가 간의 정치적 의사를 매개하는 기관으로 보는 견해
② 중개적 권력제설 또는 제도적 보장설이라고 함.
③ 우리나라의 통설, 헌법재판소의 판례 태도

⑤ **정당의 법적 형태**

① 사적 정치결사설, 사법상 법인격이 없는 사단설과 헌법제도와 결사의 결합체로 규정하는 혼성체설이 대립하고 있음.
② 통설은 민법상 법인격이 없는 사단으로 봄(통설, 헌법재판소 판례).

구분	내용
법원	① 사법상의 사단 : 서울 민사지방법원 신민당 총재단 직무집행정지 가처분신청 사건 판례(지판 1979.9.8, 79카21709) ② 자치적 정치단체 : 서울 민사지방법원 의장직무행사정지 가처분결정사건 판례 (대판 1987.7.30, 87카30864)

헌법 재판소	① 법인격이 없는 사단 : 정당의 재산귀속관계에 대한 사건에서 헌법재판소는 정당을 법인격이 없는 사단으로 판시(헌재 1993.7.29, 92헌마262) ② 정당은 기본권 주체성과 헌법소원 청구능력을 가짐(즉, 정당은 기본권 주체성을 가짐 : 헌재 1991.3.11, 91헌마22).

❻ 정당의 설립

✓ CHECK POINT

- 정당의 절차적 요건 : 등록제
- 정당의 형식적 요건 : 조직
- 정당의 내용적 요건 : × (허가이므로 금지)

(1) 등록제를 채택(등록의 성격은 확인적 의미)
(2) 정당은 5개 이상의 시·도당을 구비해야 함.
(3) 중앙당 창당 시에는 최소한의 발기인수는 200명 이상의 당원이 있어야 함.
(4) 시·도당 창당 시에는 최소한의 발기인수는 100명 이상의 당원이 있어야 함.
(5) 시·도당의 최소한의 당원수는 1,000명 이상이어야 함.
(6) 창당준비위원회는 중앙당의 경우에는 200명 이상의, 시·도당의 경우에는 100명 이상의 발기인으로 구성한다.

❼ 정당의 해산

(1) 제소
  ① 정당해산의 제소권자 : 정부
  ② 정부의 제소에 대한 견해

소수설(권영성)	의무
다수설(김철수, 허영)	자유재량

(2) 헌법 제8조 제4항의 정당해산규정은 정당의 특권규정에 해당
(3) 정당의 활동이나 목적이 민주적 기본질서에 위배될 때 정당을 해산할 수 있음.

🔊 주의 헌법 제8조 제2항에는 조직 ○, 제4항에는 조직 ×

(4) 위헌정당대상

① 등록을 마친 정당
② 중앙선관위에 창당준비신고를 한 결성단계의 정당도 위헌정당해산심사의 대상
③ 정당의 하부조직의 청년부, 당출판부, 정당연수원 등은 정당에 해당

🔍 정당의 방계조직, 위장조직, 대체정당은 정당에 해당 안 됨(행정처분으로 해산 가능).

정당의 목적에 해당하는 것	정당의 활동에 해당하는 것
① 정당의 강령과 당헌 ② 정당의 기본정책 ③ 정당의 출판물과 선전자료 등	① 정당의 총재와 당간부의 활동 ② 평당원의 활동인 경우라 하더라도 당명에 의한 경우에는 정당의 활동으로 간주(단, 정당의 지침에 반한 평당원의 활동은 제외)

(5) 헌법 제8조 제4항의 민주적 기본질서

① 민주적 기본질서 외에 정당의 강제해산사유를 추가할 수 없다.

> 예 정치자금법, 선거법 등 법률위반시 강제해산할 수 없다.

② 헌법 제37조 제2항의 국가안전보장, 질서유지, 공공복리는 정당의 강제해산사유에 해당하지 아니한다.

다수설	소수설	독일의 기본법
자유민주적 기본질서 (권영성)	자유민주적 기본질서 + 사회민주적 기본질서까지 포함(김철수)	자유민주적 기본질서

(6) 강제해산의 효과

① 헌법재판소로부터 해산선고를 받은 정당은 선고와 동시에 자동해산
② 잔여재산은 국고에 귀속, 대체정당은 창당불가
③ 유사명칭금지는 정당법에 미규정. 동일한 명칭 사용금지
④ 해산된 정당의 의원직은 상실 [다수설(헌재판례입장, 권영성, 허영), 독일연방헌법재판소의 판례]

🔍 소수설 : 무소속으로 의원직 유지(김철수)

⑤ 헌법재판소의 위헌정당 해산결정은 창설적 효력
⑥ 중앙선거관리위원회의 정당말소 및 공고행위는 단순한 선언적·확인적 효력에 불과

⑦ 헌법재판소는 정당해산을 명하는 결정서를 피청구인(정당), 국회, 정부 및 중앙선거관리위원회에 송달해야 한다.

❽ 정당의 등록취소

(1) 사유
① 법정 시·도당수의 미달 시
② 법정 당원수의 미달 시
③ 최근 4년간 임기만료에 의한 국회의원 총선거 또는 임기만료에 의한 지방자치단체의 장의 선거나 시도의회의원선거에 참여하지 아니한 때

(2) 잔여재산은 당헌이 정하는 바에 의함.

(3) 소속의원은 무소속으로 의원직 유지

(4) 동일·유사 정당 창당 인정

❾ 정당과 정치자금

(1) 종류
① 당비
② 후원회의 후원금 : 공직선거가 있는 경우에는 후원회는 그 2배를 기부할 수 있음.
③ 기탁금 : 납입자는 기명으로 선관위에 기탁해야 함. 특정정당을 지정기탁할 수 없고 직접 정당에 기탁할 수 없음. 그 분배는 국고보조금분배 비율에 따라 배분·지급
④ 국고보조금
⑤ 여성후보자 추천 보조금 : 지역구국회의원선거 및 지역구시·도의회의원선거의 전국지역구총수의 100분의 30 이상을 여성으로 추천한 정당을 대상으로 여성추천보조금 총액의 100분의 50은 지급 당시 정당별 국회의석수의 비율에 따라, 그 잔여분은 최근 실시한 임기만료에 의한 국회의원선거에서의 득표수의 비율에 따라 배분·지급

(2) 국고보조금
① 선거권자×900원

② 당해선거에 참여하지 않는 정당은 배분·지급하지 아니함.
③ **용도제한** : 보조금총액의 20/100 이상은 정책개발비로 사용하여야 함(정치자금법 제19조 제2항).
④ **독일 헌법재판소 판례** : 위헌결정했으나 1992년 최근 판례는 국고지원액이 정당이 자체 조달한 재정규모보다 많은 경우에 위헌

🔍 정당에 대한 후원금 금지 : 위헌(헌재 2015.12.23, 2013헌바168)

⑩ 관련 헌법재판소 판례

정당법 제37조 제3항 단서 위헌제청(헌재 2016.3.31, 2013헌가22) : 합헌

정당의 당원협의회 사무소 설치를 금지하는 것은 정당활동의 자유를 침해하는 것은 아니다.

정당법 제41조 제4항 위헌확인(헌재 2014.1.28, 2012헌마431) : 위헌

국회의원선거에 참여하여 의석을 얻지 못하고 유효투표총수의 100분의 2 이상을 득표하지 못한 정당에 대해 그 등록을 취소하도록 한 정당법 제44조 제1항 제3호와, 등록취소된 정당의 명칭과 동일한 명칭을 일정 기간 정당의 명칭으로 사용할 수 없도록 한 정당법 제41조 제4항 중 제44조 제1항 제3호에 관한 부분은 정당설립의 자유를 침해한다.

정당에 보조금을 배분함에 있어 교섭단체의 구성여부에 따라 차등을 주는 정치자금 법규정 → 합헌(헌재 2006.7.27, 2004헌마655)

우리나라와 같이 정당제가 불안정하고 정당과 국민 간의 동일성이 희박한 정당정치풍토에서 대의민주적 기본질서가 제 기능을 수행하기 위해서는 의회 내에 안정된 다수세력을 확보하고 있으므로, 다수 의석을 가지고 있는 원내정당을 우대하고자 하는 이 사건 법률조항이 부당하다고 하기는 어렵다.

교섭단체 소속의원의 입법활동을 보좌하기 위하여 교섭단체에 정책연구위원을 두도록 하는 국회법규정이 교섭단체를 구성한 정당과 그렇지 못한 정당을 차별하는 규정인지 여부 → ○(헌재 2008.3.27, 2004헌마654)

이 규정은 교섭단체 소속의원과 그렇지 못한 의원을 차별하는 것인 동시에, 교섭단체를 구성한 정당과 그렇지 못한 정당도 차별하고 있다고 할 것이다.

통합진보당 해산 청구 사건(헌재 2014.12.19, 2013헌다1 통합진보당 해산, 헌재 2014.12.19, 2013헌사907 정당활동정지가처분신청) : 인용(해산)

피청구인 통합진보당이 북한식 사회주의를 실현한다는 숨은 목적을 가지고 내란을 논의하는 회합을 개최하는 등 활동을 한 것은 헌법상 민주적 기본질서에 위배되고, 이러한 피청구인의 실질적 해악을 끼치는 구체적 위험성을 제거하기 위해서는 정당해산 외에 다른 대안이 없으며, 피청구인에 대한 해산결정은 비례의 원칙에도 어긋나지 않고, 위헌정당의 해산을 명하는 비상상황에서는 국회의원의 국민 대표성은 희생될 수밖에 없으므로 피청구인 소속 국회의원의 의원직 상실은 위헌정당해산 제도의 본질로부터 인정되는 기본적 효력이다. 그러므로 피청구인 통합진보당을 해산하고 그 소속 국회의원은 의원직을 상실한다.

| 제9조 | 전통문화와 민족문화

국가는 전통문화의 계승 · 발전과 민족문화의 창달에 노력하여야 한다.

❶ **최초신설** : 8차 개헌

❷ **민족문화창달은 노력규정**

❸ **헌법 제69조의 대통령취임선서에도 명시**

❹ 문화국가내용

  (1) 의무교육 실시

  (2) 혼인과 가족제도

  (3) 학문과 예술자유 보장

❺ 관련 헌법재판소 판례

구 문화예술진흥법 제19조 제5항 등 위헌제청(헌재 2003.12.18, 2002헌가2 – 위헌)

심판대상 법조항들은 기금의 모금액수·모금수수료의 상한이나 모금방법의 대강 등을 전혀 규정하지 않은 채 이를 전적으로 대통령령에 위임하고 있으므로 이는 포괄적 위임입법으로서 헌법 제75조에 위반됨.

구 영화 및 비디오물의 진흥에 관한 법률 제25조 제2항(헌재 2008.11.27, 2007헌마860 – 합헌)

영화관 관람객이 입장권 가액의 100분의 3을 부과금으로 부담하게 하고 영화관경영자는 이를 징수하여 영화진흥위원회에 납부하도록 강제하는 영화상영관 입장권 부과금제도는 헌법에 위배되지 아니한다.

문화진흥기금모금	영화부담금 부과
위헌	합헌

제 2 장 국민의 권리와 의무

│제10조│ 인간의 존엄성과 기본인권보장

> 모든 국민은 인간으로서의 존엄과 가치를 가지며, 행복을 추구할 권리를 가진다. 국가는 개인이 가지는 불가침의 기본적 인권을 확인하고 이를 보장할 의무를 진다.

❶ 연혁

(1) **인간의 존엄과 가치 신설** : 5차 개헌(서독의 Bonn기본법에서 유래)

(2) **행복추구권 최초신설** : 8차 개헌(미국의 버지니아 권리선언에서 유래)

(3) **국가의 기본권보장의무 최초신설** : 5차 개헌(서독의 Bonn기본법에서 유래)

❷ 인간의 존엄과 가치

(1) **법적인 성격**

① 최고규범성
  ㉠ 김철수 : 기본권성 인정
  ㉡ 권영성 : 모든 기본권의 이념적 전제
  ㉢ 허영 : 가치의 핵심으로서의 최고가치
  ㉣ 다수설 : 객관적 헌법원리

② 근본규범성
  ㉠ 인간의 존엄과 자치는 반전체주의 선언, 인격주의 선언인 동시에 국가의 근본질서
  ㉡ 인간의 존엄과 가치는 모든 법령해석의 기준인 동시에 헌법개정의 한계

③ 자연권성
  인간의 존엄과 가치는 천부인권을 강조하여 전국가적인 권리를 선언한 것으로, 시대와 장소를 초월하여 인간이 보편적으로 가지는 권리인 자연성을 그 성격으로 함.

(2) **주체** : 자연인 원칙, 태아 인정, 사자는 제한적 인정(학설 대립)
    법인→ 원칙 ×
    판례는 인정 有(사죄광고 제도 판례 91.4.1, 89헌마60)

(3) **다른 기본권과의 관계**
    ① 기본권 보장을 위한 궁극적인 목적 규정
    ② 다른 기본권 규정은 인간의 존엄과 가치를 실현하기 위한 수단적 규정
    ③ 헌법 제37조 제1항과의 관계
       헌법 제10조와 헌법 제37조 제1항은 통합적인 관계내지 상호보완적 관계
    ④ 헌법 제37조 제2항과의 관계
       법률에 의한 기본권제한의 한계로 제10조는 제한 가능

(4) **인간의 존엄과 가치의 내용**
    ① 생명권
       ㉠ 독일의 기본법 제2조 제2항에 명문화되어 있음.
       ㉡ 우리나라의 헌법에는 직접적으로 명시된 규정은 없으나, 생명권에 대한 헌법적인 근거로 헌법 제10조를 들 수 있음.
       ㉢ 생명권은 인간의 육체적 존재형태를 계속하여 가질 수 있는 권리이며, 생명권의 내용은 국가 공권력에 의한 생명권 침해를 방어할 수 있는 소극적 생명권과 국가에 대하여 생명권의 보호를 요구할 수 있는 적극적 생명권이 있음.
    ② 일반적 인격권
       ㉠ 독일기본법 제1조 제1항에 직접 명문화되어 있는 것으로 개인이 인격을 형성·유지·보호받을 수 있는 초상·신용 등의 권리를 의미하는 것으로 일신 전속적인 권리임.
       ㉡ 현행 헌법에서는 일반적인 인격권을 직접 명시한 규정은 없음.
       ㉢ 헌법재판소는 1991년 9월 16일 정기간행물등록에관한법률 제16조 제3항에 대한 헌법소원에서 정정보도청구권은 일반적 인격권에 바탕을 두고 있으며, 이는 헌법 제10조의 인간의 존엄과 가치에서 유래한다고 판시한 바 있음.
    ③ 자기결정권
       ㉠ 의의
          개인이 사적인 특정한 사항에 대하여 자기 스스로 결정할 수 있는 권리로서 음주, 흡연, 생명, 신체 등에 대한 결정권을 가지는 것을 말함.

ⓒ 내용

생활형태에 대한 자기결정권, 생명·신체에 대한 자기결정권, 아이를 가질 것인가에 대한 자기결정권이 있음. 특히, 현대사회에서 관심이 고조된 생활형태에 대한 자기결정권은 음주, 복장, 두발 등을 자기 스스로 결정할 수 있는 권리 등을 말하며 일정한 범위 내에서 제한이 가능함.

(5) 인간의 존엄과 가치에 대한 효력

① 헌법 제10조의 인간의 존엄과 가치 규정과 헌법 제37조 제1항은 통합관계 또는 상호보완의 관계에 있으며, 국가는 인간의 존엄과 가치보장을 위해서 적극적으로 기본권 보장을 위하여 노력하여야 함.

② 인간의 존엄과 가치는 국가권력에 대해서만 효력을 갖는 것이 아니라 법질서 전체에 대하여 구속력을 가지고 있음을 명시하고 있음. 이는 사인 간에도 적용됨.

③ 인간의 존엄과 가치를 침해하는 행위는 불법행위가 되며, 피해를 입은 사람은 국가배상이나 민사상 손해배상 등을 통하여 구제 받을 수 있음(인간의 존엄과 가치에 대한 효력은 대국가적 효력인 동시에 대사인적 효력).

(6) 인간의 존엄과 가치의 제한과 한계

① 인간의 존엄과 가치는 기본권의 이념적 기초이고 핵심으로서 헌법최고의 객관적 규범
② 개인의 이익을 우선시하는 하나의 가치
③ 인간의 존엄과 가치는 헌법 제37조 제2항에 의하여 제한할 수 있으나, 그 본질적인 내용은 침해할 수 없음.
④ 헌법 제10조 인간존중에 위배되는 것과 위배되지 않는 것

인간존중에 위배되는 것	인간존중에 위배되지 않는 것
① 안락사 ② 윤락행위 ③ 고문 ④ 노예제도 ⑤ 인간실험, 인간복제	① 사형제도 ② 간통 ③ 뇌사

🔍 헌법 제10조의 인간

고립된 개인주의적 인간 ×, 전체주의적 인간 × ⇨ 중용의 덕+인격주의의 인간상

(7) 관련 헌법재판소 판례

> **유치장내 화장실설치 및 관리행위 위헌확인**(헌재 2001.7.19, 2000헌마546-위헌)
>
> 유치기간동안 위와 같은 구조의 화장실을 사용하도록 강제한 피청구인의 행위는 인간으로서의 기본적 품위를 유지할 수 없도록 하는 것으로서, 수인하기 어려운 정도라고 보여지므로 … 헌법 제10조의 인간의 존엄과 가치로부터 유래하는 인격권을 침해하는 정도에 이르렀다고 판단됨.

> **태아성별감별고지를 금지하는 것 : 헌법불합치**(헌재 2008.7.31, 2005헌바90)

> **마약사범에 대한 교도소 수감시 항문검사를 행하는 것은 인격권과 신체의 자유를 위배하는 것이 아님**(헌재 2006.6.29, 2004헌마826).

> **초기배아의 기본권 주체성은 인정되지 아니한다**(헌재 2010.5.27, 2005헌마346).

> **태아도 생명권의 주체가 되며 국가는 태아의 생명을 보호할 의무를 진다**(헌재 2008.7.31, 2004헌바81).

> **참고** 인간존엄의 침해를 인정한 사례
> - 형벌체계상 정당성을 잃은 과중한 법정형
> - 지나치게 열악한 보호감호시설
> - 동성동본금혼조항
> - 호주제
> - 친생부인의 소의 제척기간은 "그 출생을 안 날로부터 2년내"로 규정한 민법 제847조 제1항
> - 인간으로서의 기본적 품위를 유지할 수 없도록 하는 행위
> - 과잉한 신체수색행위
> - 과도한 계구사용행위
> - 변호사에 대한 업무정지명령
> - 미결수용자에 대한 재소자용 수의 착용강제
> - 사람의 육체적·정신적 상태나 건강에 대한 정보공개의 강제
> - 양손에 수갑을 찬 채 조사받는 모습을 촬영하는 것

③ 행복추구권

(1) 연혁
① 세계 최초규정 : 미국의 버지니아 권리선언(1776.6.12)
② 한국 최초규정 : 8차 개헌(1980.10)
③ 일본 헌법 : 자유행복규정(1947)
🔎 프랑스인권선언 미규정(1789), 미국헌법 미규정(1791)

(2) 행복의 의미
① 고통이 없는 상태
② 불쾌감이 없는 상태
③ 만족감이 충만한 상태
④ 시대와 장소에 따라 상이(불확정 개념의 속성)
⑤ 물질적·정신적 행복을 포함

(3) 법적 성격
① 독자적 기본권 : 국민이 행복을 추구하기 위해서 국가적 간섭받지 않을 권리
② 자연권성 : 인간의 고유한 생래적 권리
③ 포괄적 기본권 : 헌법에 열거되지 아니한 자유와 권리까지도 그 내용으로 하는 기본권
④ 양면적 권리성 : 소극적·방어적 권리인 동시에 적극적 성질의 권리

🔎 헌법재판소 : 소극적·방어적 권리로 규정(헌법 제10조의 행복추구권은 행복추구에 필요한 급부를 국가에 적극적으로 청구할 수 있는 것을 내용으로 하는 것이 아니라 포괄적 의미의 자유권으로서의 성격을 가지는 것임)

(4) 주체 : 자연인

(5) 행복추구권의 내용
① 일반적 행동자유권(판례)
 ㉠ 의의 : 자기의 의지에 따라 행동하거나 행동하지 아니할 자유를 의미
 ㉡ 내용 : 안면권, 휴식권, 휴무권, 흡연권, 장발권, 레저권
 ㉢ 계약의 자유도 일반적 행동의 자유권에서 파생됨(헌재)

> **주의** 가치 있는 행동만 보장하는 것이 아니라 위험한 스포츠를 즐길 권리도 포함(헌재)

② 개성의 자유로운 발현권(판례)
③ 평화적 생존권(학설)
　㉠ 의의 : 평화상태를 누릴 수 있는 권리를 의미
　㉡ 내용 : 침략적 전쟁에 강제 동원되지 아니하고 거부할 수 있는 권리
　㉢ 평화적 생존권은 헌법상 보장된 기본권이 아니다(헌재 2007헌마369).

(6) 행복추구권의 효력·제한·한계
① 대국가적 효력인 동시에 대사인적 효력
② 헌법 제37조 제2항에 의해서 제한 가능
③ 다른 기본권과의 적용 순위

> ✅ CHECK POINT
> 🧭 경합적 보장설(종전 헌재 판례) ⇨ 보충적 보장설(현재 헌재 판례)

(7) 위헌인 것
① 기부금품 모집허가를 청구할 법적권리를 부여하지 않는 것(헌재 2008헌바83)
② 18세 미만의 자에 대한 당구장 출입을 금지하는 체육시설의 설치·이용에 관한 법률시행규칙(헌재 92헌마80)
③ 검찰의 자의적이고 타협적인 기소유예처분(헌재 89헌마56)
④ 혼인빙자간음죄(헌재 2009.11.26, 2008헌바58)

> 📖 참고 　헌법재판소가 제시한 행복추구권에서 도출되는 권리
> • 부모의 자녀에 대한 교육권
> • 흡연권
> • 미결수용자의 접견교통권
> • 가족의 미결수용자에 대한 접견권
> • 인간다운 생활공간에서 살 권리
> • 경제활동의 자유

(8) 관련 헌법재판소 판례

> 성매매 알선 등 행위의 처벌에 관한 법률 제21조 제1항(헌재 2016.3.31, 2013헌가2)
>
> 성매매를 형사처벌하는 것은 성적 자기결정권을 침해한다고 볼 수 없다.

가정의례에관한법률 제4조 제1항 제7호 위헌확인(헌재 1998.10.15, 98헌마168 – 위헌·각하)

하객들에 대한 음식접대에 있어서 "가정의례의 참뜻"이란 개념과 "합리적인 범위안"이란 개념은 가정의례 자체가 우리나라의 관습 내지 풍속에 속하고, 성격상 서구적 의미의 "합리성"과 친숙할 수 있는 것도 아니며, 또한 양과 질과 가격에 있어 편차가 많고 접대받을 사람의 범위가 다양하므로 주류 및 음식물을 어떻게 어느 만큼 접대하는 것이 합리적인 범위인지 판단하기 어렵고 죄형법정주의의 명확성 원칙을 위배하여 청구인 이병규의 일반적 행동자유권을 침해하였음.

이동전화 식별번호 통합추진 위헌확인(헌재 2013.7.25, 2011헌마63) : 기각

'010 이외의 번호 사용자들에 대하여 번호변경에 동의하는 경우 한시적 번호이동을 허용'하도록 하는 방송통신위원회의 2010.10.15.자 이행명령은, 구 전기통신사업법 제58조 제1항, 제3항에 근거한 것으로 법률유보원칙에 반하지 않고, 행복추구권을 침해하지 않아 청구 기각함.

허가를 받지 않고 기부금품을 모집한 자를 형사처벌하는 것은 합헌이다(헌재 2010.2.25, 2008헌바83).

주취 중 운전금지 규정을 3회 위반한 자의 면허를 취소하는 것은 일반적 행동자유권을 침해하는 것은 아님(헌재 2006.5.25, 2005헌바91).

긴급자동차가 아닌 이륜자동차는 고속도로 또는 자동차 전용도로를 통행하거나 횡단하지 못하게 하는 것은 일반적 행동자유권을 침해하는 것은 아님(헌재 2007.1.17, 2005헌마1111).

평화적 생존권은 헌법상 보장된 기본권이 아니다(헌재 2009.5.28, 2007헌마369).

경찰청장이 서울광장을 차벽으로 둘러싸 서울광장에 출입하려 하는 것을 제지 : 위헌(헌재 2011.6.30, 2009헌마406)

16세 미만의 청소년에게 오전 0시부터 오전 6시까지 인터넷제공을 금지하는 것 : 합헌(헌재 2014.4.14, 2011헌마659)

수석교사에게 승진규정 적용배제 : 합헌(헌재 2015.6.25, 2012헌마494)

| 제11조 | 국민의 평등, 특수계급제도의 부인

① 모든 국민은 법 앞에 평등하다. 누구든지 성별·종교 또는 사회적 신분에 의하여 정치적·경제적·사회적·문화적 생활의 모든 영역에 있어서 차별을 받지 아니한다.
② 사회적 특수계급의 제도는 인정되지 아니하며, 어떠한 형태로도 이를 창설할 수 없다.
③ 훈장 등의 영전은 이를 받은 자에게만 효력이 있고, 어떠한 특권도 이에 따르지 아니한다.

❶ 연혁

① 「법 앞에 평등」이 최초로 성문화된 것은 1776년 6월에 선언된 미국의 버지니아(Virginia) 권리장전
② 1789년 프랑스 인권선언 및 각국 헌법에서 평등권을 실정법에 규정
③ 18세기와 19세기의 평등은 기회균등 등을 의미하는 추상적이고 형식적인 평등
④ 근대의 평등사상은 자본주의의 문제점인 소득격차의 심화와 대기업의 횡포 등의 부작용을 초래. 이러한 문제점을 시정하기 위한 실질적인 평등사상이 1919년 독일의 바이마르(Weimar) 헌법에 최초로 명시되어 세계 각국의 헌법에 규정
⑤ 미국은 1964년 민권법을 통하여 소수인종, 여성 등에게 모든 활동영역에 있어서 우선적인 기회를 부여하는 적극적인 평등실현정책을 채택

❷ 평등권의 등장배경

(1) 근대 헌법의 평등 배경

✓ CHECK POINT

- 정치적 측면 – 시민혁명
- 경제적 측면 – 시민계급의 출현
- 사상적 측면 – 자연법사상
- 종교적 측면 – 기독교의 평등사상

(2) 현대 헌법의 평등내용

✓ CHECK POINT

경제적 평등 – 실질적 평등 – 비례적 평등 – 상대적 평등 – 생존적 평등

🔍 현대 헌법의 평등은 능력에 따라 차별대우를 인정하는 것으로, 공산주의에서의 일률적·절대적·형식적인 평등과 대조적임.

❸ 평등권의 법적 성격

(1) 주관적 공권성
(2) 전국가적 자연권성
(3) 기능적 · 구체적 권리성
(4) **복합적 권리성** : 국가로부터 차별금지인 동시에 적극적 권리
(5) 객관적 법질서성
　① 법치국가에서의 평등의 의미 – 소극적 · 방어적 원리
　② 민주국가에서의 평등의 의미 – 적극적 구성 원리

❹ 평등권의 주체

자연인, 법인, 법인격이 없는 단체
🔍 외국인 : 상호주의(국가배상법과 범죄피해구조법에 규정)

❺ 차별금지 사유와 영역

헌법 제11조 제1항「누구든지 성별, 종교, 사회적 신분에 의한 차별을 받지 아니 한다.」는 예시적 규정

(1) **사회적 신분의 의미** : 후천적 신분설(다수설, 판례) vs. 선천적 신분설(소수설)
(2) **차별금지 영역**(예시적 규정)
　① 정치적 생활영역
　② 경제적 생활영역
　③ 사회 · 문화적 생활영역

❻ 법 앞의 평등의 의미

① 법 : 최광의 법
② 평등의 입법 구속

19C 입법비구속설(= 법적용평등설)	20C 입법구속설(= 법내용평등설)
법적용평등설 합법성 강조	법내용평등설 정당성 강조

③ 특수계층에 대한 배려는 가능하나 – 특수계급에 대한 우대는 금지
④ 훈장 등의 영전 – 받은 자에게만 효력(영전 일대의 원칙), 어떠한 특권도 따르지 않음(단, 연금은 예외).

❼ 평등원칙의 심사 척도
① 자의금지의 원칙(독일) ⇨ 완화된 심사
② 비례원칙 ⇨ 엄격한 심사
③ 합리성(미국) : 이중심사 ⇨ 삼중심사

🔍 합리성의 삼중심사 기준

단계	내용	예
1단계(합리적 심사기준)	목적과 수단 사이의 합리적 관련성	경제정책
2단계(중간적 심사기준)	목적과 수단 사이의 실질적 관련성	성별에 의한 차별
3단계(엄격한 심사기준)	목적과 수단 사이의 필수적 관련성	인종에 의한 차별

❽ 효력과 제한
(1) 대국가적 효력인 동시에 대사인적 효력

(2) 헌법 제37조 제2항에 의해서 국가안보 질서유지, 공공복리를 위해서 제한 가능하나 본질적인 내용은 제한할 수 없음.

❾ 관련 헌법재판소 판례

사립학교법 제29조 제4항 제1호 등 위헌확인(헌재 2016.2.25, 2013헌마692) : 합헌

사립대학 회계의 예 · 결산 절차에 등록금심의위원회의 심사 · 의결을 거치도록 한 사립학교법 조항은 명확성원칙에 위배되지 않으며, 사학운영의 자유 및 평등권을 침해하지 않는다.

병역법 제75조 제2항(헌재 2010.7.29, 2009헌가13 – 합헌)

공익근무요원으로 복무중 순직한 사람의 유족에게 국가유공자법에 의한 보상규정을 두면서 공익근무요원의 국제협력요원을 포함하지 않은 것

도시재개발법 제69조 위헌제청 등(헌재 1997.4.24, 96헌바70)

① 재개발조합의 임원을 공무원으로 의제하여 형법상의 뇌물죄의 벌칙을 적용하는 것은 실질적 평등의 이념에 부합
② 재개발조합의 임원을 공무원으로 의제하는 것은 자의적이고 불공평하여 평등권을 침해하는 것은 아님.

공직선거법 제16조 제2항 등 위헌확인(헌재 2013.8.29, 2012헌마288 - 기각)

국회의원 선거 및 지방의회의원 선거에 있어서 피선거권 행사연령을 25세 이상으로 정한 공직선거법 규정은 25세 미만인 사람의 공무담임권 및 평등권을 침해하지 않는다.

🔍 피선거연령
① 국회의원, 지방의원, 지방자치단체장: 18세 이상(개정됨)
② 대통령: 40세 이상

보안관찰법 제6조 제1항 후단 등 위헌소원(헌재 2001.7.19, 2000헌바22 - 합헌)

보안관찰처분대상자에게 출소 후 7일 이내에 거주예정지 관할경찰서장에 대하여 출소 사실을 신고하여야 한다는 의무를 부과하고 위반 시 이를 처벌하도록 규정한 보안관찰법 제6조 제1항 전문 중 후단 부분 및 제27조 제2항 부분은 … 신고의무의 내용 및 신고기간, 처벌내용에 비추어 침해의 최소성 및 법익균형의 원칙에도 위배된다고 할 수 없으므로, 위 각 법률조항은 과잉금지의 원칙 내지 평등권에 위반되지 아니함.

구 국가유공자예우등에관한법률 제12조 제1항 위헌소원(헌재 2001.6.28, 99헌바32 - 합헌)

일반 공상공무원의 경우 위와 같은 생활보조수당, 간호수당, 보철구수당, 학자금지급 등의 혜택은 주어지되, 국가에 대한 공헌과 희생, 업무의 위험성의 정도, 국가의 재정 상태 등을 고려하여 군인·경찰상이공무원과 달리 연금 및 사망일시금은 지급하지 않는다고 해서 이를 합리적인 이유 없는 차별이라고 단정할 수 없음.

긴급재난지원금 세비시행 계획 위헌 확인(헌재 2024.3.28, 2020헌마1079) : 인용

난민인정자를 긴급재난지원금을 제외하는 것은 평등권을 위배하는 것이다.

민법 제864조 위헌소원(헌재 2001.5.31, 98헌바9 - 합헌)

생모와 그의 혼인외의 자 사이에 원천적으로 존재하는 친생자관계를 확인받고자 하는 소송과 혼인외의 자에 대하여 그 부와 자 사이에 친생자관계를 새로이 형성하고자 하는 소송은 그 성질이 명백히 다르므로 양자 사이에 차별을 두는 것은 합리적인 이유가 있는 것이어서 평등의 원칙을 침해하는 것이 아님.

고엽제후유의증환자지원등에관한법률 제6조 제1항 위헌제청(헌재 2000.7.20, 98헌가4 - 합헌)

입법자가 그 입법형성권의 범위 내에서 고엽제후유증환자의 보상수급권 발생시기를 일반 전상군경과 동일하게 예우법 제9조 본문을 적용하여 등록신청을 한 때부터 발생하는 것으로 결정한 것이 헌법상의 평등원칙에 반한다거나 자의적인 것이라고 할 수 없으므로 이 사건 법률조항은 헌법에 위반되지 아니함.

제대군인지원에관한법률 제8조 제1항 등 위헌확인(헌재 1999.12.23, 98헌마363 - 위헌)

가산점제도는 아무런 재정적 뒷받침없이 제대군인을 지원하려 한 나머지 결과적으로 여성과 장애인 등 이른바 사회적 약자들의 희생을 초래하여 평등의 원칙에 위반

구 국세기본법 제39조 제2호 위헌소원(헌재 1997.6.26, 93헌바49, 94헌바38·41, 95헌바64 병합 - 위헌)

제2차 납세의무의 부과를 정당화시키는 실질적인 요소에 대하여는 고려함이 없이, 소정 과점주주 전원에 대하여 일률적으로 법인의 체납액 전부에 대한 무제한의 납세의무를 인정함으로써, … 과점주주들 간에 불합리한 차별을 하여 평등의 원칙과 그 조세분야에서의 실현형태인 조세평등주의에도 위반됨.

국민건강보험법 제40조 제1항 위헌확인(헌재 2014.4.24, 2012헌마865) : 기각

의료법에 따라 개설된 의료기관은 당연히 국민건강보험의 요양기관이 되도록 한 국민 건강보험법 조항은, 의료기관 개설자로서의 직업수행의 자유와 평등권, 의료소비자로서의 자기결정권을 침해하지 않는다.

국유재산법 제5조 제2항 위헌심판(헌재 1991.5.13, 89헌가7 - 위헌)

국유잡종재산에 대한 시효취득을 부인하는 동규정은 합리적 근거없이 국가만을 우대하는 불평등한 규정으로서 헌법상의 평등의 원칙과 사유재산권보장의 이념 및 과잉금지의 원칙에 반함.

참전유공자예우 및 단체설립에 관한 법률 제19조(헌재 2016.4.28, 2014헌바442 - 합헌)

대한민국 고엽제전우회의 회원으로 가입한 사람은 대한민국 월남전 참전자회의 회원이 될 수 없도록 규정한 것은 평등원칙을 위반하는 것은 아니다.

변리사법 부칙 제4항 위헌확인, 변리사법중개정법률 중 '제3조 제1항 제3호를 삭제한다.'는 부분 등 위헌확인(헌재 2001.9.27, 2000헌마208 등)

2001.1.1. 전에 자격부여요건을 충족한 자와 그렇지 못한 청구인들 사이에는 단지 근무기간에 있어서의 양적인 차이만 존재할 뿐, 본질적인 차이는 없고, 변리사자격 부여제도의 폐지와 관련된 조항의 시행일만을 2001.1.1.로 늦추어 6개월의 유예기간을 두고 있는 것 자체가 합리적 근거 없는 자의적 조치이므로, 위 부칙조항은 합리적인 이유 없이, 자의적으로 설정된 기준을 토대로 위 부칙조항의 적용대상자와 청구인들을 차별취급하는 것으로서 평등의 원칙에도 위반

국가유공자등예우및지원에관한법률 제20조 제2항 등에 의한 부가연금지급 정지(헌재 2000.6.1, 98헌마216 - 각하)

① 국가 등의 양로시설에 입소하는 국가유공자에게 부가연금, 생활조정수단을 지급하지 아니함으로써 양로시설에 입소하지 아니한 그 밖의 유공자와의 사이에 발생하는 차별은 합리적인 차별로 평등의 원칙에 위배되지 아니함
② 양로시설에 입소한 국가유공자의 상이 정도나 생활정도에 따라 차등 없이 일률적으로 같은 금액의 기본연금만을 지급받는 것은 평등의 원칙에 위배되지 아니함.

특정범죄가중처벌등에관한법률 제2조 제1항 제1호 위헌확인(헌재 2004.4.29, 2003헌마118)

뇌물죄가 국가와 사회에 미치는 병폐는 수뢰액이 많으면 많을수록 가중된다는 점에서 볼 때, 수뢰액의 다과를 뇌물죄 경중을 가리는 가장 중요한 기준으로 삼은 것은 합리적 이유가 있는 것으로 평등의 원칙에 위반되지 아니함.

일반직 공무원의 정년을 5급 이상은 60세, 6급 이하는 57세로 규정하는 것은 평등원칙에 위배되지 않음(헌재 2007.6.28, 2005헌마553).

중국국적동포가 재외동포사증발급 신청시 연간납세증명서 등을 제출하게 하는 것 : 합헌(헌재 2014.4.24, 2011헌마474)

2명 이상이 합동하여 강간죄를 범한 경우의 죄를 저지르고 피해자에게 상해를 입게 한 경우 무기징역 또는10년 이상의 징역으로 처벌하는 것 : 합헌(헌재 2012.7.26, 2009헌마499)

아동·청소년 대상 성폭력범죄를 저지른 사람에 대하여 신상정보를 공개하게 하는 것은 헌법에 위반되지 아니한다(헌재 2013.10.24, 2011헌바106).

대한민국 국적을 가지고 있는 영유아 중에서 재외국민인 영유아를 보육료·양육수당의 지원대상에서 제외하는 보건복지부지침은 국내에 거주하면서 재외국민인 영유아를 양육하는 부모의 평등권을 침해한다(헌재 2018.1.25, 2015헌마1047).

공직선거의 후보자가 고등학교를 중퇴한 경력에 대해서 그 학력을 기재할 때 의무적으로 그 수학기간을 기재하도록 하는 것이 불합리한 차별이라고 볼 수는 없어 중퇴학력 표시규정이 평등원칙에 위배된다고 볼 수 없다(헌재 2017.12.28, 2015헌바232).

보훈대상자의 부모에 대한 유족보상금 지급시 수급자 1인으로 한정하고 나이 많은 자를 우선하도록 하는 것은 평등권 침해이다(헌재 2018.6.28, 2016헌가14).

대마를 수입한 자를 무기 또는 5년 이상의 징역에 처하도록 규정한 마약류 관리에 관한 법률은 헌법에 위배되지 아니한다(헌재 2022.3.31, 2019헌바242).

가정폭력 피해자보호명령에 우편을 이용한 접근금지에 규정을 두지 아니하는 것은 평등원칙에 위배되지 아니한다(헌재2023.2.23, 2019헌바43).

벌금형을 두지 아니한 것은 평등원칙에 위배되지 아니한다(헌재 2023.12.21, 2022헌바133).

종합병원·병원·치과병원과 달리 정신병원에 대하여는 한의과 진료과목을 추가로 설치·운영할 수 있다고 규정하지 아니한 의료법은 평등권을 침해하는 것이다(헌재 2025.1.23, 2021헌마886).

| 제12조 | **신체의 자유**

① 모든 국민은 신체의 자유를 가진다. 누구든지 법률에 의하지 아니하고는 체포·구속·압수·수색 또는 심문을 받지 아니하며, 법률과 적법한 절차에 의하지 아니하고는 처벌·보안처분 또는 강제노역을 받지 아니한다.
② 모든 국민은 고문을 받지 아니하며, 형사상 자기에게 불리한 진술을 강요당하지 아니한다.
③ 체포·구속·압수 또는 수색을 할 때에는 적법한 절차에 따라 검사의 신청에 의하여 법관이 발부한 영장을 제시하여야 한다. 다만, 현행범인인 경우와 장기 3년 이상의 형에 해당하는 죄를 범하고 도피 또는 증거인멸의 염려가 있을 때에는 사후에 영장을 청구할 수 있다.
④ 누구든지 체포 또는 구속을 당한 때에는 즉시 변호인의 조력을 받을 권리를 가진다. 다만, 형사피고인이 스스로 변호인을 구할 수 없을 때에는 법률이 정하는 바에 의하여 국가가 변호인을 붙인다.
⑤ 누구든지 체포 또는 구속의 이유와 변호인의 조력을 받을 권리가 있음을 고지받지 아니하고는 체포 또는 구속을 당하지 아니한다. 체포 또는 구속을 당한 자의 가족등 법률이 정하는 자에게는 그 이유와 일시·장소가 지체없이 통지되어야 한다.
⑥ 누구든지 체포 또는 구속을 당한 때에는 적부의 심사를 법원에 청구할 권리를 가진다.
⑦ 피고인의 자백이 고문·폭행·협박·구속의 부당한 장기화 또는 기망 기타의 방법에 의하여 자의로 진술된 것이 아니라고 인정될 때 또는 정식재판에 있어서 피고인의 자백이 그에게 불리한 유일한 증거일 때에는 이를 유죄의 증거로 삼거나 이를 이유로 처벌할 수 없다.

❶ 개설

(1) 신체의 자유는 자유권 중에서 가장 핵심적인 자유권

(2) 1215년 영국의 대헌장에서 최초로 규정되어 세계 대부분 국가의 헌법에 명문화

(3) 우리나라 헌법에서는 헌법 제12조 및 제13조에 신체의 자유보장 규정을 명시

(4) 신체의 자유는 안전성과 자율성을 제한당하지 아니하는 천부인권적·초국가적 자연권으로서 모든 인간들이 당연히 향유하는 권리

(5) 헌법재판소에서는 1992년 4월 14일 결정에서 신체의 자유는 정신적 활동의 자유와 더불어 헌법 이념의 핵심인 인간의 존엄과 가치를 구현하기 위한 가장 기본적인 자유로서 모든 기본권 보장의 전제조건이라고 규정(90헌마82)

❷ 신체의 자유보장을 위한 절차적 제도

(1) 법률과 적법절차 보장
① 연혁
- ⊙ 1215년 영국의 대헌장 제39조에서 자유인은 그 동료의 합법적 재판에 의하거나 국법에 의한 것이 아니면 체포, 감금, 구류 등을 당하지 아니한다고 규정한 것이 최초의 유래
- ⓒ 그 이후에 1628년의 영국의 권리청원과 미국의 연방수정헌법 제5조와 1947년 일본헌법에서도 명시
- ⓒ 영국에서는 자연적 정의를 기초로 한 것으로 오랜 역사를 통하여 확립된 제도이나 우리나라 헌법에서는 현행 헌법에서 최초로 명시

② 관련 헌법조문(헌법 제12조 제1항)
- ⊙ 모든 국민은 신체의 자유를 가짐
- ⓒ 누구든지 법률에 의하지 아니하고는 체포, 구속, 압수, 수색 또는 심문을 받지 아니하며, 법률과 적법한 절차에 의하지 아니하고는 처벌, 보안처분 또는 강제노역을 받지 아니함.

> **주의** 제12조 제1항 ⇨ 체포·구속·압수·수색 또는 심문
> 제12조 제3항 ⇨ 체포·구속·압수·수색

③ 적법절차의 내용
- ⊙ 적법절차에서 의미하는 법은 정의, 윤리 등을 포함하는 개념이며 실정법은 당연히 포함
- ⓒ 적법절차에서의 절차는 수단적인 방법을 의미
- ⓒ 적법절차는 입법, 행정, 사법의 모든 국가작용에 적용(헌재 1992.12.24, 92헌가8)
  → 확인적 규정
- ⓔ 탄핵절차에서는 적법절차가 적용되지 아니함.

(2) 영장제도
① 의의 : 체포, 구속, 압수, 수색시에는 적법절차에 따라 검사의 신청에 의해서 법관이 발부한 영장에 의해서 이루어져야 한다는 원칙. 영장제도의 목적은 신체구속의 남용을 예방하여 국민의 인권을 보장하기 위함.

② 영장제도의 예외
- ⊙ 영장제도의 예외는 형사소송법 제211조의 현행범인 경우와 긴급체포 요건인 장기 3년 이상의 형에 해당하는 죄를 범하고 도피 또는 증거인멸의 염려가 있을 때에는 사

후에 영장을 청구할 수 있음.
ⓛ 현행범인 경우(긴급체포요건시 구속하고자 할 때에는 지체없이 영장을 신청해야 함)에는 구속한 때부터 48시간 이내에 구속영장을 신청해야 함.
③ 영장실질심사제
㉠ 체포·긴급체포된 피의자에 대하여 구속영장을 청구받은 지방법원 판사는 피의자 또는 그 변호인, 법정대리인, 배우자, 직계친족, 형제자매, 가족이나 동거인 고용주의 신청이 있을 때에는 피의자를 심문할 수 있음.
ⓛ 지방법원 판사는 피의자를 심문한 후 피의자를 구속할 사유가 있다고 인정하는 경우에는 구금을 위한 구속영장을 발부하여야 함(형사소송법 제201조의2 제1항).
④ 관련 헌법재판소 판례
㉠ 도로교통법 제41조 제2항의 규정에 의하여 주취운전의 혐의자에게 음주측정을 강제하는 것은 강제처분의 일종이 아니므로, 영장없이 음주측정에 응할 의무를 부과하고 이에 불응하는 사람을 처벌하는 것은 헌법에 위배되지 아니함(헌재 1997.3.27, 96헌가11).
ⓛ 헌법상의 영장주의는 구속의 전과정에 일관되는 적용원칙으로 구속영장의 효력을 계속 유지할 것인가의 유무도 신분이 보장된 법관이 판단해야 함(헌재 1992.12.24, 92헌가8).

(3) 구속적부심사제도
① 의의
㉠ 구속영장에 의하여 구속된 피의자에 대하여 구속의 적당유무를 결정하는 제도로서 법관이 발부한 영장에 대한 재심절차 내지 항고적 성격을 가짐.
ⓛ 구속적부심사제도는 수사기관에 의하여 불법·부당하게 구속되어 있는 피의자를 구제하기 위한 제도이며 궁극적으로 국민의 신체의 자유를 보장하기 위한 제도
② 연혁

최초의 기원	최초의 도입	우리나라 헌법에 최초규정	삭제	구속적부심사제도의 부활	구속적부심사제도의 심사범위확대
1679년의 영국의 인신보호법에서 유래	1948년 미군정법령 176호에서 최초 도입	1948년 7월 12일에 제정된 제헌헌법에서 최초로 규정	1972년 제4공화국헌법에서 구속적부심사제도를 삭제	1980년 제5공화국헌법에서 구속적부심사제도를 부활	1987년 제6공화국헌법에서 구속적부심사제도의 청구사유를 확대

③ 구속적부심사의 청구 및 사유
  ㉠ 구속적부심사의 청구사유는 구속의 적부이며 구속의 불법과 부당도 포함
  ㉡ 구속적부심사의 청구권자는 형사소송법 제214조의2의 제1항 규정에 의해서 구속영장에 의해서 구속된 피의자, 법정대리인, 배우자, 직계친족, 형제자매, 가족 및 동거인 또는 고용주가 청구할 수 있음.
④ 구속적부심사의 법원결정

심사법원	지방법원 합의부 또는 단독판사가 심사하며 법관의 예단을 방지하기 위해서 구속영장을 발부한 법관은 관여하지 못함.
심판기일의 지정	구속적부의 심사를 청구받은 법원은 지체 없이 심문기일을 지정하여야 함.
법원의 결정	구속적부심사의 청구에 대한 결정은 피의자에 대한 심문이 종료된 24시간 이내에 해야 함.
구속적부심사에 대한 불복제도	구속적부심사제에 대한 법원의 결정에 대해서는 수사의 지연과 심사의 신속성을 구현하기 위해서 기각결정·석방결정을 불문하고 항고할 수 없음.

(4) 보석제도

① 의의 : 보석보증금 납부를 조건으로 하여 피의자 또는 피고인을 석방하는 제도로서 피의자나 피고인의 무죄추정권 보장과 충분한 방어권을 보장하기 위한 제도
② 보석의 절차

보석의 청구권자	보석의 청구방법	보석시 검사의 의견청취	법원의 결정
① 피고인 ② 법정대리인 ③ 배우자 ④ 직계친족 ⑤ 형제자매 ⑥ 변호인	보석의 청구는 서면에 의함.	법원에서 보석에 관한 결정을 할 때에는 검사의 의견을 들어야 함. 단, 3일 이내에 의견표명이 없을 때에는 동의한 것으로 간주	법원은 검사의 의견제출일로부터 7일 이내에 보석의 허부를 결정하여야 함. 법원의 보석석방 결정에 대하여 검사는 즉시 항고할 수 없음.

(5) 변호인의 조력을 받을 권리
  ① 변호인제도의 의의
    변호인이란 피의자나 피고인의 방어력을 보충하기 위해서 선임된 자로서 당사자대등의 원칙, 즉 무기대등의 원칙을 구현하여 피의자 및 피고인의 인권보장을 구현하기 위해서 인정된 제도
  ② 변호인의 선임
    ㉠ 자기의 비용으로 선임하는 사선변호인과 법원에서 선임하는 국선변호인으로 나누어 볼 수 있음.
    ㉡ 국선변호인은 원칙적으로 변호사 중에서 선임하며 선임사유는 형사소송법 제33조와 제282조에 명시하고 있음.

조문	국선변호인 선임사유
형사소송법 제33조	다음 경우에 변호인이 없는 때에는 법원은 직권으로 변호인을 선정하여야 함. 1. 피고인이 구속된 때 2. 피고인이 미성년자일 때 3. 피고인이 70세 이상인 때 4. 피고인이 듣거나 말하는 데 모두 장애가 있는 사람인 때 5. 피고인이 심신장애가 있는 것으로 의심되는 자인 때 6. 피고인이 빈곤 기타 사유로 변호인을 선임할 수 없는 때, 단 피고인의 청구가 있는 때에 한함
형사소송법 제282조	필요적 변호사건에 해당할 때, 즉 제33조제1항 각 호의 어느 하나에 해당하는 사건 및 같은 조 제2항·제3항의 규정에 따라 변호인이 선정된 사건인 경우

(6) 변호인의 의무
  변호사는 공익의 실현자로서 변호인의 의무는 직무수행의무, 비밀엄수의무와 같은 보호자적 지위에서 수반되는 의무와 신속한 재판에 협력할 의무, 진실의무 및 품위유지의무와 같은 공익적 지위에서 수반되는 의무가 있음.

(7) 임의성이 없는 자백의 증거능력의 제한
  ① 피고인의 자백이 고문·폭행·협박·구속의 부당한 장기화 또는 기망 기타의 방법에 의하여 자의로 진술된 것이 아니라고 인정될 때 또는 정식재판에 있어서 자백이 피고인에게 불리한 유일한 증거일 때에는 이를 유죄의 증거로 삼거나 이를 이유로 처벌할 수

없음.
② 즉결심판에서는 자백이 유일한 증거인 경우에도 유죄로 할 수 있음.

(8) 묵비권
① 피의자 및 피고인에게 인정되는 것으로 자기에게 형사상 불리한 내용에 대하여 진술을 거부할 수 있는 권리로서 미국헌법의 자기부죄금지의 특권에서 유래된 제도
② 묵비권은 형사상 불리한 내용, 즉 진술로 인하여 형량이 무거워질 우려가 있을 때 거부할 수 있으나 민사상, 행정상 불이익의 경우에는 묵비권을 인정하지 아니함.
③ 형사처벌뿐만 아니라 행정절차나 국회에서 조사절차 등에서도 보장(헌재 1997. 3.27, 96헌가11)

(9) 무죄추정권
① 유죄판결이 확정될 때까지는 무죄로 추정한다는 원칙을 의미
② 무죄의 추정은 실체법보다 절차법에 더 많은 비중을 두는 것으로 제5공화국헌법에 최초로 신설
③ 불구속주의와 불구속재판을 원칙으로 하는 것으로, '의심스러운 때에는 피고인의 이익으로(In Dubio Pro Reo 원칙)'와 관련
④ 헌법재판소는 형사사건으로 기소된 변호사에게 법무부장관이 업무정지명령을 내릴 수 있도록 규정한 변호사법 제15조는 무죄추정의 원칙에 위배된다고 판시한 바 있음(헌재 1997.11.27, 94헌마60).

❸ 신체의 자유를 보장하기 위한 실체적 제도

(1) 죄형법정주의
① 의의
  ㉠ 법률이 없으면 범죄가 없다는 원칙으로서 형법상의 적극적 일반예방기능과 개인의 자유와 권리를 보호함을 이념으로 하는 근대 형법의 기본원리
  ㉡ 여기에서의 법률은 형식적 의미의 법률을 의미하며 명령·조례·규칙은 원칙적으로 포함되지 아니함.

> **참고** 죄형법정주의의 법

- 국회제정법
- 국회제정법에 근거한 명령 · 조례
- 대통령령의 긴급명령, 긴급재정경제명령(법률적 효력)
- 대통령이 비준한 조약

② 헌법상의 규정

법률과 적법한 절차에 의하지 아니하고는 처벌 · 보안처분 또는 강제노역을 받지 아니한다는 헌법 제12조 제1항의 규정과 헌법 제13조 제1항의 모든 국민은 행위시의 법률에 의하여 범죄를 구성하지 아니하는 행위로 소추되지 아니한다는 규정은 죄형법정주의를 명시한 것임.

> **주의** 처벌의 의미
> - 헌법 제12조 제1항의 처벌 : 형사상 처벌뿐만 아니라 개인에게 고통이 되는 모든 불이익
> - 헌법 제13조 제1항의 처벌 : 형사상 처벌만을 의미

③ 연혁

    ㉠ 자유주의, 개인주의, 권력분립주의, 법치주의 및 국민주권주의 원리를 기초로 한 것으로 최초로 명문화한 것은 1215년의 영국의 대헌장(Magna Carta)이며 그 이후에 1776년 미국의 버지니아 권리장전 및 1787년의 미국연방헌법, 1789년의 프랑스 인권선언 등에 명시

    ㉡ 사회주의 국가에서는 죄형법정주의를 인정하지 아니했으며 1918년의 레닌(Lenin) 헌법은 죄형법정주의를 파기하여 국민들의 기본권 보장을 무시

④ 죄형법정주의의 파생원칙

절대적 부정기형의 금지	단순히 형벌에 처한다는 것을 금지하는 것을 의미. 피고인에게 징역에 처한다는 형벌선고는 금지되는 것임.
형벌법규의 소급효금지	사후 법률에 의한 처벌을 금지한다는 원칙. 신법과 구법이 충돌 시에는 경한 구법이 소급하여 적용
유추해석의 금지	유사법규 적용의 금지
관습형법금지	형벌은 성문화된 법률에 의하여 규정되어야 한다는 원칙
적정성의 원칙	법률의 내용도 적정해야 한다는 원칙
명확성의 원칙	법률에 범죄와 형벌을 명확하게 규정하여 법률을 적용해야 한다는 원칙

④ 관련 헌법재판소 판례

개인의 대리인 · 사용인 · 기타 종업원이 그 개인의 업무에 관하여 청소년에게 주류 또는 담배를 판매한 경우에 처벌하는 양벌규정은 위헌이다(헌재 2009.7.30, 2008헌가101).

소변강제채취 위헌확인(헌재 2006.7.27, 2005헌마277)

검사대상자들이 스스로 소변을 받아 제출하는 방법으로 시행됨으로써 그들의 협력이 필수적이어서 강제처분이라고 할 수 없어 영장주의의 원칙이 적용되지 않음.

누구든지 금융회사등에 종사하는 자에게 금융거래정보등의 제공을 요구하는 것을 금지하고 위반시 형사처벌하는 것은 헌법에 위배된다(헌재 2022.2.24, 2020헌가5).

| 제13조 | 형벌불소급 · 일사부재리 · 소급입법금지 · 연좌제금지

① 모든 국민은 행위시의 법률에 의하여 범죄를 구성하지 아니하는 행위로 소추되지 아니하며, 동일한 범죄에 대하여 거듭 처벌받지 아니한다.
② 모든 국민은 소급입법에 의하여 참정권의 제한을 받거나 재산권을 박탈당하지 아니한다.
③ 모든 국민은 자기의 행위가 아닌 친족의 행위로 인하여 불이익한 처우를 받지 아니한다.

형법 제64조 제2항 위헌소원(헌재 2013.6.27, 2012헌바345) : 합헌

보호관찰이나 사회봉사 또는 수강을 명한 집행유예를 받은 자가 준수사항이나 명령을 위반하고 그 정도가 무거운 때에 집행유예의 선고를 취소할 수 있도록 한 것은 명확성 원칙이나 이중처벌금지원칙에 위반되지 아니하며, 신체의 자유를 침해하지 않는다.

❶ 일사부재리의 원칙

(1) 의의
① 동일한 범죄에 대하여 거듭(2중) 처벌받지 아니한다는 것
② 행정권이나 사법권으로부터 국민의 신체의 자유를 보장하기 위한 제도

③ 무죄가 된 행위나 일단 처벌된 행위에 대해서는 그 어떠한 경우에도 2중 처벌할 수 없다는 실체적 확정력을 강조한 헌법상의 원칙

(2) 일사부재리의 원칙이 적용되는 영역

형식적 재판인 공소기각의 판결이나 공소기각의 결정에는 적용되지 아니하며 유죄판결, 무죄판결, 면소판결 등과 같은 실체재판에만 적용

(3) 일사부재리의 원칙과 2중위험금지 원칙의 비교

① 2중위험금지 원칙은 공판절차가 일정한 단계에 도달하면 다시 그 절차를 반복할 수 없다는 원칙으로서 영미법계에서 유래된 것으로 절차적 효력과 관계되는 것
② 일사부재리의 원칙은 대륙법계에서 유래된 것으로 실체적 효력과 관계
③ 일사부재리의 원칙과 2중위험금지 원칙은 신체의 자유를 보장한다는 점에서 공통점을 가짐.

> **참고 │ 이중처벌이 아닌 것**
> - 형벌과 보안처분
> - 형벌과 보호감호
> - 형벌과 징계
> - 직위해제와 감봉처분
> - 누범과 상습범 가중처벌
> - 불공정거래행위에 대한 형벌과 과징금 부과
> - 형벌과 출국금지
> - 검사가 불기소처분 했다가 다시 기소하는 것
> - 형벌과 신상공개
> - 외국의 확정판결을 받은 동일한 행위에 대해 우리나라에서 판결에 의한 새로운 형벌 부과

2 법률불소급의 원칙

(1) 의의

① 법률은 소급하여 적용할 수 없다는 원칙
② 모든 국민은 소급입법에 의한 공민권제한이나 재산권의 박탈을 당하지 아니한다는 것
③ 헌법 제13조 제1항의 규정에 모든 국민은 행위시의 법률에 의하여 범죄를 구성하지 아니하는 행위로 소추되지 아니한다는 규정을 들 수 있음.

(2) 법률불소급의 원칙의 예외

법적인 안정성 확보와 신뢰보호를 그 주된 목적으로 하는 것으로 법률을 소급시키는 것이 형사피고인에게 유리한 경우에는 법률불소급 원칙이 적용되지 아니함.

(3) 관련 헌법조문(헌법 제13조 제1·2항)

① 모든 국민은 행위시의 법률에 의하여 범죄를 구성하지 아니하는 행위로 소추되지 아니하며, 동일한 범죄에 대하여 거듭 처벌받지 아니함.

② 모든 국민은 소급입법에 의하여 참정권의 제한을 받거나 재산권을 박탈당하지 아니함.

❸ 연좌제 금지

(1) 제8차 개정에서 신설

(2) 형사책임 개별의 원칙

(3) 배우자를 포함한 선거사무장등의 선거범죄로 인한 그 후보자에 대한 당선무효 규정은 헌법 제13조 제3항에서 금지하는 연좌제에 해당하지 아니함(헌재 2005.12.22, 2005헌마19).

❹ 관련 헌법재판소 판례

> **형법 제21조 제1항 중 "상당한 이유" 부분 위헌소원(헌재 2001.6.28, 99헌바31 – 합헌)**
>
> 이 사건 심판대상규정인 '상당한 이유' 부분에 대해서는 대법원도 일찍부터 합리적인 해석기준을 제시하고 있어 건전한 상식과 통상적인 법 감정을 가진 일반인이라면 그 의미를 어느 정도 쉽게 파악할 수 있다고 할 것이므로 죄형법정주의에서 요구하는 명확성의 원칙을 위반하였다고 할 수 없음.

변호인의 조력을 받을 권리에 대한 헌법소원(헌재 1992.1.28, 91헌마111-위헌)

① 변호인과의 자유로운 접견은 신체구속을 당한 사람에게 보장된 변호인의 조력을 받을 권리의 가장 중요한 내용이어서 국가안전보장, 질서유지, 공공복리 등 어떠한 명분으로도 제한될 수 있는 성질의 것이 아님.
② 미결수용자(피의자, 피고인)의 변호인 접견에도 교도관이 참여할 수 있게 한 것은 신체구속을 당한 미결수용자에게 보장된 변호인의 조력을 받을 권리를 침해하는 것이어서 헌법에 위반됨.

변호인접견불허처분(헌재 2018.5.31, 2014헌마346)

인천공항출입국·외국인청장이 인천국제공항 송환대기실에 수용된 난민에 대한 변호인 접견신청을 거부한 행위는 변호인의 조력을 받을 권리를 침해한다.

구치소내 과밀수용행위 위헌확인(헌재 2016.12.29, 2013헌마142) : 인용(위헌확인)

헌법 제10조에서 규정한 인간의 존엄과 가치는 헌법이념의 핵심으로, 국가는 헌법에 규정된 개별적 기본권을 비롯하여 헌법에 열거되지 아니한 자유와 권리까지도 이를 보장하여야 하며, 이를 통하여 개별 국민이 가지는 인간으로서의 존엄과 가치를 존중하고 확보하여야 한다는 헌법의 기본원리를 선언한 것이다. 따라서 자유와 권리의 보장은 1차적으로 헌법상 개별적 기본권규정을 매개로 이루어지지만, 기본권 제한에 있어서 인간의 존엄과 가치를 침해하거나 기본권 형성에 있어서 최소한의 필요한 보장조차 규정하지 않음으로써 결과적으로 인간으로서의 존엄과 가치를 훼손한다면 헌법 제10조에서 규정한 인간의 존엄과 가치에 위반된다.

| 제14조 | 거주·이전의 자유

모든 국민은 거주·이전의 자유를 가진다.

❶ 의의

① 자기의 의사에 의해서 자유롭게 주거지를 설정할 수 있는 자유를 의미
② 1919년 독일의 바이마르공화국 헌법에서 최초로 규정

③ 거주・이전의 자유는 경제적 기본권의 성격과 정신적 기본권의 성격을 동시에 내재한 자유권이며 주체는 내국인 및 국내 법인이 가지는 권리

> **주의** 주거의 자유-법인 ×

② 거주・이전 자유의 내용

국내 거주이전의 자유	대한민국의 모든 지역으로 자유롭게 이사 및 여행을 할 수 있는 자유가 인정. 북한지역에 대해서는 국가보안법에 의해서 제한. 북한지역으로 여행 등을 하기 위해서는 남북한 교류에 관한 법률에 의해서 통일부장관의 승인을 받는 경우에는 인정
국외 거주이전의 자유	① 국외이주의 자유 ② 해외여행의 자유 ③ 귀국의 자유
국적이탈의 자유	모든 국민은 자유롭게 국적을 변경할 수 있는 자유를 가짐. 무국적의 자유는 인정되지 않음

거주이전의 자유 판례모음

- 대도시내 법인의 등록세를 중과 - 합헌
- 법무부령이 정하는 금액 이상의 벌금, 추징금 납부하지 아니한 자 출국금지 조항 - 합헌
- 지방자치단체장 입후보선거에서의 주소요건(90일, 60일) - 모두 합헌
- 거주지 기준으로 한 중・고교 배정 - 합헌
- 해외체재자의 병역의무 면제시기가 일반인(31)보다 늦은 36세로 정한 것 - 합헌
- 테러, 전쟁위험이 있는 해외위난지역에서 여권사용제한, 방문, 체류를 금지하는 외교통상부 고시 - 합헌
- 내국인 출국세 10,000원 - 합헌

③ 거주・이전 자유의 제한과 한계

① 거주・이전의 자유는 상대적 기본권으로 헌법 제37조 제2항에 의해서 제한할 수 있음.
② 거주・이전의 자유를 제한하는 경우에도 본질인 내용은 제한할 수 없음.

거주이전의 자유에 합치되는 것	거주이전의 자유를 위배하는 것
① 대도시 인구집중을 방지하기 위한 합리적인 법률 제정 ② 비상계엄하에서의 적의 포위지역에서 소개시키는 것 ③ 해외이주의 신고제	① 국외추방 ② 귀국자유를 제한하는 것 ③ 국내 거주이전에 대한 허가제

④ 병역의무 미필자의 출국을 제한하는 것
⑤ 외국인에 대한 입국자유 제한
⑥ 통일부장관의 승인을 받은 남북한의 왕래
⑦ 특정직 공무원에 대한 주거지 제한
⑧ 한약업사의 허가 및 영업행위에 대한 지역적 제한
⑨ 부부의 동거의무

> **주의** 외국인-입국의 자유 ×, 출국의 자유 ○

③ 외국인이라 하더라도 북한의 지령을 받아 중국을 거쳐 북한에 들어간 것은 국가보안법 제6조 제2항의 지령탈출죄에 해당(대판)

입·출국의 자유의 비교

국민	외국인	북한주민	병역 의무자
• 입국자유 : ○ • 출국자유 : 제한	• 입국자유 : 제한 • 출국자유 : ○	• 입국자유 : ○	• 해외여행허가제 : 합헌 • 귀국보증제도 : 합헌

④ 관련 헌법재판소 판례

병역법 시행령 제146조 제2항 등 위헌확인(헌재 2013.6.27, 2011헌마475 – 기각)

제1국민역의 경우 단기 국외여행 허가기간을 원칙적으로 27세까지로 제한한 것은 헌법상 거주·이전의 자유(해외여행의 자유)를 침해하지 않는다.

지방세법 제138조 제1항 제3호 위헌소원(헌재 1998.2.27, 97헌바79 – 합헌)

지방세법 제138조 제1항 제3호가 법인의 대도시내의 부동산등기에 대하여 통상세율의 5배를 규정하고 있다 하더라도 그것이 대도시내에서 업무용 부동산을 취득할 정도의 재정능력을 갖춘 법인의 담세능력을 일반적으로 또는 절대적으로 초과하는 것이어서 그 때문에 법인이 대도시내에서 향유하여야 할 직업수행의 자유나 거주·이전의 자유가 형해화할 정도에 이르러 그 기본적인 내용이 침해되었다고 볼 수 없음.

> 공직선거및선거부정방지법 제16조 제3항 위헌확인(헌재 1996.6.26, 96헌마200-기각)
>
> 선거일 현재 계속하여 90일(현행 60일) 이상 당해 지방자치단체의 관할구역 안에 주민 등록이 되어 있을 것을 입후보의 요건으로 하는 이 사건 법률조항으로 인하여 청구인이 그 체류지와 거주지의 자유로운 결정과 선택에 사실상 제약을 받는다고 하더라도 청구인의 공무담임권에 대한 위와 같은 제한이 있는 것은 별론으로 하고 거주·이전의 자유가 침해되었다고 할 수는 없음.

> 행정수도를 충남 공주·연기지역으로 이전 위헌확인(헌재 2004.10.21, 2004헌마554)
>
> 우리나라의 수도가 서울이라는 우리헌법체계상 자명하고 전제된 불문의 관습헌법사항을 헌법개정절차를 이행하지 않은 채 법률의 방식으로 변경한 것이어서 헌법에 위배

> 특정해외위난지역으로 출국하고자 할 경우 여권의 사용제한 등 조치를 취한 외교통상부 고시는 기본권 침해가 아니다(헌재 2008.6.26, 2007헌마1366).

> 보관관리인이 화주에게 비용을 징수할 경우 그 금액에 대해서 동물검역기관의 장의 승인을 받도록 규정하고, 보관관리인이 승인받지 않은 비용을 징수하는 경우 필요적으로 보관관리인 지정을 취소하도록 한 것은 직업선택의 자유를 침해한다고 볼 수 없다(헌재 2017.4.27, 2014헌바405).

| 제15조 | 직업선택의 자유보장

> 모든 국민은 직업선택의 자유를 가진다.

1 개설

(1) 연혁

세계 최초의 규정	우리나라 최초의 규정	법률유보	현행 헌법
1919년 독일의 바이마르헌법(거주·이전의 자유와 함께 규정)	1962년 제5차 개헌	1972년의 제7차 개헌	헌법 제15조에 명문화

(2) 의의
① 자기가 결정한 직업을 계속적으로 종사하고 자율적으로 변경할 수 있는 자유를 의미
② 거주·이전의 자유와 불가분의 관계를 형성
③ 국민과 법인이 향유의 주체이며 외국인은 제한적으로 인정
④ 공법인은 직업선택의 보장적 지위에 있기 때문에 인정되지 아니함.

(3) 직업의 개념적 요소(헌재)
① 생활을 위한 수단성
② 활동의 계속성
③ 공공에 대한 무해성(헌법재판소 판례는 불인정)

2 직업선택자유의 내용

직업결정의 자유	• 자기의 의사에 따라서 직종을 결정 및 이직할 수 있는 자유를 의미하며 무직의 자유와 직업교육장 결정의 자유도 포함 • 직업결정의 자유는 국가나 사회로부터 간섭받지 아니하고 자기가 원하는 직업을 자유로이 선택할 수 있는 것을 의미
직업수행의 자유	• 자기가 결정한 직업을 개업, 계속, 폐업 등을 할 수 있는 자유를 의미 • 직업결정의 자유나 전직자유에 비하여 직업수행의 자유(직업종사)는 더욱 넓은 법률상의 규제가 가능(헌재 1997.11.27, 97헌바10)
직업이탈의 자유	자기가 향유하고 있는 직업을 자기의 의사에 의해서 이탈할 수 있는 자유
자유경쟁의 자유	직업의 현장에서 자유롭게 경쟁할 수 있는 자유를 의미하며 다수설에 의해서 직업선택의 자유에 포함되는 것으로 봄.

3 직업선택자유의 제한과 한계

① 직업선택의 자유는 헌법 제37조 제2항에 의해서 국가안전보장, 질서유지, 공공복리를 위해서 필요한 경우에는 법률에 의해서 제한할 수 있음.
② 직업선택의 자유를 제한하는 경우에도 최소한도 내에서 제한해야 하는 비례의 원칙에 충실해야 하며 본질적인 내용은 침해해서는 안 됨.

4 직업선택자유와 단계이론

① 단계이론이란 1958년 6월 11일 서독의 연방헌법재판소의 약국판결을 통해서 확립된 이론
② 직업선택의 자유를 직업수행의 자유와 직업결정의 자유로 나누어서 제한의 정도와 한계에 차등을 두어야 한다는 이론

제1단계	직업수행의 자유를 제한하는 것으로(예 초중고 학원교습시간 제한, 공무원의 겸직자유 제한, 주유소의 공휴일 영업제한, 개인택시 등의 10부제 운행 등) 직업결정의 자유를 전제로 하여 영업상의 행위를 제한하는 것을 의미
제2단계	주관적인 사유에 의해서 제한하는 것, 면허제 및 여러 가지 직종의 자격제와 같은 전문적이고 기술적인 요건을 구비하는 경우를 제한하는 것을 의미(공무원시험제도)
제3단계	객관적인 사유에 의해서 제한하는 것, 특정직종의 보호나 기존의 영업허가권자 등을 보호하기 위해서 제한하는 것으로 가장 위헌적인 요소를 가지고 있음(공무원 합격자 제한).

5 직업선택자유와 관련된 헌법재판소 견해

합헌인 것	위헌인 것
① 전당포영업의 사업자신고제 ② 고물상영업의 신고제 ③ 부동산중개업의 등록제 ④ 음식점영업의 신고제 ⑤ 사법시험의 합격자를 정원제로 선발하는 것 ⑥ 신용조사업의 허가제 ⑦ 사설철도의 허가제 ⑧ 공무원의 영리업무 종사금지 ⑨ 낚시면허제 ⑩ 노래연습장의 심야영업을 규제하는 것 ⑪ 일종이나 이종면허소지자가 아니면 영업용택시의 운전기사가 될 수 없도록 하는 것 ⑫ 18세 미만의 자에 대한 노래방 출입을 금지하는 것 ⑬ 비디오영업에 대한 등록제 ⑭ 국산영화의 의무상영제 ⑮ 숙박업자에게 매년 위생교육을 받게 할 의무를 부과하는 것 ⑯ 한약업사의 영업지역을 일정지역으로 제한하여 허가하는 것	① 공무원의 이직자유를 제한하는 것 ② 변호사의 개업지를 제한하는 것 ③ 공소제기된 변호사에 대하여 감독관청이 업무정지를 명하는 것 ④ 법무사 자격시험의 실시여부를 대법원 규칙으로 설정하는 것 ⑤ 국·공립학교 교사의 신규채용시 국·공립사범대 출신자를 우선 채용하는 것 ⑥ 혼인퇴직제 ⑦ 연소자의 취업금지 ⑧ 의사면허소지자의 비의료업무종사금지 ⑨ 4층 이상의 건물에 대하여 화재보험가 입을 획일적으로 강제하는 것 ⑩ 당구장 영업자로 하여금 출입문에 18세 미만의 자는 출입금지를 표시해야 하는 것 ⑪ 약사 또는 한약사가 아니면 약국을 개설할 수 없도록 한 것 ⑫ 지적측량업무를 비영리법인만 대행할 수 있도록 규정한 것

[각하] 제10회 변호사시험에서 코로나19 확진환자의 응시를 금지하고, 자가격리자 및 고위험자의 응시를 제한한 것은 직업선택의 자유를 침해하는 것이다(헌재 2023. 2. 23. 2021헌마48).

6 기타 관련 헌법재판소 판례

변호사법 제31조의2 위헌확인(헌재 2013.10.24, 2012헌마480) : 기각

법학전문대학원 출신 변호사는 6개월 이상 법률사무종사기관에서 의무종사 또는 의무 연수를 마치지 아니하면 사건을 단독 또는 공동으로 수임할 수 없도록 하는 것은 직업 수행의 자유를 침해하는 것은 아니다.

학교보건법 제6조 제1항 제2호 위헌제청(헌재 2004.5.27, 2003헌가1·2004헌가4 병합)

대학의 정화구역에 관하여는 법 제6조 제1항 단서에서 규율하는 바와 같은 예외조항의 유무와 상관없이 극장에 대한 일반적 금지를 둘 필요성을 인정하기 어렵다. 결국, 대학의 정화구역 안에서 극장시설을 금지하는 이 사건 법률조항은 극장운영자의 직업수행의 자유를 필요·최소한 정도의 범위에서 제한한 것이라고 볼 수 없어 최소침해성의 원칙에 반함.

의료법(2002.3.30. 법률 제6686호로 개정되기 전의 것) 제69조 등 위헌제청(헌재 2005.10.27, 2003헌가3)

이 사건 조항은 의료인에게 자신의 기능과 진료방법에 관한 광고와 선전을 할 기회를 박탈함으로써 표현의 자유를 제한하고, 다른 의료인과의 영업상 경쟁을 효율적으로 수행하는 것을 방해함으로써 직업수행의 자유를 제한하고 있고, 소비자의 의료정보에 대한 알 권리를 제약하게 된다. … 결국 이 사건 조항은 헌법 제37조 제2항의 비례의 원칙에 위배하여 표현의 자유와 직업수행의 자유를 침해

대부업 등의 등록 및 금융이용자 보호에 관한 법률 제9조 제2항 등 위헌소원(헌재 2013.7.25, 2012헌바67) : 합헌

대부업자가 대부조건 등에 관하여 광고하는 경우에 명칭, 대부이자율 등의 사항을 포함하지 않으면 과태료를 부과하도록 규정한 것은 명확성 원칙에 위배되지 않으며, 직업수행의 자유를 침해하지 않는다.

> **행정사법 제9조 제2항 등 위헌확인(헌재 2016.2.25, 2013헌마626) : 기각**
>
> 일정한 경력을 갖춘 공무원에 대하여 행정사 자격시험의 전부 또는 일부를 면제하도록 한 것은 일반 응시자들의 평등권 및 직업선택의 자유를 침해하지 않는다.

> 행정사의 수급상황을 조사하여 행정사시험의 실시가 필요하다고 인정하는 때에 시험실시계획을 수립하는 것은 직업선택의 자유를 침해하는 것이다(헌재 2010.4.29, 2007헌마910).

> 사업주에게 일정비율의 장애인의무고용의무를 부과하는 것은 직업선택의 자유 침해가 아니다(헌재 2012.3.29, 2010헌바432).

> **기본권 침해 위헌확인(헌재 2016.4.28, 2015헌마98) : 위헌**
>
> 아동·청소년대상 성범죄로 형 또는 치료감호를 선고받아 확정된 자에 대하여 형 또는 치료감호의 집행이 종료·면제·유예된 때부터 10년 동안 일률적으로 아동·청소년 관련기관 등을 개설하거나 위 기관 등에 취업할 수 없도록 한 것은, 입법목적이나 수단의 적합성은 인정되나 직업선택의 자유를 과도하게 제한하고 있어 법익의 균형성 원칙에 위반되어 직업선택의 자유를 침해한다.

| 제16조 | 주거의 보장

> 모든 국민은 주거의 자유를 침해 받지 아니한다. 주거에 대한 압수나 수색을 할 때에는 검사의 신청에 의하여 법관이 발부한 영장을 제시하여야 한다.

❶ 개설

(1) 연혁

유래	우리나라 헌법의 최초	주거에 대한 압수·수색의 영장주의 최초
고대 로마의 주거의 신성불가침에서 유래	1948년 7월에 제정된 건국헌법에서 최초로 명문화	1962년 12월에 개정된 제3공화국헌법

(2) 의의

① Privacy에 대한 특별규정으로서, 자기가 거주하는 것의 평온함을 국가기관의 불법수색이나 불법압수를 당하지 아니할 권리
② 사인 및 사적인 단체로부터 침해당하지 아니할 권리를 의미
③ 사생활의 비밀의 자유보다는 협의의 개념이며, 국가에 대하여 효력을 가지는 소극적 방어권
④ 주거는 개인의 사생활을 영위하는 장소로 위반자를 처벌하는 주거침입죄는 사실상 주거의 평온을 보호법익으로 하는 것

(3) 주체

① 인간이 향유하는 권리로서 국적을 불문하고 특정한 장소로부터 사생활의 이익을 얻는 자이면 누구나 그 주체가 됨.
② 주거자유의 주체는 국민 및 외국인
③ 법인은 그 주체가 될 수 없음.

❷ 주거자유의 내용

(1) 주거의 불가침

① 주거불가침의 의의
   주거를 타인에 의하여 침해당하지 아니할 자유를 의미. 인간에게 있어서 최소한의 자유이며 모든 자유의 근원이 됨.
② 주거의 의미
   사람이 거주하기 위해서 점유하는 일체의 건조물 및 시설을 의미. 동산이든 부동산이든 불문

주거에 해당하는 것	주거에 해당하지 않는 것
① 호텔이나 여관 등의 객실 ② 대학의 강의실 ③ 대학입시 시험장 ④ 교수연구실 ⑤ 휴가중인 텐트 ⑥ 선박 ⑦ 기거용 이동차량	① 영업중인 상점 ② 극장 ③ 역대합실 ④ 버스터미널

(2) 영장제도
① 주거에 대한 압수나 수색을 할 때에는 검사의 신청에 의하여 법관이 발부한 영장을 제시하여야 함.
② 영장제도의 예외
㉠ 현행범을 체포하기 위한 가택의 수색, 체포현장에서의 압수나 수색, 긴급 체포시의 압수나 수색 시에는 영장 없이 주거에 대하여 압수나 수색할 수 있음.
㉡ 행정절차에서의 영장제도에 대해서는 영장필요설과 영장불요설, 절충설이 있음.
㉢ 다수설인 절충설에 의하면 영장제도는 원칙적으로 적용되며 예외적으로 순수한 행정목적을 위한 세무조사, 방화조사, 위생조사에서는 적용되지 아니함.
㉣ 헌법재판소는 행정상의 즉시강제는 원칙적으로 영장주의가 적용되지 않는다고 판시한 바 있음(헌재 2002.10.31. 2000헌가12).

❸ 주거자유의 제한
① 헌법 제37조 제2항의 규정에 따라 국가안전보장, 질서유지와 공공복리를 위해서 제한할 수 있음.
② 제한하는 경우에도 자유와 권리의 본질적인 내용을 침해할 수 없음.
🔍 식당에 출입하여 도청용 송신기 설치한 경우: 주거침입죄 처벌할 수 없다(대판 2022.3.24. 2017도18272).

❹ 주거침입죄의 성립
① 주거자의 의사에 반하여 주거에 들어오는 경우
② 주거자를 기망하여 주거에 들어오는 경우

| 제17조 | 주거의 보장

> 모든 국민은 사생활의 비밀과 자유를 침해받지 아니한다.

❶ 개설

(1) 연혁

최초의 연원	1890년에 발표된 미국의 S.D. Warren과 L.D. Brandis의 「The Right of Privacy」라는 논문을 통하여 독립된 권리로 인정
독일	사생활의 비밀의 자유가 일반인격권 속에 포함. 독일기본법 제2조 제1항에 인격의 자유로운 발현권을 규정
일본	일본헌법에서는 프라이버시권에 관한 명문의 규정이 없으며 인간존중과 행복추구권의 한 내용으로 볼 수 있음.
국제인권규약	1976년에 발효된 국제인권규약에서도 프라이버시권을 명시
한국	우리나라 헌법에서는 사생활의 비밀의 자유를 제5공화국헌법에서 최초로 명문화

(2) 의의

① 자기 자신에 대한 외부로부터의 불가침을 전제로 한 것으로 사생활의 내용을 공개당하지 아니할 권리 및 사생활의 자유로운 형성과 전개를 방해받지 아니할 권리를 의미
② 사생활의 비밀의 자유는 인간으로서의 존엄성을 유지하고 인격의 자유로운 발현을 실현하는 기본적인 자유권

(3) 사생활 비밀자유의 법적 성격

인격권	자유권	일신전속상의 권리
사생활의 비밀의 자유는 사적인 생활을 보호하려는 인격권의 형태를 가짐	사생활의 비밀의 자유는 국가권력이나 사인에 대하여 소극적·방어적인 성향을 내재한 자유권	사생활의 비밀의 자유는 개인의 특정한 비밀 등을 보호하는 일신전속상의 권리

(4) 사생활 비밀자유의 주체

① 사생활 비밀자유의 주체는 내국인과 외국인을 포함한 자연인에게만 인정되고 법인이나 사자에 대해서는 인정되지 아니함.

② 법인에 대한 명칭이나 상호 등을 영리목적으로 사용하는 경우에는 인정

사생활의 비밀의 자유의 주체

자연인		법인		사자
국민	외국인	법인	법인의 대표	
○	○	×	○	×

❷ 사생활 비밀자유의 내용

(1) 사생활 비밀의 불가침
사생활의 비밀을 침해당하지 아니하는 것으로 성명권, 초상권, 비밀권 등을 침해당하지 아니할 권리를 의미

(2) 사생활 자유의 불가침
현대사회의 전자과학기술의 발달과 정보화사회의 관심고조에 따라 오늘날 더욱 큰 문제로 대두되고 있음.

(3) 자기정보 관리통제권

개념		자기정보 관리통제권이란 자기에 관한 정보를 수집, 분석, 열람, 사용, 정정 등을 요구할 수 있는 권리를 의미
내용		① 자기정보 열람청구권 ② 자기정보 정정청구권 ③ 자기정보 사용중지권 ④ 자기정보 삭제청구권
입법례	외국의 입법사례	① 1974년 미국의 프라이버시법 ② 1977년 독일의 연방정보보호법 ③ 1978년 프랑스의 정보처리축적 자유에 관한 법률 ④ 1984년 영국의 정보보호법 ⑤ 1988년 일본의 개인정보에 관한 법률
	우리나라의 입법사례	1994년 1월에 공공기관의 개인정보보호에 관한 법률을 공포하여 공공기관에 의한 개인정보 무단사용이나 유출 등을 방지하고 있음.

판례	독일연방 헌법재판소 판례	인격의 자유로운 발현은 개인정보의 무제한의 수집, 보유 등을 보호하는 것을 그 전제로 함.
	우리나라 헌법재판소 관련 판례(90헌마133)	헌법재판소에서는 1991년 5월 13일 자기정보 통제관리권과 관련하여 피고인이 형사피고사건이 확정된 후 소송기록에 대하여 열람, 복사를 요구하는 것은 특별한 사정이 없는 한 원칙적으로 허용되어야 한다는 견해를 제시한 바 있음.

자기정보 관리통제권 관련 판례

- 교육정보시스템사건(NEIS) – 합헌
- 주민등록발급사 열손가락 지문날인하는 것 – 합헌
- 연말정산 간소화를 위하여 의료기관에 환자들의 의료비 내역에 관한 정보를 국세청에 제출의무를 부과하는 것 – 합헌
- 국민기초생활보장법상 수급자의 금융기관 통장사본 등 자료제출 요구 – 합헌
- 교도소 내 수용자의 거실에 CCTV를 설치하는 것 – 합헌
- 4급 이상 공무원에 대해 병역면제처분의 사유인 질병명을 관보, 인터넷에 공개 – 헌법불합치
- 변호사시험 합격자의 6개월 실무수습기간 중 단독법률사무소 개설과 수입금지 – 합헌
- 주민등록 변경이 필요한 경우가 있음에도 일률적으로 주민등록번호를 부여하는 것 – 위헌

❸ 사생활의 비밀자유의 성격

① Privacy에 관한 일반규정
② 인격권의 일종
③ 소극적·방어적 성격
④ 일신전속적 성격
⑤ 적극적·청구권적 성격(다수설) : 자기정보 관리통제권

❹ 사생활 비밀자유의 제한과 한계

(1) 제한 여부

① 사생활의 비밀의 자유는 헌법 제37조 제2항에 의해서 제한할 수 있음.

② 국가의 안전보장, 질서유지 또는 공공복리를 위하여 필요한 경우에 한하여 법률로써 제한할 수 있으며 제한하는 경우에도 자유와 권리의 본질적인 내용은 침해할 수 없음.

(2) 관련 판례

> **형법 제243조 등 위헌소원(헌재 2013.8.29, 2011헌바176) : 합헌**
>
> 음란물건의 판매 및 판매목적 소지를 처벌하는 형법 규정은 성기구 판매자의 직업수행의 자유 및 소비자의 사생활의 비밀과 자유를 침해하지 않는다.

(3) 사생활 비밀의 자유와 한계의 관련성

사생활의 비밀의 자유와 국정감사·조사의 한계		사생활의 비밀의 자유는 국정감사권과 국정조사권을 행사하는 경우에는 법률에 따라 합리적인 범위 내에서 최소한도 내에서 제한할 수 있음.
사생활의 비밀의 자유와 범죄수사의 한계		사생활의 비밀의 자유는 범죄수사를 위하여 필요한 경우에는 최소한의 범위 내에서 제한할 수 있음. 범행과 관련이 있는 범인의 사생활을 공개하는 것은 사생활의 비밀을 침해하는 것은 아님.
사생활의 비밀의 자유와 행정법상의 공표제도		행정법상의 새로운 의무이행을 확보하기 위한 수단인 공표제도는 사생활의 비밀의 자유를 침해하는 것은 아님. 국세기본법의 규정에 의하여 고액조세체납자의 명단을 공개하는 것은 가능
사생활의 비밀의 자유와 표현의 자유와 한계	공적인물 이론	인기연예인, 공직후보자, 국가대표급 운동선수와 같은 유명인에 대해서는 사생활의 비밀의 자유를 제한할 수 있다는 이론
	공공이익 이론	사회공공의 관심사에 대해서는 공개해도 사생활의 비밀의 자유를 침해한 것이 아니라는 이론
	권리포기 이론	자살자와 같은 특정한 사정이 있는 경우에는 권리를 포기했기 때문에 공개해도 된다는 이론

(4) 사생활 비밀의 자유를 침해한 사례

① 여인의 골반부위의 X선 사진을 공개하는 행위
② 기형적인 얼굴의 사진을 의학잡지에 기재하는 행위

③ 동의 없이 광고지에 성명이나 초상을 게재하는 행위
④ 호텔에 투숙한 여인의 매춘행위를 사진 촬영하는 행위

❺ 관련 헌법재판소 판례

주민등록법 제17조의8 등 위헌확인(헌재 2005.5.26, 99헌마513·2004헌마190 병합-합헌)

이 사건 지문날인제도로 인하여 정보주체가 현실적으로 입게 되는 불이익에 비하여 경찰청장이 보관·전산화하고 있는 지문정보를 범죄수사활동, 대형사건사고나 변사자가 발생한 경우의 신원확인, 타인의 인적사항 도용 방지 등 각종 신원확인의 목적을 위하여 이용함으로써 달성할 수 있게 되는 공익이 더 크다고 보아야 할 것이므로, 이 사건 지문날인 제도는 법익의 균형성의 원칙에 위배되지 아니한다. 결국 이 사건 지문날인제도가 과잉금지의 원칙에 위배하여 청구인들의 개인정보자기결정권을 침해하였다고 볼 수 없음.

공직자등의 병역사항신고 및 공개에 관한 법률 제3조(헌재 2007.5.31, 2005헌마1139 : 헌법불합치)

4급 이상 공무원들의 병역면제사유인 질병명을 관보와 인터넷에 공개하는 것은 사생활 비밀의 자유를 침해

연말정산간소화를 위하여 의료기관에 환자들의 의료비 내용에 관한 정보를 국세청에 제출하는 의무를 부과하는 것은 합헌이다(헌재 2008.1.30, 2006헌마1401).

공직자윤리법 시행령 제3조 제4항 제15호 등 위헌확인(헌재 2014.6.26, 2012헌마331) : 기각

금융감독원의 4급 이상 직원에 대하여 공직자윤리법상 재산등록의무를 부과하고 퇴직일로부터 2년 간 사기업체등에의 취업을 제한하고 있는 공직자윤리법 조항들은, 헌법 제37조 제2항의 과잉금지 원칙을 준수하고 있으므로 사생활의 비밀과 자유, 직업선택의 자유 및 평등권을 침해하지 않는다.

피보안관찰자의 신고의무 위배시 처벌규정은 사생활 비밀자유침해가 아니다(헌재 2015.11.26, 2014헌바475).

어린이집에 폐쇄회로 텔레비전(CCTV)을 원칙적으로 설치하도록 정한 것은 과잉금지원칙을 위반하여 어린이집 보육교사의 사생활의 비밀과 자유를 침해하지 않는다(헌재 2017.12.28, 2015헌마994).

국민건강보험공단이 서울용산경찰서장에게 청구인들의 요양급여내역을 제공한 행위는 개인정보자기결정권을 침해하는 것이다(헌재2018.8.30., 2016헌마344).

|제18조| 통신의 비밀

모든 국민은 통신의 비밀을 침해받지 아니한다.

❶ 연혁

서신의 불가침규정을 명시한 헌법	서신 및 전화 등의 비밀침해금지규정을 명시한 헌법	세계인권선언	우리나라
1831년 벨기에 헌법과 1850년의 프로이센 헌법에서 서신의 불가침을 규정	1919년 독일의 바이마르공화국 헌법	1948년 12월 10일에 선언한 세계인권선언에서도 통신의 자유를 규정하고 있음.	우리나라는 건국헌법이래 계속적으로 통신의 자유를 규정하고 있으나 미국과 일본의 헌법에는 통신의 자유에 관한 규정이 없음.

❷ 통신자유의 의의

① 전화, 팩스, 텔렉스, 서신 등과 같은 의사전달의 매개체와 물품의 수수를 포함하는 것
② 현행 헌법 제18조에 모든 국민은 통신의 비밀을 침해받지 아니한다고 규정
③ 통신물을 전달하거나 교환하는 경우에 타인에 의해서 공개되지 아니할 자유를 의미하는 것으로 자연인과 법인이 그 주체
④ 신문, 서적, 소포는 통신의 자유에서 보호×

❸ 통신자유의 내용
① 타인의 통신물에 대한 열람금지(봉투를 개봉하지 않고 햇빛에 비춰서 읽는 것도 금지)
② 타인의 통신물에 대한 개피·누설금지
③ 타인의 통신물에 대한 정보탐지를 금지

❹ 통신자유의 효력
① 통신의 자유는 대(對)국가적 효력인 동시에 대(對)사인적 효력
② 통신의 자유를 침해한 자에 대해서는 형법 제316조의 비밀침해죄에 의해서 3년 이하의 징역이나 금고 또는 500만원 이하의 벌금형에 처함.

❺ 통신자유의 제한

(1) 제37조 제2항
① 국가의 안전보장, 질서유지 및 공공복리를 위하여 헌법 제37조 제2항에 의해서 제한할 수 있음.
② 체신물에 대한 압수, 수색 시에는 검사의 신청에 의해서 법관이 발부한 영장에 의해서 이루어져야 함.

(2) 통신의 자유를 제한하는 법률

관련법	내용
국가보안법 제8조	국가의 존립, 안전이나 자유민주적 기본질서를 위태롭게 한다는 정(情)을 알면서 반국가단체의 구성원 또는 그 지령을 받은 자와 회합, 통신 기타의 방법으로 연락을 한 자는 10년 이하의 징역에 처함.
형사소송법 제107조 제1·2항	① 법원은 피고인이 발송한 것이나 피고인에게 대하여 발송된 우체물 또는 전신에 관한 것으로서 체신관서 기타 가소지 또는 가보관하는 물건의 제출을 명하거나 압수를 할 수 있음. ② 우체물 또는 전신에 관한 것으로서 체신관서 기타 가소지 또는 가보관하는 물건은 피고사건과 관계있다고 인정할 수 있는 것에 한하여 그 제출을 명하거나 압수를 할 수 있음.
채무자회생 및 파산에 관한 법률 제484조 제2항	파산관재인은 그가 수령한 우편물 또는 전보를 개피할 수 있음.

형의 집행 및 수용자의 처우에 관한 법률 제18 · 19조	수용자는 소장의 허가를 받아 타인과 접견하거나 서신을 수발(受發)할 수 있음(제18조). 수용자에 교부된 서신 기타 문서는 본인이 열람한 후 이를 영치함(제19조).
전파법 제77조 제1항	대한민국의 헌법 또는 정부를 폭력수단으로 파괴할 것을 주장하는 통신은 규제가능
통신비밀보호법 제7조	정보수사기관의 장은 국가안전보장에 대한 위해를 방지하기 위하여 필요한 경우에 내국인에 대해서는 고등법원 수석부장판사의 허가를 얻어서 제한가능. 외국인인 경우에는 대통령의 승인을 얻어서 통신제한 조치가능

6 관련 헌법재판소 판례

통신비밀보호법 제10조 제1항 등 위헌소원(헌재 2001.3.21, 2000헌바25 – 합헌)

국가기관이 인가 없이 감청설비를 보유 · 사용할 수 있다는 사실만 가지고 바로 국가기관에 의한 통신비밀침해행위를 용이하게 하는 결과를 초래함으로써 통신의 자유를 침해한다고 볼 수는 없음.

훈련소의 훈련병에 대한 전화통화 제한 – 합헌(헌재 2010.10.28, 2007헌마890)

수용자가 밖으로 내보내는 서신에 대해 봉함하지 않은 상태로 제출하게 하는 것 – 위헌(헌재 2012.2.23, 2009헌마333)

형의 집행 및 수용자의 처우에 관한 법률 제108조 제10호 등 위헌확인(헌재 2014.8.28, 2012헌마623) : 기각

① 미결수용자에 대한 금치기간 중 집필제한 조항은 표현의 자유를 침해하지 않는다.
  🔍 헌재 2005.2.24, 2003헌마289 결정에서 금치기간 중 집필을 전면 금지한 조항을 위헌으로 판단한 이후, 입법자는 집필을 허가할 수 있는 예외를 규정하였고, 금치처분 기간도 단축하였다.
② 금치기간 중 미결수용자의 서신수수를 금지하도록 한 것은 통신의 자유를 침해하지 않는다.

> **통신제한조치 허가 위헌확인 등(헌재 2016.2.25, 2011헌마165) : 기타**
>
> ① 인터넷 회선에서 오가는 전자신호를 정보전달 경로의 중간에서 개입하여 지득하는 방법으로 감청하는 이른바 패킷감청과 관련하여, 통신제한조치에 대한 서울중앙지방법원의 허가, 국가정보원장의 전기통신 회선에 대한 감청의 집행행위, 감청을 정의한 통신비밀보호법 제2조 제7호, 범죄수사를 위한 통신제한조치의 허가요건과 절차를 규정한 통신비밀보호법 제5조 제2항, 제6조가 사생활의 비밀과 자유, 통신의 자유를 침해한다고 주장하는 헌법소원심판청구가 청구인의 사망으로 2015.9.28. 종료되었음을 확인하였다.
> ② 통신의 비밀과 자유, 사생활의 비밀과 자유는 성질상 일신전속적인 것이어서 승계되거나 상속될 수 없다.

| 제19조 | 양심의 자유

> 모든 국민은 양심의 자유를 가진다.

❶ 연혁

프로이센 헌법	1919년 독일 바이마르 헌법	우리나라 헌법과 양심의 자유
양심의 자유는 1850년 프로이센 헌법에서 최초로 규정하였으며 종교의 자유의 한 부분으로서 명시	독일의 바이마르공화국 헌법에서는 양심의 자유를 종교의 자유로부터 분리하여 개별적 자유권으로 규정	• 1948년 7월 12일에 제정된 건국헌법에서는 양심의 자유를 신앙의 자유와 동일하게 명시 • 1962년 12월에 개정된 제3공화국 헌법에서는 개별적 자유권으로 규정

❷ 양심의 자유의 의의

세계관, 인생관, 사상·신조 등을 의미하며 개인의 인격형성에 관계되는 내심적·가치적·윤리적 판단까지 포함하는 개념

③ 양심의 자유와 비교되는 개념

양심의 자유와 직업적 양심과의 관계	양심의 자유와 사상과의 관계
헌법 제46조 제2항의 국회의원의 양심과 헌법 제103조의 법관의 양심은 직무수행과 관련된 양심이라는 점에서 개인적 양심인 양심의 자유와 차이점이 있음.	사상은 양심의 자유보다 포괄적이고 광의적인 개념

참고 헌법조문에서의 양심

제19조	제46조 제2항 국회의원	제103조 법관
주관적 양심	객관적, 직업적 양심	

④ 양심의 자유의 법적인 성격

절대적 자유권, 소극적 자유권, 정신적 자유권, 최상위의 기본권으로서 그 주체는 성질상 법인을 제외한 국민과 외국인을 포함한 인간의 권리

⑤ 양심의 자유의 내용

(1) 양심형성의 자유

① 신념 · 사상 · 세계관 · 인생관의 자유
② 강제된 진실의 강요금지

(2) 형성된 양심의 자유

① 침묵의 자유
② 양심추지금지의 자유
③ 양심에 반하는 행위의 강제 금지(작위의무로부터의 해방)
④ 양심실현의 자유

양심결정의 자유	침묵의 자유
자기자신의 가치관에 의해서 사물의 가치판단을 결정하는 것을 의미. 양심 결정시 국가기관이나 사인의 간섭 없이 자유로운 사고에 의해서 이루어져야 한다는 것	자기의 양심을 외부에 표시하는 것을 강제 당하지 아니할 자유를 의미하는 것으로 양심유지의 자유라고도 함. 침묵의 자유에 의하여 양심 추지의 금지와 양심에 반하는 행위의 강제는 금지됨.

❻ 양심의 자유의 기능(허영)

① 사회정신 성숙 추진 기능
② 통화적 통합기능
③ **정당화 기능** : 콘센스에 의해 창설·유지되는 자유민주적 기본질서를 정당화
④ **예방적 기능** : 합법적인 불법이나 불법적인 통치권의 출현을 방지

❼ 양심의 자유와 양심적 집총거부

(1) 우리나라의 양심적 집총거부

① 양심적 집총거부문제는 징병제를 채택하는 국가에서 문제가 되나 모병제 국가에서는 별다른 문제가 발생하지 아니함.
② 양심적 병역거부자에 대한 대체복무를 규정하지 아니한 병역종류조항은 양심자유 침해한다(헌재 2018.6.28, 2011헌바379).
③ 양심적 병역거부자의 처벌 근거된 병역법 조항은 헌법에 위배되지 아니한다.

(2) 독일의 양심적 집총거부

① 독일기본법 제4조 제3항에 양심에 반하여 집총병역을 강제 받지 아니한다는 규정을 명문화하여 양심적 집총거부를 인정하고 있으며 병역거부자에게는 대체적 민간역무를 부과하고 있음.
② 특정한 전쟁, 조건, 무기로 전쟁을 수행하는 전쟁을 거부하는 상황조건부 병역거부는 불인정

❽ 양심의 자유와 사죄광고

① 사죄광고란 타인의 명예를 훼손하여 비행을 저질렀다고 믿지 않는 자에게 본심에 반하여 깊이 사과하면서 사과를 강제하는 것
② 사죄광고의 강제는 양심표명의 강제인 동시에 인간의 존엄과 가치를 침해하는 것으로 헌법에 정면으로 위배됨.
③ 사죄광고의 강요는 민법 제764조의 명예회복을 위한 제도적 의의와 목적에 적합지 않은 처분

❾ 양심의 자유와 한계

① 대국가적 효력인 동시에 대사인적 효력으로서 양심의 자유는 헌법 제37조 제2항, 즉 국가안보, 질서유지, 공공복리를 위해서도 제한할 수 없는 절대적 자유권
② 양심형성의 자유와 양심결정의 자유는 내심에 있는 경우에는 절대적인 자유
③ 양심실현의 자유는 다른 사람의 기본권을 위배하거나 국가의 기본질서를 위배하는 경우 헌법 제37조 제2항에 의해서 제한이 가능

> 📖 **참고** 공정거래 위반사실의 공표
>
> - 행복추구권, 무죄추정권 침해
> - 윤리적 결정 아님. 인격존재가치침해 아니다. → 양심의 자유 침해 ✕

합헌	위헌
① 내심적 불온사상을 향유하는 것 ② 헌법수호선서 및 공무원 임명 시 선서 ③ 증언·감정·통역의무 부과 ④ 자백권유 ⑤ 국기에 대한 경례 (미국연방대법원은 1943년 위헌결정한 바 있음.)	① 사죄광고를 명하는 판결 ② 전향을 강요하는 행위 ③ 공무원의 정치적 신조를 제한하는 행위

🔊 **주의** 양심의 자유 vs. 공익 ⇨ 양자택일의 문제
조화와 균형 ✕, 양 법익을 함께 실현 ✕, 비교형량 ✕

> **양심의 자유 판례**
>
> - **사죄광고**
>   - 강제(위헌), 자발(합헌)
>   - 양심의 자유 침해(법인 ✕, 법인대표자 ○)
>   - 인격권 침해(법인 ○, 법인대표자 ✕)
> - **준법서약서제도**
>   - 공산주의사상 선택, 유지 - 양심의 자유에서 보호 ✕
>   - 준법서약서제출제도 - 양심의 자유제한 ✕, 침해 ✕
> - **국가보안법 불고지죄**
>   - 합헌(진술거부권 침해 ✕)

⑩ 관련 헌법재판소 판례

민법 제764조의 위헌여부에 관한 헌법소원(헌재 1991.4.1, 89헌마160-위헌)

민법 제764조가 사죄광고제도를 포함하는 취지라면 그에 의한 기본권 제한에 있어서 그 선택된 수단이 목적에 적합하지 않을 뿐 아니라 그 정도 또한 과잉하여 비례의 원칙이 정한 한계를 벗어난 것으로 헌법 제37조 제2항에 의하여 정당화될 수 없어 헌법 제19조에 위반되는 동시에 헌법상 보장되는 인격권의 침해에 이르게 된다고 할 것이다. 그렇다면 민법 제764조가 동조 소정의 "명예회복에 적당한 처분"에 사죄광고를 포함시키는 것이라면 동 규정은 헌법에 위반될 수밖에 없음.

병역법 제88조 제1항 제1호 위헌제청(헌재 2004.8.26, 2002헌가1)

입법자는 양심의 자유와 국가안보라는 법익의 갈등관계를 해소하고 양 법익을 공존시킬 수 있는 방안, 국가안보란 공익의 실현을 확보하면서도 병역거부자의 양심을 보호할 수 있는 대안, 우리 사회가 이제는 양심적 병역거부자에 대하여 이해와 관용을 보일 정도로 성숙한 사회가 되었는지에 관하여 진지하게 검토하여야 할 것

공정거래위원회가 당해 사업자단체에 대하여 법위반사실의 공표를 명할 수 있도록 하는 것은 무죄추정권을 위배하는 것(헌재 2001.1.31, 2001헌바43)

사죄광고와 판결문 게재의 비교

사죄광고	판결문 게재
위헌(세계관, 인생관, 주의, 신조의 문구가 나오면 양심의 자유를 묻는 지문임)	합헌(피해자의 명예회복을 위하여 가해자로 하여금 형사명예훼손죄의 판결문 게재를 강제하는 것은 사실관계를 알리는 것에 불과하여 양심의 자유를 침해하는 것이 아님)

| 제20조 | 종교의 자유

① 모든 국민은 종교의 자유를 가진다.
② 국교는 인정되지 아니하며, 종교와 정치는 분리된다.

❶ 연혁

최초의 규정	1647년 영국의 인민협정에서 최초로 종교의 자유를 규정
미국의 버지니아 권리장전	1776년 미국의 버지니아 권리장전에서 국교부인과 정교분리의 원칙을 최초로 규정
우리나라	• 우리나라는 종교의 자유를 1948년 건국헌법에서 최초로 규정 • 현행 헌법 제20조에 국교불인정과 정교분리원칙을 명문화

❷ 종교자유의 의의와 그 주체

① 종교란 인간의 유한성을 자각하여 절대자에게 의지하고 신봉하는 것을 의미
② 종교자유의 주체는 국민과 외국인이며 법인은 성질상 인정되지 않음.
③ 종교와 관련되는 법인은 종교적 행위인 예배나 선교 등의 행위에 한하여 인정

❸ 종교자유의 내용

신앙의 자유	어떠한 경우에도 제한할 수 없는 절대적 자유권. 신앙결정의 자유, 무신앙의 자유, 개종의 자유, 신앙고백의 자유, 신앙고백을 이유로 불이익 처분을 당하지 아니할 자유
종교적 행위의 자유	기도, 예배, 찬송, 찬불 등을 자유로운 의사에 의해서 행사할 수 있는 자유
종교적 집회·결사의 자유	① 종교적 집회란 종교적인 뜻을 같이하는 신자들이 회합하는 것인데 비하여 종교적 결사란 종교적인 뜻을 같이하는 신자들이 단체를 구성할 수 있는 자유 ② 종교적 집회·결사의 자유는 헌법 제21조에 규정된 집회·결사의 자유보다 특별한 보호를 받음
종교적 포교의 자유	자기가 신봉하는 종교를 전도하는 것. 다른 종교를 비판하거나 종교상의 개종을 권유하는 것도 포교의 한 형태로 볼 수 있음.
종교교육의 자유	특정종교를 교육하거나 특정종교를 교육하기 위한 종교상의 학교를 설립할 수 있는 자유

❹ 종교자유의 효력

(1) 일반적인 효력
① 대국가적 효력인 동시에 대사인적 효력의 성질을 내재하고 있음.
② 사용주는 근로자에 대하여 종교의 자유를 보장해야 하며 종교상의 이유 때문에 차별대우를 해서는 안 됨.

(2) 관련문제 - 권징결의의 효력
대법원 판례에 의하면 종교단체의 권징결의, 즉 교인으로서 준수해야 할 규정을 위배하는 자에게 종교적인 제재나 징계를 행하는 것은 종교상의 내부적인 문제이므로 사법부심사의 대상이 되지 아니하며 그 권징결의의 효력은 인정됨(대판 1981.9.22. 81다276).

❺ 종교의 자유와 헌법 제20조 제2항

현행 헌법규정	국교는 인정되지 아니하며 종교와 정치는 분리
국교불인정원칙 의의	국가가 특정종교를 국교로 지정하는 것을 금지할 뿐만 아니라 특정 종교를 우대하거나 차별하는 것을 금지
내용	① 종교의 정치관여 금지 ② 특정종교의 우대나 차별금지
국교인정국가	영국, 스페인
정교분리의 원칙	종교의 자유를 보장해 주기 위해서 현행 헌법에서는 정치와 종교를 분리한다고 규정하고 있음.

❻ 종교의 자유와 관련된 법원의 판례

사건명	판결 요지	판결 연월일
박태선 장로사건	믿음의 깊이는 헌금액의 다과에 의해서 결정된다는 설교를 행한 박태선 장로에게 사기죄를 적용	대판 1959.12.4
집총거부사건	종교적 신념에 의하여 병역의무를 거부할 수 없음.	대판 1969.7.22
국기에 대한 경례사건	국기에 대한 경례를 종교상의 우상숭배라 하여 거부한 학생에게 학교당국의 제적처분을 정당한 처분으로 봄(미국연방대법원은 1943년에 위헌으로 판시).	대판 1976.4.27

휴거사건	신도들로부터 시한부종말론을 내세워 고액헌금을 개인적으로 거두어들인 행위는 사기죄가 성립	서울형사지방법원 1992.10.28
개종의 자유	다른 종교를 비판할 자유도 종교의 자유의 하나인 개종의 자유에 해당	대판 1996.9.6
사립학교 학칙	사립대는 종교교육을 받을 것을 졸업요건으로 신앙을 가지지 않을 자유를 침해하지 않는 범위 내에서 학칙을 제정할 수 있음.	대판 1998.11.10

|제21조| 언론·집회·결사의 자유 등

① 모든 국민은 언론·출판의 자유와 집회·결사의 자유를 가진다.
② 언론·출판에 대한 허가나 검열과 집회·결사에 대한 허가는 인정되지 아니한다.
③ 통신·방송의 시설기준과 신문의 기능을 보장하기 위하여 필요한 사항은 법률로 정한다.
④ 언론·출판은 타인의 명예나 권리 또는 공중도덕이나 사회윤리를 침해하여서는 아니된다. 언론·출판이 타인의 명예나 권리를 침해한 때에는 피해자는 이에 대한 피해의 배상을 청구할 수 있다.

❶ 언론·출판의 자유

(1) 연혁

최초의 선언		1649년 영국의 인민협정에서 최초로 언론·출판의 자유를 선언
언론·출판의 자유를 확립한 것		1695년 영국의 검열법 폐지를 통해서 확립
최초의 규정		1776년 미국의 버지니아 권리장전에서 최초로 규정
우리나라 헌법과 언론·출판의 자유	제헌헌법(1948년)	최초로 언론·출판의 자유를 규정
	3차 개헌(1960년)	법률유보를 삭제하여 절대적 자유로 보장
	5차 개헌(1962년)	언론·출판의 자유에 대한 한계를 규정
	7차 개헌(1972년)	사전허가제와 검열금지규정을 삭제
	8차 개헌(1980년)	언론의 내재적 한계와 공적 책임을 규정
	9차 개헌(1987년)	검열금지규정의 부활과 언론기관의 자유를 최초로 규정

(2) 언론·출판 자유의 의의

① 개념
  ㉠ 불특정 다수인에게 자기 자신의 신념이나 가치 등을 언어나 문자와 같은 상징체계를 통하여 발표하는 것을 의미
  ㉡ 언론의 자유는 대화, 연설, 담화 등과 같은 구술에 의한 사상의 발표인데 비하여 출판의 자유는 문서, 사진, 조각 등과 같은 유형화된 매체를 통한 표현을 의미
  ㉢ 오늘날 언론·출판의 자유는 자기 자신의 신념이나 가치 등의 발표뿐만 아니라 알권리, 액세스권, 언론기관의 자유까지 포함하는 넓은 의미로 사용

② 상징적 표현권
  ㉠ 비언어적 방법에 의한 표현을 의미
  ㉡ 1960년대 이후 미국에서 논의된 개념으로 언론·출판의 한 유형

  🔍 사례 : 월남전 반대표현으로 병역등록카드를 법원에서 불태운 사건(O'Brien 사건), 월남전 반대방법으로 흑색완장을 착용하고 단식을 행한 사건(Tinker 사건), 성조기를 길거리에서 불태운 사건(Street 사건), 징병제 반대문구 상의를 착용하고 법원복도에서 시위를 행한 사건(Cohen 사건) 등

(3) 언론·출판 자유의 법적 성격

① 인격의 자유로운 발현과 여론형성의 중개적 기능을 담당하는 기본권
② 그 법적인 성격은 자유권적 기본권의 성격과 입법에 의해서도 헌법의 내용을 침해·훼손하는 것을 금지하는 제도적 보장의 성격을 동시에 내재하고 있다는 것(우리나라의 통설)

(4) 언론·출판 자유의 주체

① 자연인
② 법인은 보도의 자유나 정보수집에 있어서 인정

(5) 언론·출판 자유의 내용

① 의사표현의 자유: 자기 자신의 의사를 외부에 자유롭게 전달할 수 있는 자유를 의미

📖 **참고** 의사표현의 자유와 보도자유의 비교

의사표현의 자유	보도의 자유
자기의 의사를 외부에 전달하는 주관적인 의사의 전달	있는 사실 그대로를 전달하는 사실상의 전달행위

② 알권리

의의	일반적인 정보를 모든 정보원으로부터 취득할 수 있는 권리를 의미. 현대국가에서는 행정의 공개와 관련하여 문제가 되고 있음.
알권리의 근거	• 헌법에 명문규정은 없음. • 근거 – 헌법 제21조 언론·출판의 자유 ⇨ 통설 & 헌재
알권리의 신장	국민주권(헌법 제1조 제2항) + 인간의 존엄과 자유(헌법 제10조) + 인간다운 생활을 할 권리(헌법 제34조)
독일	독일에서는 독일기본법 제5조 제1항에 알권리를 직접 규정
구체적 권리설	헌재판례(1989.9.4, 88헌마21) – 서류에 대한 열람·복사민원의 처리는 법률규정 없이도 헌법규정에 의해 보호 ○
미국	미국에서는 1966년에 제정·시행되고 있는 정보자유법에 정보공개의 의무를 규정
알권리의 내용	알권리의 내용은 국가권력으로부터 정보의 수집이나 수령 등을 방해받지 아니할 권리 및 국가기관에 대하여 정보공개를 청구할 수 있는 권리
알권리의 법적 성격	• 자유권(정보수집 + 취재활동에 대한 침해배제 요구) • 청구권(정보공개청구) 　주의 개인정보통제관리권 – 사생활의 비밀과 자유
한계 및 제한 (국가기밀과의 관계)	• 개별적 헌법유보(헌법 제21조 제4항) • 일반적 헌법유보(헌법 제37조 제2항) • 알권리와 국가기밀과의 관계 | 알권리 | 국가기밀 | |---|---| | 최대보장 | • 필요한 최소한도에 한정 • 공지된 사실·지식은 국가기밀 아님. |

🔎 북한지역으로 전단 등의 살포를 금지하는 것은 표현의 자유를 침해하는 것이다(헌재 2023.9.26, 2020헌마1724).

알권리 관련판례

알권리 침해 O	알권리 침해 ×
• 형사소송확정소송기록의 등사신청거부처분 → 이해관계인에게 공개 × (알권리 침해) • 저속한 간행물을 출판한 출판사의 등록을 취소하는 법률 • 변호인의 수사기록 열람 등사를 거부한 경찰서장	• 피고인에 대한 재판결정서를 송달하지 아니한 것 • 방송토론위원회의 방송토론 참석대상자 제한행위 • 국회예산결산위원회에서 계수조정소위원회에 시민단체의 방청을 불허한 것 • 행정심판위의 위원이 발언한 내용 중 기타 공개할 경우 위원회의 심리, 의결의 공정성을 해할 우려가 있는 사항으로서 대통령령이 정하는 사항은 공개하지 아니한다고 규정하는 행정심판법 • 미결수용자가 구독하는 신문기사 중 일부기사를 삭제한 처분 → 수용질서를 위한 최소한의 제한

③ 엑세스권(Access권)

의의	국민들이 자기의 사상표현을 위하여 언론기관에 접근할 수 있는 권리를 의미. 좁은 의미로는 반론권이나 해명권을 의미하지만 넓은 의미로는 광고주 등이 언론기관을 이용할 수 있는 권리	
현행 헌법과 엑세스권	헌법에 직접 규정하지 아니하고 있으나 헌법상 당연히 인정	
내용	반론권 (반론보도청구권)	언론기관의 보도에 의해서 신용이나 명예 등을 훼손당한 경우에 반론보도를 청구할 수 있는 권리 주의 보도내용의 진실여부를 불문하고 청구 가능
	정정보도청구권	언론사의 고의 · 과실이나 위법성을 요하지 않음.
	추후보도청구권 (해명권)	예를 들어 범죄 혐의가 있는 것으로 보도했으나 추후 판결로 무죄가 입증됐을 시 추후에 서면으로 자신의 무죄 판결 사실을 방송 · 보도하도록 청구할 수 있는 권리
	의견광고	• 광고주의 의견을 광고의 형식으로 선전 • 대가를 지불하는 점에서 언론과 구별
기간	반론권의 제기기간은 사실보도가 있음을 안 날로부터 1개월 이내에 발행인이나 편집인에게 서면으로 청구	
의견광고	광고주가 자기 자신의 의견을 소정의 대가를 언론기관에 지급한 후 선전하는 것	

📖 **참고** 정정보도청구권과 반론보도청구권의 비교

정정보도청구권	반론보도청구권
• 사실적 주장에 관한 언론보도가 • 진실하지 아니함으로 인하여 • 피해를 입은 자 • 언론사의 고의·과실이나 위법성 요하지 아니함.	• 사실적 주장에 관한 언론보도가 • 진실인지 아직 모름(보도내용의 진실여부를 불문) • 피해를 입은 자 • 언론사의 고의·과실이나 위법성 요하지 아니함.
정간법사건	신문법사건
• 정간법판례에서 정정보도청구권은 그 명칭과 달리 반론할 권리이다. → 반론보도청구권이다 (진실여부관계 ×). • 반론보도문 → 언론사명의로 게재(×), 피해자 이름으로 게재(○) • 정정보도청구에 대해 민사소송법의 가처분절차에 의하여 재판하는 정간법 → 반론보도청구권으로 보므로 합헌	• 정정보도청구의 요건으로 언론사의 고의·과실이나 위법성을 요하지 않도록 한 것 → 합헌 • 정정보도청구의 소를 민사집행법상 가처분절차에 의해 재판하도록 규정한 언론중재법 → 위헌 • 반론보도청구의 소를 민사집행법상 가처분절차에 의해 재판하도록 규정한 언론중재법 → 합헌

📖 **참고** 저속과 음란의 알권리 침해 여부

저속규제(알권리 침해 ○)		음란규제(알권리 침해 ×)	
성인	청소년	성인	청소년
저속한 간행물 접근 가능해야	×	음란 간행물 접근 ×	음란 간행물 접근 ×

잔인	음란
위헌	합헌

④ 언론기관의 자유

의의	언론기관을 자유롭게 설립할 수 있는 자유. 현행 헌법 제21조 제3항에 언론기관 시설기준법정주의를 규정하여 언론사의 무분별한 난립을 방지
내용	① 일간신문은 일반일간신문, 특수일간신문 또는 외국어일간신문을 의미. 일간신문과 통신은 정기간행물 등록에 관한 법률에 의해서 상호 겸영할 수 있음. ② 법인이 아닌 자는 정기간행물 중 일간신문이나 일반주간신문 또는 통신을 발행할 수 없음.
보도의 자유 · 신문의 자유	① 신문의 자유는 출판물에 의한 보도를 의미하며 신문발행의 자유, 신문편집의 자유, 취재의 자유, 신문보급의 자유를 내용으로 함. ② 취재의 자유에 취재원 비닉권의 포함유무에 대하여 독일에서는 포함된다고 보나 미국, 일본, 한국에서는 부정된다는 견해가 다수 ③ 취재의 자유를 법률에 의해서 인정하는 국가 : 노르웨이, 오스트리아
방송의 자유	① 방송의 자유는 정치, 경제, 사회, 문화, 시사 등에 관한 보도, 논평과 교양, 음악, 연예, 오락 등을 전파함을 목적으로 방송국이 행하는 무선통신의 송신을 의미 ② 방송법 제3조의 규정에 의하여 방송순서의 편성제작이나 방송국의 운영에 관하여 누구든지 어떠한 규제나 간섭도 할 수 없음.

(6) 언론 · 출판 자유의 제한과 한계

① 헌법 제37조 제2항, 즉 국가안보, 질서유지 및 공공복리를 위하여 필요한 경우에는 최소한의 범위 내에서 법률로써 제한할 수 있음.

② 언론에 대한 허가제나 사전검열은 언론 · 출판 자유의 본질적인 내용을 침해하는 것으로 헌법위반이나 등록제나 신고제는 헌법에 위배되는 것이 아님.

(7) 언론 · 출판의 자유에 관한 판단기준

① 사전검열금지의 원칙 : 언론 · 출판의 자유를 보장하기 위해서 언론 · 출판에 대한 사전검열은 불인정한다는 원칙

② 명백하고 현존하는 위험의 원칙

의의	표현의 자유제한은 그 표현으로 인하여 야기될지 모르는 명백하고 현존하는 위험이 있는 경우에만 이루어져야 한다는 원칙
관련사건	1919년 미국의 Schenck vs. U.S 사건
판결권자	미국의 Holmes판사
명백의 의미	표현과 해악에 있어서의 직접적인 인과관계
현존의 의미	언론과 위험 사이의 시간적 근접성을 의미
위험의 의미	공익에 대한 해악의 발생 개연성과 필연성을 의미

③ 명확성의 원칙(=막연하게 제한하는 것은 무효이다라는 이론) : 언론·출판의 자유를 막연하게 제한하면 무효가 된다는 이론
④ 법익교량의 원칙 : 언론·출판의 자유를 제한하는 경우에는 법의 이익보다 더 많은 공공의 이익을 위해서 필요한 경우에 이루어져야 한다는 원칙
⑤ 비례의 원칙 : 언론·출판의 자유 제한은 필요한 최소한의 범위 내에서 이루어져야 한다는 원칙
⑥ 2중적 기준이론 : 언론·출판의 자유는 정신적 기본권으로서 경제적 기본권보다 우선적인 보호가치가 필요하므로 제한하는 경우에는 경제적 기본권보다 우선적인 보호가치를 부여해야 한다는 이론
⑦ 합헌성 추정배제의 원칙 : 언론·출판의 자유를 제한하면 일단은 헌법위반으로 본다는 원칙

(8) 언론·출판의 자유와 관련된 헌법재판소의 판례

사건명	판례요지	판결일자	사건번호
정기간행물의 납본제도	정기간행물을 발행하는 경우에 간행물 2부를 공보처장관에게 납본을 규정한 정기간행물법 제10조는 사전검열이 아님.	1992. 6. 26	90헌바26
교과서 검인정제도	교과서의 검인제는 연구결과의 출판 자체를 금지하는 것이 아니므로 검열로 볼 수 없으며 위헌이 아님.	1992. 11. 11	89헌마88

(9) 헌법상 금지되는 검열의 개념 요소(헌재)
   ① 허가를 받기 위한 표현물의 제출 의무
   ② 행정권이 주체가 된 사전심사절차
     > **주의** 국가기관이 주체 ×, 따라서 사법권에 의한 사전제한은 검열에 해당 안됨.
   ③ 허가를 받지 아니한 의사표현의 금지
     > **주의** 금지가능성과 결부되지 않은 신고의무 및 제출의무는 검열에 해당 안됨.
   ④ 심사를 관철할 수 있는 강제수단

(10) 관련 헌법재판소 판례

   건강기능식품에 관한 법률 18조①항 위헌제청(헌재 2018.6.28., 2016헌가8)

   건강기능식품의 기능성 광고시 사전심의는 사전검열에 해당하므로 헌법에 위배된다.

   정보통신망이용촉진 및 정보보호에 관한 법률(헌재 2009.5.28, 2006헌바109)

   ① 음란표현도 언론출판자유의 보호영역에 해당하되, 다만 헌법 제37조 제2항에 의해서 제한가능하다.
   ② 저속은 이러한 정도에 이르지 않는 성표현 등을 의미하는 것으로 헌법적인 보호 영역 안에 있음.

   영화진흥법 제21조 제4항 위헌제청(헌재 2001.8.30, 2000헌가9)

   영화진흥법 제21조 제4항이 규정하고 있는 영상물등급위원회에 의한 등급분류보류제도는, 영상물등급위원회가 영화의 상영에 앞서 영화를 제출받아 그 심의 및 상영등급 분류를 하되, 등급분류를 받지 아니한 영화는 상영이 금지되고 만약 등급분류를 받지 않은 채 영화를 상영한 경우 과태료, 상영금지명령에 이어 형벌까지 부과할 수 있도록 하며, 등급분류보류의 횟수제한이 없어 실질적으로 영상물등급위원회의 허가를 받지 않은 한 영화를 통한 의사표현이 무한정 금지될 수 있으므로 검열에 해당

> 음반·비디오물및게임물에관한법률 제35조(헌재 2006.10.26, 2005헌가14)

외국음반 국내제작 추천제도는 외국음반의 국내제작이라는 의사표현행위 이전에 그 표현물을 행정기관의 성격을 가진 영상물등급위원회에 제출토록 하여 당해 표현행위의 허용여부가 행정기관의 결정에 좌우되도록 하고 있으므로 우리 헌법 제21조 제2항이 절대적으로 금지하고 있는 사전검열에 해당하는 것으로서 위헌

> 신문법·언론중재법 사건(헌재 2006.6.29, 2005헌마165·2005헌마314·2005헌마555·2005헌마807·2006헌가3)

① **신문법 제15조 제2항·제3항에 대한 판단**

㉠ 신문법 제15조 제2항
규제 대상을 일간신문으로 한정하고 있고, 겸영에 해당하지 않는 행위, 즉 하나의 일간신문법인이 복수의 일간신문을 발행하는 것 등은 허용되며, 종합편성이나 보도전문편성이 아니어서 신문의 기능과 중복될 염려가 없는 방송채널사용사업이나 종합유선방송사업, 위성방송사업 등을 겸영하는 것도 가능하므로 신문법 제15조 제2항은 헌법에 위반되지 아니함.

㉡ 신문법 제15조 제3항
일간신문법인의 주식 또는 지분의 2분의 1 이상을 소유하는 자가 뉴스통신 법인의 주식 또는 지분의 2분의 1 이상을 취득 또는 소유하지 못하도록 함으로써 이종 미디어간의 결합을 규제하는 부분은, 언론의 다양성을 보장하기 위한 필요한 한도 내의 제한이라고 할 것이어서, 신문의 자유를 침해한다고 할 수 없음.

② **신문법 제16조 제1항, 제2항, 제3항에 대한 판단**
신문법 제16조에서 신고·공개하도록 규정하고 있는 이 조항들이 신문의 자유를 지나치게 침해한다거나, 일반 사기업에 비하여 평등원칙에 반하는 차별을 가하는 위헌규정이라 할 수 없음.

③ **신문법 제17조에 대한 판단**
신문사업자를 일반사업자에 비하여 더 쉽게 시장지배적사업자로 추정되도록 하고 있는 점 등이 모두 불합리하므로 신문법 제17조는 신문사업자의 평등권과 신문의 자유를 침해하여 헌법에 위반됨.

④ **신문법 제34조 제2항 제2호에 대한 판단**
발행부수가 많은 신문사업자를 시장지배적사업자제도를 이용하여 규제하려고 한다면 먼저 그 지배력의 남용 유무를 조사하여 그 남용이 인정될 때에만

기금 지원의 배제라는 추가적 제재를 가하는 것이 시장지배적사업자제도의 취지에 맞으므로 이 조항은 합리적인 이유 없이 발행부수가 많은 신문사업자를 차별하는 것이므로 평등원칙에 위배

⑤ **언론중재법 제6조 제1항, 제4항, 제5항에 대한 판단**
고충처리인제도는 언론피해의 예방, 피해발생시의 신속한 구제 및 분쟁해결에 있어서 적은 비용으로 큰 효과를 나타낼 수 있으므로 언론중재법 제6조 제1항, 제4항, 제5항은 헌법에 위반되지 아니함.

⑥ **언론중재법 제14조 제2항, 제31조 후문에 대한 판단**
언론중재법 제14조 제2항이 신문의 자유를 침해하는 것이라고 볼 수 없으며, 언론중재법 제31조 후문은 그 위치에도 불구하고 제14조 제2항과 동일한 내용을 명예훼손에 관하여 재확인하는 규정으로 보아야 할 것이므로 역시 헌법에 위반되지 않음.

⑦ **언론중재법 제26조 제6항 본문 전단 중 '정정보도청구' 부분에 대한 판단**
정정보도청구를 가처분절차에 따라 소명만으로 인용할 수 있게 하는 것은 나아가 언론의 자유를 매우 위축시키고 중요한 사회적 관심사에 대한 신속한 보도를 자제하는 결과를 초래하고 그로 인한 피해는 민주주의의 기초인 자유언론의 공적 기능이 저하되므로 이와 같이 피해자의 보호만을 우선하여 언론의 자유를 합리적인 이유 없이 지나치게 제한하는 것은 위헌

⑧ **언론중재법 부칙 제2조에 대한 판단**
언론중재법 부칙 제2조 본문은 언론중재법의 시행 전에 행하여진 언론보도에 대하여도 동법을 적용하도록 규정하고 있고, 이러한 진정소급입법은 헌법적으로 허용되지 않는 것이 원칙이고 이를 예외적으로 허용할 특단의 사정도 이 부칙조항에 대해 인정되지 않으므로 헌법에 위반

영화·비디오 판례 정리

공연윤리위원회사전심의(준국가기관)	등급제실시	등급심사분류보류(3月)	성인전용극장학교정화구역 내 (200M) 설치제한	제한상영등급제
위헌	합헌	위헌	• 대학 : 위헌 • 초, 중, 고 : 헌법불합치	위헌

> **군형법 제64조 제2항 위헌소원(헌재 2016.2.25, 2013헌바111) : 합헌**
>
> 군인의 대통령에 대한 모욕행위를 상관모욕죄로 처벌하는 군형법 제64조 제2항의 상관 중 "명령복종 관계에서 명령권을 가진 사람"에 관한 부분은 명확성원칙에 위배되지 않으며, 군인의 표현의 자유를 침해하지 않는다.

❷ 집회의 자유

(1) 의의

다수인의 사람들이 공동의 목적을 가지고 특정한 장소에 모이는 행위를 의미하며 옥내든 옥외든 불문. 집회와 시위를 비교해 보면 시위는 공동의 목적을 가지고 도로, 광장, 공원 등의 장소를 행진하거나 위력을 보이는 행위를 말함(시위는 다수의 견해에 의할 때 이동 중인 집회로 봄).

(2) 집회와 결사자유의 입법례

헌법의 같은 조항에 규정한 국가	헌법의 다른 조항에 규정한 국가
미국, 일본, 우리나라	독일, 이탈리아

(3) 집회자유의 성격

① 초실정법적 권리
② 정치적 자유권
③ 객관적 가치
④ 객관적 질서성 및 주관적 방어권으로서의 성격을 가짐.

(4) 집회자유의 기능

① 소수보호기능
② 인격완성과 개성신장의 확대기능
③ 의회기능이 약화된 경우에 직접민주주의의 수단으로서의 기능
④ 민주주의의 구현기능

(5) 집회 및 시위의 실행

① 비폭력·비무장·평화적 집회여야 함.

🔍 기준-물리적 폭력설(다수설)

② 집회의 신고

　㉠ 옥외 집회 및 시위가 대상

　㉡ 옥외 집회는 720시간 전~48시간 전에 관할 경찰서장에게 신고하여야 함.

　㉢ 집회와 시위(100m 제한)

> ✅ **CHECK POINT**
> - 법원: 위헌
> - 외국대사관: 위헌(예외없는 금지는 위헌)
> - 국회의사당: 위헌
> - 국무총리공관: 위헌
> - 대통령공관: 위헌
> - 집회·시위를 위한 인천애뜰 잔디마당의 사용허가를 예외 없이 제한 : 위헌

(6) 집회자유의 내용

집회개최의 자유	① 집회 개최 시에는 옥외집회인 경우에는 주최자는 48시간 전에 관할 경찰서장에게 신고서를 제출하여야 함. ② 누구든지 일출시간 전, 일몰시간 후에는 옥외집회 또는 시위를 하여서는 아니됨. 집회의 성격상 부득이하여 주최자가 질서유지인을 두고 미리 신고하는 경우에는 관할 경찰서장은 질서유지를 위한 조건을 붙여 예외적으로 인정할 수 있음[일출시간 전 일몰시간 후 집회제한(헌재 : 헌법불합치 2009.9.24, 2008헌가25)].
집회진행의 자유	집회나 시위 시에는 폭행, 협박, 손괴, 방화 등으로 질서를 문란케 하는 행위나 총포, 폭발물, 도검 등을 휴대 또는 사용하게 하는 행위는 금지
집회참가의 자유	집회 또는 시위의 주최자 및 질서유지인은 특정인이나 특정단체가 집회 또는 시위에 참가하는 것을 배제할 수 있다. 다만, 언론기관의 기자는 그 출입이 보장되어야 함.
집회에 참가하지 아니할 자유	자기의 사상이나 신념에 반하는 집회에 참가하지 아니할 자유를 보장

(7) 집회자유의 제한과 한계

헌법 제37조 제2항에 의해서 최소한의 범위 내에서 제한할 수 있음.

　예) 헌법재판소의 결정에 의해서 해산된 정당의 목적을 달성하기 위한 집회, 시위나 사회안녕질서를 직접 위해할 우려가 있는 집회

(8) 집회 vs. 결사

집회	결사
• 일시적 • 3인 이상(∴ 1인 시위 – 집회의 자유라기보다는 표현의 자유로서 보호되어야) • 제도적 보장 ×	• 계속적(사실상 지속함을 요하는 것이 아닌 지속시킬 의도로 결합한 것을 의미) • 2인 이상 • 제도적 보장 ○

(9) 관련 헌법재판소 판례

> **채증활동규칙(헌재 2018.8.30, 2014헌마843)**
>
> 경찰이 신고를 벗어난 동안에만 집회참가자들을 촬영한 행위는 집회자유침해가 아니다.

❸ 결사의 자유

(1) 의의

① 다수인이 동일한 목적을 위하여 단체를 자발적·계속적으로 형성하는 것을 의미

② 헌법 제21조에 규정된 결사의 자유는 일반결사이며 특수결사인 종교단체, 학술, 예술, 노동조합, 정당 등은 포함되지 않음.

③ 법률이 특별한 공공목적에 의하여 구성원의 자격을 정하고 있는 특수단체의 조직활동은 헌법 제12조의 결사의 자유에서 보호되지 않음.

(2) 결사자유의 내용

적극적 결사의 자유	소극적 결사의 자유
① 단체결성의 자유 ② 단체존속의 자유 ③ 단체활동의 자유 ④ 단체의 가입, 잔류, 탈퇴의 자유	단체에 가입하지 아니할 자유를 의미. 공법상의 결사인 변호사회, 의사회, 상공회의소 등은 직업의 전문성, 공익성 때문에 공법상 가입이 강제

> 참고 결사의 자유 주체여부

주체 O	주체 X
• 약사법인 • 상공회의소 • 축협중앙회	• 공법인 • 주택조합 • 농지개량조합

(3) 결사자유의 제한과 한계

① 상대적인 자유권으로서 헌법 제37조 제2항에 의해서 제한할 수 있음.
   예) 헌법 적대적이거나 자유민주적 기본질서에 위배되는 결사의 제한
② 사회단체결성 시 그 조직이나 활동은 신고하지 않음.
③ 1997년 3월 7일 사회단체신고에관한법률은 사회단체활동의 자율성을 신장하기 위해 폐지

> 참고 결사의 자유 제한시의 한계

허가제	등록제	신고제
불인정	인정	인정

(4) 관련 헌법재판소 판례

> **구주택건설촉진법 제3조 제9호 위헌확인(헌재 1994.2.24, 92헌바43 – 합헌)**
>
> 주택건설촉진법상의 주택조합은 주택이 없는 국민의 주거생활의 안정을 도모하고 모든 국민의 주거수준의 향상을 기한다는(동법 제1조) 공공목적을 위하여 법이 구성원의 자격을 제한적으로 정해 놓은 특수조합이어서 이는 헌법상 결사의 자유가 뜻하는 헌법상 보호법익이 되는 단체가 아님. 따라서 위 법률조항은 유주택자의 결사의 자유를 침해하는 것이 아님.

농업협동조합법 위헌확인(헌재 2000.6.1, 99헌마553-기각)

기존의 축협중앙회를 해산하여 신설되는 농협중앙회에 합병토록 하고 신설 농협중앙회가 기존 축협중앙회의 자산·조직 및 직원을 승계하도록 규정한 위 조항들은 일선 조합의 부실, 조직의 비대화, 신용사업의 경쟁력상실 등 축협중앙회의 어려운 상황을 극복하기 위한 효과적이고도 불가피한 선택으로, 위 법률에서 축산부분의 자율성도 배려하고 있는 점 등을 고려하면, 그것이 비록 청구인들의 결사의 자유, 직업의 자유, 재산권 등 기본권을 제한한다고 하더라도, 그 정도가 과도하여 기본권제한의 목적·수단 간의 비례성을 현저히 상실하였다고 보기 어렵고, 그 입법목적 및 통합이 지니는 고도의 공익성 등에 비추어 입법재량권의 범위를 현저히 일탈한 것이라고 할 수 없음.

변리사의 변리사회 가입의무 규정(헌재 2017.12.28, 2015헌마1000-기각)

변리사의 대한변리사회 의무가입규정은 소극적 결사의 자유 및 직업수행의 자유를 침해하지 않는다.

관련 판례정리

- 축협중앙회를 해산, 농협중앙회로 통합하도록 한 규정 → 합헌
- 주택조합의 조합원의 자격을 무주택자로 한정하는 것 → 합헌
- 동일업종의 한 지역 내 2개 이상의 조합설립을 금지한 축협법 → 위헌(지역별 축협은 사법인이다.)
- 설립목적이 유사한 다른 사회단체가 이미 등록되었다는 이유로 행정관청이 등록접수거부 → 위헌
- 광역시내 군에 상공회의소를 설치할 수 없도록 한 것 → 합헌(상공회의소는 사법인이다)

제22조 | 학문 · 예술의 자유, 저작권

① 모든 국민은 학문과 예술의 자유를 가진다.
② 저작자 · 발명가 · 과학기술자와 예술가의 권리는 법률로써 보호한다.

❶ 학문의 자유

(1) 연혁

최초의 규정	한국	학문의 자유를 제기한 사상가
1849년 독일의 프랑크푸르트 헌법에서 학문의 자유를 최초로 규정	1948년 제헌헌법에서 규정	17세기 영국의 베이컨과 밀튼이 학문의 자유를 제기하여 오늘날 대부분의 국가에서 헌법에 보장

(2) 의의
① 학문이란 자연에 대한 법칙이나 진리를 탐구하는 인간의 일제의 활동을 의미하는 것
② 학문의 자유는 다원성, 개방성, 독자성, 자율성을 수반하는 정신적 기본권
③ 학문의 자유는 진리를 탐구하는 자유를 의미하며 탐구한 결과에 대한 발표의 자유 내지 가르치는 자유를 포함

(3) 학문자유의 주체
① 국민과 외국인을 포함한 자연인 및 대학
② 연구목적의 조직도 그 주체가 될 수 있음.

(4) 학문자유의 내용

학문연구의 자유	• 진리를 탐구하는 행위로서 학문적 연구주제 등과 관련하여 국가공권력에 의한 부당한 간섭을 받지 아니하는 것을 의미 • 헌법 제37조 제2항에 의해서도 제한할 수 없는 절대적 기본권
강학(=교수)의 자유	• 피교육자를 대상으로 자유롭게 강의를 할 수 있는 자유를 의미, 그 주체는 대학이나 고등교육기관에 있는 교육담당자. 초 · 중 · 고 교사나 일반 국민에게는 불인정 • 대학의 강당에서 발표하는 것이나 학설의 자유까지 포함.

학문연구결과 발표의 자유	• 연구결과를 외부에 발표하는 것으로 특정 집회에서 발표하거나 논문 등을 통해서 발표하는 자유를 의미 • 상대적 기본권으로서 필요한 범위 내에서 제한 가능
학문적 집회·결사의 자유	• 학문적 집회의 자유란 학문적인 모임을 자유롭게 가질 수 있는 자유임에 비하여 학문적 결사의 자유는 학문적인 단체를 구성할 수 있는 자유를 의미 • 학문적 집회·결사의 자유는 일반적인 집회·결사의 자유보다 특별한 보호를 받음.
대학의 자유	교수회가 대학의 제반운영에 대한 결정, 집행을 향유하는 교수회자치를 의미하나 학문적인 범위 내에서 학생회자치를 인정해야 한다는 견해가 있음.

(5) 학문자유의 제한과 한계

① 학문연구의 자유는 절대적 기본권으로서 헌법 제37조 제2항에 의해서도 제한할 수 없음.

② 강학의 자유, 학문연구발표의 자유, 학문적 집회·결사의 자유, 대학자치의 자유는 제한 가능(단, 본질적인 내용을 침해할 수 없음)

학문의 자유판례

- 세무대학 폐지법률에 의해 세무대학을 폐교한다고 해서 세무대학의 자율성이 침해되는 것이 아니다.
- 대학교원 기간임용제(그 자체 → 합헌, 탈락시 구제방법을 미규정 → 헌법불합치)
- 국립대학교 총장을 간선제로 한 것은 대학의 자율성을 침해하는 것은 아니다. → 교수, 교수회도 국립대학총장 후보자선정참여권리 O
- 사립학교 총장 선임권은 학교법인에게 부여되어 있는 것(재단법원의 권리) → 교수, 교수회는 후보자선정참여권리 ×
- 일본어를 제2외국어 선택과목에서 제외한 1994년도 서울대학교 입시요강은 공권력행사이다.
- 서울대학교는 공권력행사자의 지위이면서 기본권행사의 주체이다.
- 교사의 수업권을 내세워 학생의 수학권을 침해할 수 없다.

❷ 예술의 자유

(1) 의의

① 1919년 독일의 바이마르공화국 헌법에서 최초로 규정된 자유권으로 주관적 공권인 동시에 문화국가의 정신을 구현하는 문화적 기본권

② 예술이란 미를 추구하는 인간의 창조적인 행위를 의미하며 예술은 자기목적적이어야 하므로 상업적 목적인 상업광고물은 예술의 자유에 해당하지 아니함.

(2) 성격

예술의 자유는 자연인만이 그 주체가 될 수 있는 기본권으로서 그 성격은 문화적 기본권, 주관적 공권, 객관적 가치질서 등을 들 수 있음.

(3) 예술자유의 성격과 주체

① 문화적인 기본권, 주관적 공권, 객관적 가치질서 등의 성격을 가짐.
② 자연인만이 그 주체가 될 수 있는 기본권
③ 미술관·박물관과 같은 단체는 예술의 자유의 주체가 될 수 없음.

(4) 예술자유의 내용

예술창작의 자유	예술적 표현의 자유	예술적 집회·결사의 자유
예술과 관련되는 소재 등을 자유롭게 선택할 수 있는 자유. 예술의 자유 중에서 가장 기본적이고 핵심적인 자유권	예술가가 예술작품을 외부에 표현하는 자유를 의미, 예술품을 전시장에서 전시하거나 공연장 등의 공간에서 공연하는 것	헌법 제21조에 규정된 집회·결사의 자유보다도 특별한 보호를 받음.

주의 예술 비평의 자유-예술의 자유 × ⇨ 일반적 표현의 자유

(5) 예술자유의 제한과 한계

① 헌법 제37조 제2항에 의해서 제한할 수 있으나 예술창작의 자유는 절대적 기본권으로서 국가안보, 질서유지, 공공복리를 위해서도 제한할 수 없음.
② 예술경향에 대한 국가의 간섭은 예술의 자유에 대한 본질적인 내용을 침해하는 것으로 국가권력에 의해서도 예술의 경향을 간섭하는 것은 금지

| 제23조 | 재산권의 보장

① 모든 국민의 재산권은 보장된다. 그 내용과 한계는 법률로 정한다.
② 재산권의 행사는 공공복리에 적합하도록 하여야 한다.
③ 공공필요에 의한 재산권의 수용·사용 또는 제한 및 그에 대한 보상은 법률로써 하되, 정당한 보상을 지급하여야 한다.

❶ 개설

① 헌법 제23조에 규정된 재산권은 경제적 가치가 있는 공·사법상의 권리를 의미하고 그 재산의 많고 적음을 불문
② 구체적인 권리가 아닌 단순한 이익이나 재화의 획득에 관한 기회는 재산권보장의 대상이 아님.
③ 현대 국가에서는 사회구조의 급속한 변화에 따라 재산권의 범위도 확대되어 가는 추세를 보임.

재산권에 해당하는 것	재산권으로 보장받지 못하는 것
• 환매권 • 관행어업권 • 퇴역연금수급권 • 원호보상급여청구권 • 손실보상청구권 • 의료보험상의 수급권 • 건설업영업권 • 국민연금반환 일시금 • 채권 • 군법무관의 보수청구권	• 기대이익과 법의 반사적 이익 • 약사의 한약조제권 • 의료보험조합의 적립금 • 사실적·경제적 기회에 불과한 것 • 강제집행권, 국가가 보유하는 통치권의 한 작용으로 민사사법권에 속하는 것 • 폐기물재생처리업자의 영업권 • 농지개량조합의 재산 • 교원이 재직하면서 재화를 획득할 수 있는 기회 • 시설투자가 일정한 이윤을 가져오리라는 예상 • 전공상을 입은 군경이 상이군경으로 확인 받기 전의 보상금 수급권 • 의료급여청구권 • 일방적으로 국가가 주는 급부 • 학교공제안전기금

❷ 연혁

1776년 미국의 버지니아 권리장전	1789년 프랑스 인권선언	1919년 독일의 바이마르헌법
「모든 국민은 생래적 불가침권의 재산권을 소유한다.」라는 재산권 보장규정을 명시하고 있음.	소유권은 불가침의 신성한 권리로서 그 누구로부터도 침해받지 아니한다는 소유권 절대주의 원리를 선언	「재산권의 행사는 공공복리에 적합하게 행사하여야 한다.」라고 규정하여 재산권 행사의 공공복리의무를 최초로 명문화

❸ 재산권 보장에 대한 헌법 규정

조문	내용
헌법 제13조 제2항	모든 국민은 소급입법에 의하여 참정권의 제한을 받거나 재산권을 박탈당하지 아니한다.
헌법 제22조 제2항	발명가, 저작자, 과학기술자와 예술가의 권리는 법률로써 보호된다.
헌법 제23조 제1·2·3항	① 모든 국민의 재산권은 보장된다. 그 내용과 한계는 법률로 정한다. ② 재산권의 행사는 공공복리에 적합하도록 하여야 한다. ③ 공공필요에 의한 재산권의 수용·사용 또는 제한 및 그에 대한 보상은 법률로써 하되, 정당한 보상을 지급하여야 한다.

❹ 재산권 보장의 법적인 성격

① 자유권설, 제도보장설, 권리제도 동시보장설이 대립하고 있으나 권리와 제도를 함께 보장한다는 권리제도 동시보장설이 다수적 견해

② 헌법재판소는 재산권의 보장은 개인의 기본권 보장과 사유재산제도를 보장한다는 2중적인 의미를 내재하고 있다고 1993년 7월 29일에 판시한 바 있음(92헌바20).

❺ 재산권 보장의 주체

① 재산권이란 공사법상의 경제적 가치가 있는 모든 권리를 의미하며 그 재산 가액의 많고 적음을 불문

② 재산권의 주체는 국민, 법인, 행정주체이며 외국인은 국제조약과 국제법이 정하는 바에 따라서 인정하나 내국인에 비하여 특정재산권의 주체는 제한된 범위 내에서 인정

> **참고** 의료보험관련 논점

수급권	적립금	교도소에 수감된 자 의료보험 대상 제외	일정기간 연체자에 대한 의료보험 대상 제외
재산권보장 ○	재산권보장 ×	합헌	합헌

❻ 재산권 보장의 내용

사유재산권의 보장	구체적 재산권의 보장	소급입법에 의한 재산권박탈금지	무체재산권의 보장
개인의 사유재산을 국가공권력에 의해서 국유화하거나 공유화하는 것을 금지한다는 것을 의미	재산권을 사용, 수익, 처분할 수 있는 권리를 보장하는 것	헌법 제13조 제2항의규정에 따라 모든 국민은 소급입법에 의하여 재산권을 박탈당하지 아니할 권리를 가짐.	상표권, 의장권, 특허권, 저작권 등과 같은 재산적 가치가 있는 것을 의미, 당연히 보장해야 하는 재산권

❼ 재산권의 사회적 구속성

(1) 재산권의 사회적 구속성의 의의

재산권의 주체에 대하여 일정한 보상 없이 특정한 범위 내에서 적절한 제한조치를 할 수 있다는 것을 의미 ⓔ 광견병에 걸린 개를 공권력에 의해서 보상 없이 살해하거나 유해음식물을 폐기처분하는 것

(2) 헌법재판소의 재산권의 사회적 구속성에 대한 견해

재산권의 사회적 구속성은 헌법상의 의무로서 입법형성권의 행사에 의해서 현실적인 의무로 본다는 견해를 제시한 바 있음.

> **참고** 개발제한구역 내

양도 제한	사용 제한	개발제한구역 자체	보상없이 제한	보상금 청구	신규지정
위헌	합헌	합헌	위헌	불인정	금지

⑧ 재산권의 제한과 한계

(1) 재산권의 제한
① 공공필요에 의한 재산권의 수용, 사용 또는 제한 및 그에 대한 보상은 법률로써 하되 정당한 보상을 지급하여야 함.
② 재산권의 제한은 형식적 의미의 법률과 긴급명령, 긴급재정·경제처분에 의해서 제한할 수 있음.

(2) 재산권 제한의 한계
① 재산권을 제한하는 경우에는 본질적인 내용을 침해할 수 없음.
② 공공필요에 의해서 재산권을 제한하는 경우에는 비례원칙에 충실해야 함.

(3) 재산권 제한에 대한 헌법재판소의 판례
다수인이 이용하는 PC방과 같은 공중이용시설 전체를 금연구역으로 지정하고 이를 위반할 경우 과태료를 부과하며, 공포일로부터 2년이 경과한 날부터 시행하도록 한 것은 직업수행의 자유 및 재산권을 침해하지 않는다(헌재 2013.6.27, 2011헌마315).

(4) 공공복리를 위하여 재산권을 제한한 사례
① 전세권자를 보호하기 위하여 가택소유자의 계약자유를 제한하는 것
② 도시 계획을 이유로 건축을 제한하는 것
③ 지하철 공사를 이유로 영업장소의 통행을 제한하는 것

⑨ 토지공개념과 관련된 헌법재판소의 판례

사건명	주요쟁점	결정이유 요지	판결일자	사건번호	비고
국토이용관리법 제21조의3 제1항	토지거래허가제 규정의 위헌유무	토지거래허가제는 공공복리적 합성 의무와 토지의 투기적 거래실태 종합판단, 토지주택문제의 심각성을 해소하기 위한 것으로 비례원칙, 과잉금지원칙에 위배되지 않음.	1989.12.22	88헌가13	합헌 결정
국토이용관리법 제31조의2	국토이용관리법 상의 토지거래허가제 벌칙규정의 위헌유무	국토이용관리법의 벌금형과 선택적으로 징역형을 정한 것은 입법재량의 문제로서 과잉금지원칙에 위배되지 않음.	1989.12.22	88헌가13	위헌 불선언 결정

재산권 관련판례

- 근로자 퇴직금 채권 전액을 저당권에 의하여 담보된 채권 등보다 우선 변제하도록 한 것 – 재산권 침해
- 상속인이 상속개시 있음을 안 날로부터 3월 이내 한정승인이나 상속포기를 하지 아니한 경우 단순승인을 한 것으로 보는 것 – 재산권 침해
- 타소장치허가를 받은 자도 신고를 하지 아니하고 물품을 수입할 경우 그 물품의 필요적 몰수, 추징을 규정한 것 – 재산권 침해
- 국세를 전세권, 질권 또는 저당권에 의하여 담보된 채권보다 1년 우선시키는 법 – 재산권 침해
- 경과실 실화자, 손해배상책임 면제 – 구 판례는 재산권침해 ×, 최근 판례는 건물주의 재산권 침해로 보아 실화자의 전면손해배상책임면제는 위헌
- 범죄행위로 인한 사고시 보험급여를 지급하지 아니하도록 한 것
  - 고의·중과실 범죄 보험급여지급정지 – 합헌
  - 경과실 범죄 보험급여지급정지 – 위헌
- 성매매 건물을 제공하는 행위금지 – 재산권 침해 ×
- 국민연금 강제 징수 – 재산권 침해 ×
- 공탁금 이자 1% – 재산권 침해 ×
- 환매권 행사기간을 취득일로부터 10년(위헌), 불필요한 때로부터 1년 이내로 제한한 것 – 재산권 침해 ×
- 국가양로시설에 입소한 국가유공자에 대한 부가연금을 지급정지하도록 한 것 – 재산권 침해 ×
- 국민연금을 공공자금관리기금에 강제 편입 – 재산권 침해 ×

⑩ 관련 헌법재판소 판례

국토이용관리법 제21조의3 제1항, 제31조의2의 위헌심판(헌재 1989.12.22, 88헌가13 – 합헌·위헌)

국토이용관리법 제21조의3 제1항의 토지거래허가제는 사유재산제도의 부정이 아니라 그 제한의 한 형태이고 토지의 투기적 거래의 억제를 위하여 그 처분을 제한함은 부득이한 것이므로 재산권의 본질적인 침해가 아니고 헌법상의 경제조항에도 위배되지 아니하고 현재의 상황에서 이러한 제한수단의 선택이 헌법상의 비례의 원칙이나 과잉금지의 원칙에 위배된다고 할 수도 없음.

도시계획법 제21조에 대한 위헌소원(헌재 1998.12.24, 89헌마214 · 90헌마16 · 97헌바78 병합)

① 개발제한구역 지정으로 인하여 토지를 종래의 목적으로도 사용할 수 없거나 또는 더 이상 법적으로 허용된 토지이용의 방법이 없기 때문에 실질적으로 토지의 사용 · 수익의 길이 없는 경우에는 토지소유자가 수인해야 하는 사회적 제약의 한계를 넘는 것으로 보아야 함.
② 입법자는 되도록 빠른 시일내에 보상입법을 하여 위헌적 상태를 제거할 의무가 있고, 행정청은 보상입법이 마련되기 전에는 새로 개발제한구역을 지정하여서는 아니되며, 토지소유자는 보상입법을 기다려 그에 따른 권리행사를 할 수 있을 뿐 개발제한구역의 지정이나 그에 따른 토지재산권의 제한 그 자체의 효력을 다투거나 위 조항에 위반하여 행한 자신들의 행위의 정당성을 주장할 수는 없음.

민법 제245조 제2항 등 위헌소원(헌재 2016.2.25, 2015헌바257) : 합헌, 각하

부동산의 소유자로 등기한 자가 10년간 소유의 의사로 평온, 공연하게 선의이며 과실 없이 그 부동산을 점유한 때에는 소유권을 취득하도록 한 민법상 등기부취득시효 규정은 재산권을 침해하지 않는다.

개발제한구역의 지정 및 관리에 관한 특별조치법 제22조(헌재 2007.5.31, 2005헌바47)

개발제한구역 내에서 토지형질변경을 수반하는 건축물의 건축 등 행위허가를 받은 사람에 대하여 개발제한구역 훼손부담금을 부과하는 것은 재산권을 침해하는 것은 아님.

유료도로법 제18조 위헌소원(헌재 2014.7.24, 2012헌바104) : 합헌

전국 고속국도를 하나의 도로로 간주하여 통행료를 부과하도록 한 구 유료도로법조항 중 '고속국도'에 관한 부분은 명확성 원칙에 위배되지 않는다.

민법 제1003조 제1항 위헌 소원(헌재 2024.3.28, 2020헌바494) : 합헌

사실혼 배우자에게는 상속권과 재산 분할 청구권도 행사할 수 없다.

| 제24조 | 선거권

> 모든 국민은 법률이 정하는 바에 의하여 선거권을 가진다.

❶ 의의

① 헌법 제24조의 규정에 의해서 모든 국민은 법률이 정하는 바에 의하여 선거권을 가짐.
② 여기에서의 선거권이란 국민이 주권의 행사기관의 지위에서 국민들의 대표자를 선출할 수 있는 권리를 의미
③ 선거권은 일정한 연령에 도달하면 인정되는 권리. 참정권은 모든 국민이 국가 정책에 참여할 수 있는 권리

❷ 선거권이 없는 자(공직선거법)

(1) 금치산 선고를 받은 자(피성년후견인)
(2) 금고 이상의 형의 선고를 받고 집행이 종료되지 아니하거나 그 집행을 받지 아니하거나 그 집행을 받지 아니하기로 확정되지 아니한 자(헌법불합치 위헌)
(3) 선거범으로서 100만원 이상의 벌금형을 선고받고 그 형이 확정된 후 5년 또는 형의 집행유예의 선고를 받고 형이 확정된 후 10년을 경과하지 아니하거나 징역형의 선고를 받고 그 집행을 받지 아니하기로 확정한 후 또는 그 형의 집행이 종료되거나 면제된 후 10년을 경과하지 아니한 자(형이 실효된 자도 포함)

🔎 한정치산자(피한정후견인) : 선거권과 국민투표권 인정

❸ 선거연령

(1) 만 18세 이상의 선거연령은 법률에 유보되어 있으므로 헌법 개정 없이 선거연령을 인하할 수 있음(선거연령 법률주의).
(2) 선거운동 연령: 만 18세 이상 (2020.1.14)
(3) **선거연령** : 헌법주의(건국헌법부터 제5공화국까지)
(4) 북한의 선거연령은 만 17세 이상
(5) **사전 투표시간** : 오전 6시~오후 6시로 개정

📖 **참고** 우리나라 선거구

구분	대통령	국회의원	지자체장	지방의회의원
선거권자	18세 이상	18세 이상	18세 이상	18세 이상
피선거권자	선거일 현재 40세 이상(헌법)	18세 이상(법률)	18세 이상(법률) 선거일 현재 계속하여 60일 이상 주민등록	18세 이상(법률) 선거일 현재 계속하여 60일 이상 주민등록
기탁금	5억원(2008 헌법불합치)-3억원으로 개정	1,500만원 비례대표 후보자는 500만원 (2020.3.25.개정)	광역 : 5,000만 기초 : 1,000만	광역 : 300만 기초 : 200만
선거일	임기만료 전 70일 이후 첫 번째 수요일	임기만료 전 50일 이후 첫 번째 수요일	임기만료 전 30일 이후 첫 번째 수요일	임기만료 전 30일 이후 첫 번째 수요일
선거기간	23일	14일	14일	14일
재보궐 선거기간	60일 이내 후임자 선거(06~20시)	법정화 (06~20시)	법정화 (06~20시)	법정화 (06~20시)
단독 출마시	선거권자 총수의 3분의 1 이상 득표	무투표 당선	무투표 당선	무투표 당선
최고득표자 2인 이상 일 경우	의회재적 과반수 출석에 다수표 득표자 당선	연장자	연장자	연장자

④ 관련 헌법재판소 판례

공직선거법 제79조 제1항에 대한 위헌확인(헌재 2013.10.24, 2012헌마311) : 합헌

비례대표국회의원후보자의 연설·대담을 허용하지 아니하는 것은 선거운동의 자유침해가 아니다.
🔍 감염병격리자 선거권행사 보장(2022.2.16.) → 오후 6시에 열고 오후 7시 30분까지 선거시간 인정

공직선거법 제18조 제1항 제3호 : 각하(헌재 2024.3.28, 2020헌마640)

공직선거법상 징역형의 판결이 확정된 사람은 그 판결이 확정된 때부터 심판대상 조항에 의하여 선거원이 인정되지 아니한다.

대통령선거법 제65조 위헌확인(헌재 1995.7.21, 92헌마177·199 병합)

대통령선거의 중요성에 비추어 선거의 공정을 위하여 선거일을 앞두고 어느 정도의 기간 동안 선거에 관한 여론조사결과의 공표를 금지하는 것 자체는 그 금지기간이 지나치게 길지 않는 한 위헌이라고 할 수 없음.

공직선거법 제18조 제1항 제2호 위헌확인(헌재 2014.1.28, 2012헌마409) : 위헌, 헌법불합치

① 범죄자에게 형벌의 내용으로 선거권을 제한하는 경우에도 선거권 제한 여부 및 적용범위의 타당성에 관하여 보통선거원칙에 입각한 선거권 보장과 그 제한의 관점에서 헌법 제37조 제2항에 따라 엄격한 비례심사를 해야 한다.
② 집행유예자와 수형자의 선거권을 제한하는 법 조항은 선거권을 침해하고 헌법 제41조 제1항 및 제67조 제1항이 규정한 보통선거원칙에 위반하여 집행유예자와 수형자를 차별취급하는 것이므로 평등의 원칙에도 어긋난다.
③ 단, 수형자에 대한 선거권 제한은 헌법불합치, 집행유예자에 대한 선거권 제한은 위헌 결정을 내렸다.

공직선거법 제25조 제2항 별표1 위헌확인(헌재 2014.10.30, 2012헌마192) : 헌법불합치

① 인구편차 상하 50%를 기준으로 국회의원지역선거구를 정하고 있는 공직선거법상 국회의원 지역선거구구역표는 그 전체가 헌법에 합치되지 않는다.
(선거구구역표 중 인구편차 상하 $33\frac{1}{3}$%를 넘어서는 선거구 위헌 ⇒ 한 부분에 위헌적인 요소가 있다면, 선거구구역표 전체가 위헌임)
🔍 문제된 선거구가 입법재량을 넘어선 자의적인 선거구획정은 아님.
② 국회의원지역선거구의 인구편차의 기준을 인구편차 상하 $33\frac{1}{3}$%, 인구비례 2:1을 넘어서지 않는 것으로 변경하는 것이 타당하다.
🔍 지방의원은 인구편차 50% 기준 : 3:1 초과하면 위헌(2018.8.28)

> **공직선거법 제60조 제1항 제5호 위헌제청(헌재 2016.6.30, 2013헌가1) : 위헌**
>
> 언론인의 선거운동을 금지하고 위반 시 처벌하도록 규정한 공직선거법 조항은, 정치적 중립성이 요구되지 아니하고 정당 가입이 전면 허용되는 언론인에게 언론매체를 이용하지 아니하고 업무 외적으로 개인적인 판단에 따라 선거운동을 하는 것까지 전면적으로 금지할 필요는 없고, 언론매체를 통한 활동의 측면에서는 이미 다른 조항들에서 충분히 규율하고 있으므로, 언론인의 선거운동의 자유를 침해한다.

> **지역구국회의원선거 예비후보자의 기탁금 반환 제한규정(헌재 2018.1.25, 2016헌마541) : 헌법불합치**
>
> 지역구국회의원선거 예비후보자의 기탁금 반환사유로 예비후보자사망·당내경선탈락으로 한정하고 예비후보자가 당의 공천심사에서 탈락하고 후보자등록을 하지 않았을 경우를 규정하지 않은 것은 과잉금지원칙에 반하여 재산권을 침해한다.

| 제25조 | 공무담임권

> 모든 국민은 법률이 정하는 바에 의하여 공무담임권을 가진다.

❶ 의의

① 공무담임권은 법률이 정하는 바에 의하여 선거·시험 등의 행위를 통하여 국민이 모든 국가기관에 취임할 수 있는 권리를 의미
② 공무담임권은 공직에 출마할 수 있는 피선거권과 구별되는 개념으로 공무담임권은 피선거권을 포함하는 광의의 개념
③ 현행 헌법 제25조에서는 「모든 국민은 법률이 정하는 바에 의하여 공무담임권을 가진다.」라고 규정하여 공무담임권을 보장
④ 여기에서의 공무원은 최광의의 공무원을 의미
⑤ 공무담임권에 공무수행자유는 포함되지 않는다.

❷ 공무원으로 임용될 수 없는 자(국가공무원법, 지방공무원법)

(1) 금치산자 또는 한정치산자

(2) 파산자로서 복권되지 아니한 자

(3) 금고 이상의 형을 받고 그 집행이 종료되거나 집행을 받지 아니하기로 확정된 후 5년을 경과하지 아니한 자

(4) 금고 이상의 형을 받고 그 집행유예기간이 완료된 날로부터 2년을 경과하지 아니한 자

(5) 금고 이상의 형의 선고유예를 받은 경우에 그 선고유예기간 중에 있는 자

(6) 법원의 판결 또는 다른 법률에 의하여 자격이 상실 또는 정지된 자

(7) 징계에 의하여 파면의 처분을 받은 때로부터 5년을 경과하지 아니한 자

(8) 징계에 의하여 해임의 처분을 받은 때로부터 3년을 경과하지 아니한 자

❸ 공무담임권의 성격

(1) 국민의 권리에 해당하나 인간의 권리는 아님.

(2) 국민의 의무는 아님.

❹ 관련 헌법재판소 판례

국가공무원법 제36조 등 위헌확인 – 9급 국가공무원시험에서 응시연령 상한을 '28세까지'로 한 부분 (헌재 2006.5.25. 2005헌마11 · 2006헌마314)

9급 공개경쟁채용시험의 응시연령을 28세까지로 한 것이 비합리적이거나 불공정한 것이라거나 기타 입법자가 행사할 수 있는 재량의 범위를 벗어난 것이라고 단정하기 어려워서 이 사건 조항이 청구인들의 공무담임권을 침해한다고 볼 수 없음.

국가유공자예우및지원에관한 법률 제31조 제1항 등 위헌확인(헌재 2006.2.23, 2004헌마675 등)

① 이 사건 조항의 경우 명시적인 헌법적 근거 없이 국가유공자의 가족들에게 만점의 10%라는 높은 가산점을 부여하고 있는 바, 그러한 가산점 부여 대상자의 광범위성과 가산점 10%의 심각한 영향력과 차별효과를 고려할 때, 그러한 입법정책만으로 헌법상의 공정경쟁의 원리와 기회균등의 원칙을 훼손하는 것은 부적절하며, 국가유공자의 가족의 공직 취업기회를 위하여 매년 많은 일반 응시자들에게 불합격이라는 심각한 불이익을 입게 하는 것은 정당화될 수 없다. 이 사건 조항의 차별로 인한 불평등 효과는 입법목적과 그 달성수단 간의 비례성을 현저히 초과하는 것이므로, 이 사건 조항은 청구인들과 같은 일반 공직시험 응시자들의 평등권을 침해
② 이 사건 조항이 공무담임권의 행사에 있어서 일반 응시자들을 차별하는 것이 평등권을 침해하는 것이라면, 같은 이유에서 이 사건 조항은 그들의 공무담임권을 침해

구 세종특별자치시 설치 등에 관한 특별법 부칙 제3조 제1항 등 위헌확인(헌재 2013.2.28, 2012헌마131) : 기각

세종특별자치시의회를 신설하면서 지방의회의원선거를 실시하지 아니하고 연기군의회 의원 등에게 세종특별자치시의회의원의 자격을 취득하도록 규정하고 있는 세종특별자치시 설치 등에 관한 특별법 부칙 조항은 선거권, 공무담임권, 평등권을 침해하지 않는다.

헌재판례정리

합헌	위헌
• 금고 이상의 형의 집행유예를 받은 경우 지방공무원직에서 당연히 퇴직하는 것 • 법원의 판결에 의하여 자격정지된 자에 대한 당연퇴직 규정 • 형사소추를 받은 공무원을 직위해제하는 것 • 7급 시험에서 기능사자격증에는 가산점을 주지 않고 기사자격증에 가산점을 부여하는 것 • 금융기관의 임직원의 수뢰죄를 공무원의 수뢰죄와 동일하게 처벌하는 것 • 형사사건으로 기소된 공무원의 임의적 직위해제	• 금고 이상의 형의 선고유예를 받은 경우 공무원직에서 당연퇴직하는 것 • 자격정지 이상의 형의 선고유예를 받은 경우 군공무원직에서 당연히 제적하는 것 • 금융기관의 임직원의 수뢰죄를 일정한 경우 공무원의 수뢰죄보다 가중처벌 하는 것 • 형사사건으로 기소된 공무원의 필요적 직위해제

| 제26조 | 청원권

> ① 모든 국민은 법률이 정하는 바에 의하여 국가기관에 문서로 청원할 권리를 가진다.
> ② 국가는 청원에 대하여 심사할 의무를 진다.

❶ 연혁

최초의 선언	국민의 권리로 최초 규정	기타
1215년 영국의 대헌장에서 청원권을 최초로 선언	1689년 영국의 권리장전에서 청원권을 국민의 권리로최초로 규정	미국의 연방헌법, 스위스 헌법, 일본헌법, 바이마르 헌법에 청원권을 규정

❷ 의의
국민·외국인 및 법인이 국가기관 및 지방자치단체나 공공조합에 특정한 사항에 대하여 주장이나 희망을 표시할 수 있는 권리

❸ 주체
① 비사법적인 권리구제와 대의제기능을 수반하는 청원권의 주체는 국민, 외국인, 법인에게 인정
② 특별권력관계에 있는 공무원 등도 성실한 공무원법상의 복무규정을 위배하지 않는 한 청원이 가능(단, 집단적인 청원이나 직무상 연관된 청원은 금지)

❹ 청원권의 내용
청원에 대한 사항은 청원법 제4조에 규정하고 있으며, 헌법재판소에서는 1989년 9월 8일 결정에서 청원법 제4조는 예시적 규정이라고 결정한 바 있음.

청원사항(청원법 제4조)	청원금지사항
① 피해의 구제 ② 공무원의 비위의 시정 또는 공무원의 징계나 처벌 요구 ③ 법률·명령 또는 규칙의 제정, 개정, 폐지 ④ 공공의 제도 또는 시설의 운용 ⑤ 기타 공공기관의 권한에 속하는 사항	① 재판에 간섭하는 청원 ② 국가원수를 모독하는 것을 내용으로 하는 청원 〈청원법 제5조〉 ③ 타인을 모해할 목적으로 허위의 사실을 적시하는 청원 ④ 국가기관을 모독하는 청원 ⑤ 2중 청원

❺ 청원의 절차

(1) 청원의 방법
① 청원은 청원인의 성명(법인인 경우에는 명칭, 대표자의 성명), 직업 및 주소 또는 거소를 기재하고 서명·날인한 문서로 하여야 함.
② 다수인이 공동으로 청원할 때에는 그 처리결과의 통지를 받을 3인 이하의 대표자를 선임하여 이를 청원서에 표시하여야 함.
③ 누구든지 동일한 내용의 청원서를 통일기관에 2개 이상 또는 2개 기관 이상에 제출할 수 없음.
④ 국회에 대한 청원
  ㉠ 국회에 대하여 청원하려 하는 자는 국회의원의 소개를 얻어서 청원서를 제출하여야 함. 국회청원심사 규칙 상 5만 명 이상 동의 시 국회에 청원 가능(지방의회에 대한 청원도 지방의원의 소개가 있어야 한다).
  ㉡ 국회에서 채택한 청원으로서 정부가 처리함이 타당하다고 인정되는 청원은 의견서를 첨부하여 정부로 이송
  ㉢ 국회법 제125조에서는 국가기관을 모독하는 내용의 청원은 이를 접수하지 못하도록 하고 있음.

(2) 청원서의 처리
① 청원서를 접수한 관서가 그 주관에 속하지 아니한다고 인정할 때에는 주관관서에 이송하여야 함.
② 상급관서가 청원서를 접수한 때에는 이를 직접 처분관서에 이송하여야 함.
③ 처분관서가 청원서를 수리하거나 이송을 받은 때에는 그로부터 10일 이내에 필요한 보고서 기타의 참고문서를 첨부하여 제1차 상급관서에 제출하여야 한다. 다만, 청원을 수리하여 처분을 시정할 때에는 그러하지 아니함.
④ 모든 관서는 청원을 수리하여 이를 성실, 공정, 신속히 심사처리하고 그 결과를 청원인에게 통지하여야 함.

(3) 청원과 의무
① 헌법상의 의무는 수리와 심사의 의무가 있으나, 청원법상의 의무는 통지의 의무가 있음.
② 헌법상 보장된 청원권은 공권력과의 관계에서 발생하는 여러가지 이해관계·희망·의견 등에 대하여 적법한 청원을 행한 모든 국민에게 국가기관은 수리·심사의 의무뿐만

아니라 그 처리결과까지도 요구할 수 있는 권리
③ 청원에 대한 대법원의 판례는 청원을 국가에서 수리하여 구체적인 조치를 취할 것인지의 여부는 국가기관의 자유재량에 속한다고 판시한 바 있음(대판 1990.5.25, 90누1458).

헌법상 의무(헌법 제26조)	청원법상 의무(청원법 제9조)
① 수리의무(헌법에 미규정) ② 심사의무	통지의무

6 관련 헌법재판소 판례

청원처리위헌확인(헌재 1997.7.16, 93헌마239)

청원사항의 처리결과에 심판서나 재결서에 준하여 이유를 명시할 것까지를 요구하는 것은 청원권의 보호범위에 포함되지 아니하므로 청원 소관관서는 청원법이 정하는 절차와 범위내에서 청원사항을 성실·공정·신속히 심사하고 청원인에게 그 청원을 어떻게 처리하였거나 처리하려고 하는지를 알 수 있는 정도로 결과통지함으로써 충분하고, 비록 그 처리내용이 청원인이 기대하는 바에 미치지 않는다고 하더라도 헌법소원의 대상이 되는 공권력의 행사 내지 불행사라고는 볼 수 없음.

지방자치법 제65조 위헌확인(헌재 1999.11.25, 97헌마54)

지방의회에 대한 청원을 할 때에 지방의원의 소개를 얻도록 하는 것은 청원을 억제하여 청원의 효율적 심사처리를 확보하기 위한 것으로 청원권의 본질적인 내용을 침해하는 것이 아님.

국회법 제123조 제1항 등 위헌확인(헌재 2006.6.29, 2005헌마604)

의회에 대한 청원에 국회의원의 소개를 얻도록 한 것은 청원 심사의 효율성을 확보하기 위한 적절한 수단이다. 또한 청원은 일반의안과 같이 처리되므로 청원서 제출단계부터 의원의 관여가 필요하고, 의원의 소개가 없는 민원의 경우에는 진정으로 접수하여 처리하고 있으며, 청원의 소개의원은 1인으로 족한 점 등을 감안할 때 이 사건 법률 조항이 국회에 청원을 하려는 자의 청원권을 침해한다고 볼 수 없음.

| 제27조 | 재판을 받을 권리, 형사피해자의 공판정진술권

① 모든 국민은 헌법과 법률이 정한 법관에 의하여 법률에 의한 재판을 받을 권리를 가진다.
② 군인 또는 군무원이 아닌 국민은 대한민국의 영역안에서는 중대한 군사상의 기밀·초병·초소·유독음식물공급·포로·군용물에 관한 죄 중 법률이 정한 경우와 비상계엄이 선포된 경우를 제외하고는 군사법원의 재판을 받지 아니한다.
③ 모든 국민은 신속한 재판을 받을 권리를 가진다. 형사피고인은 상당한 이유가 없는 한 지체없이 공개재판을 받을 권리를 가진다.
④ 형사피고인은 유죄의 판결이 확정될 때까지는 무죄로 추정된다.
⑤ 형사피해자는 법률이 정하는 바에 의하여 당해 사건의 재판절차에서 진술할 수 있다.

❶ 연혁

최초의 성문화	우리나라		
	재판청구권	무죄추정권	형사피해자공판정진술권
1791년 프랑스헌법에서 재판청구권을 최초로 성문화	1948년 건국헌법에서 최초 규정	1980년 8차 개헌에서 최초 규정	1987년 9차 개헌에서 최초 규정

❷ 의의

재판청구권이란 기본적인 인권을 보장하는 사후적인 권리구제수단으로서 국민들이 법원에 재판을 청구할 수 있는 권리를 의미

> 주의 재판청구권에 재심청구권이 당연히 포함되는 것은 아님.

❸ 주체

재판청구권의 주체는 국민, 외국인 및 법인이 그 주체

❹ 재판청구권의 내용

(1) 헌법과 법률이 정한 법관에 의한 재판

① 의의
  ㉠ 법관의 자격을 구비한 법관들로 구성된 법원에서 재판을 받을 수 있는 권리를 의미
  ㉡ 군판사는 군판사인사위원회의 심의를 거치고 군사법원운영위원회의 동의를 받아 국방부장관이 임명한다.

🔍 우리 헌법상 배심원에 의한 재판은 사실심에서는 가능하나 법률심에서는 불가능

② 재판의 형태
  ㉠ 군사재판(군사법원)
    ⓐ 군사법원은 특별법원으로서 군인이나 군무원과 관련된 사건을 재판하기 위한 법원
    ⓑ 군사법원의 군판사는 헌법과 법률이 정한 법관이 아님.
    ⓒ 군사법원의 군판사는 법률이 정한 법관에 불과
    ⓓ 헌법 제27조 제2항에 군사법원은 헌법상 근거규정이 있고 군사재판의 최종심은 대법원에서 심리하기 때문에 헌법위반이 아님.
  ㉡ 즉결심판
    ⓐ 20만원 이하의 벌금, 과료, 구류에 해당하는 사건은 관할 경찰서장의 청구에 의해서 지방법원판사가 판결
    ⓑ 헌법과 법률에 의한 재판이므로 헌법위반이 아니다.
  ㉢ 통고처분
    교통사범, 관세사범, 조세사범, 출입국관리사범에 대하여 관련법 위반시 범칙금 등의 납부를 명하는 처분은 헌법과 법률이 정한 법관이 아닌 행정 공무원이 관할하지만 불복시 정식재판을 인정하므로 헌법위반이 아님.
  ㉣ 약식명령절차
    벌금, 과료, 몰수에 해당하는 사건에 대하여 간이절차에 의해서 재판하는 약식명령절차는 불복시 정식재판권이 보장되므로 위헌이 아님.
  ㉤ 배심재판
    배심원이 법률심에 관여하는 것은 헌법이나 법률이 정한 재판에 정면으로 위배된다. 그러나 배심원이 사실심에만 관여하는 것은 합헌
  ㉥ 행정재판
    헌법 제107조 제3항에 「재판에 전심절차로서 행정심판을 할 수 있다.」는 규정이 헌법에 직접 명문화되어 있으므로 행정심판 전치주의는 헌법위반이 아님. 1998년 3월 1일부터는 개정된 행정심판법에 의해서 행정심판 전치주의는 임의적·선택적으로 개정

(2) 법률에 의한 재판을 받을 권리
  ① 의의
    법률에 의한 재판을 받을 권리란 적정절차에 따라서 재판을 받을 권리를 의미

② 법률에 의한 재판을 받을 권리에서의 「법률」의 의미

형사재판에서의 법률	민사재판과 행정재판에서 법률
형식적 의미의 법률에 의해서 재판해야 함. 즉, 죄형법정주의 정신이 충실히 적용되어야 함.	민사나 행정재판에서는 형식적 의미의 법률뿐만 아니라 실질적 의미의 법률, 불문법에 의한 재판도 인정
모든 재판에 있어서 소송절차에 관한 것은 모두 형식적 의미의 법률에 의해서 이루어져야 함. 단, 대통령의 긴급명령이나 긴급재정·경제처분 및 대법원의 규칙은 예외	

(3) 재판을 받을 권리

소극적 의미의 재판을 받을 권리	적극적 의미의 재판을 받을 권리
헌법이나 법률에 규정된 재판 이외의 재판을 거부할 수 있는 권리를 의미, 즉 민간인이 군사재판을 받지 아니할 권리를 의미	재판을 적극적으로 청구할 수 있는 권리를 의미

참고 재판청구권 침해여부

- 교원징계심위의 결정에 대하여 학교교원은 행정소송은 가능하나 학교 법인은 행정소송을 불가능하게 규정한 법 : 침해 ○
- 상속이 개시된 날로부터 10년이 경과하면 상속회복청구권이 소멸된다고 규정한 법 : 침해 ○
  - 상호비교 상속권의 침해행위가 있은 날로부터 10년을 경과하면 상속회복청구권은 소멸된다고 규정한 법
- 특허심판위의 결정에 불복하려면 대법원에 상고하도록 한 법 : 침해 ○
- 국정원 직원이 증인, 참고인, 사건 당사자로서 직무상 비밀에 속한 사항을 증언, 진술하고자 할 때 국정원장의 허가를 받도록 한 법 : 침해 ○
- 검사가 증인을 100여 차례 소환한 것 : 침해 ○
- 대법원의 재판을 받을 권리 제한(상고허가제) : 침해 ×
- 헌법재판에서 변호사 강제주의 : 침해 ×
- 패소할 것이 명백한 경우 소송구조에서 제외하는 것 : 침해 ×
- 경찰서장이 범칙금 납부를 통보할 수 있도록 한 것 : 침해 ×

(4) 신속한 공개재판을 받을 권리

신속한 재판을 받을 권리	공개재판을 받을 권리
모든 국민은 신속한 재판을 받을 권리가 있음. 신속한 재판을 구현하기 위해서 형소법에 구속기간제한, 공판준비절차, 집중심리제도, 상소기간 제한규정 등을 명시	공개재판이란 방청객의 출입을 인정하는 재판으로 심리와 판결을 공개하는 것을 의미함. 다만, 심리는 국가의 안전보장 또는 안녕질서를 방해하거나 선량한 풍속을 해칠 염려가 있는 때에는 법원의 결정으로 공개하지 아니할 수 있음. 비공개 재판시에도 판결은 반드시 공개해야 함.

① 헌법 제27조 제3항에 의거한 신속한 재판을 받을 권리의 실현을 위해서는 구체적인 입법형성이 필요하고 신속한 재판을 위한 어떤 직접적이고 구체적인 청구권이 이 헌법 규정으로부터 직접 발생하지 아니하므로 법원이 신속하게 판결을 선고해야 할 헌법이나 법률상의 작위의무는 존재하지 아니함(헌재 1999.1.16, 98헌마75).
② 재판의 지연은 결국 법원의 재판절차에 관한 것으로 헌법소원의 대상이 될 수 없음(헌재 1998.5.28, 96헌마46).

(5) 무죄추정권

① 형사피의자나 형사피고인은 유죄의 판결이 확정될 때까지는 무죄로 추정된다는 것을 의미
② 영미법계에 기초된 소극적 진실주의와 관련되며 「의심스러울 때에는 피고인의 이익으로」라는 법언과 관계

> 🔍 무죄추정권을 규정하고 있는 헌법 제27조 제4항에는 형사피의자를 미규정하고 있으나 학설·판례 모두 형사피의자 또한 무죄추정권을 갖는다고 보고 있음.

③ 형사피고인은 유죄의 판결이 확정될 때까지는 무죄로 추정됨.

> 🔊 주의 유죄를 선고 받을 때까지(×)

따라서 1심에서 유죄를 선고 받았다 하더라도 피고인이 항소를 하면 여전히 무죄로 추정됨.

(6) 형사피해자의 공판정진술권

① 형사피해자란 모든 범죄행위로 인한 피해자를 의미하며 형사피해자는 헌법 제27조 제5항의 규정에 의하여 법률이 정하는 바에 의하여 당해 사건의 재판절차에서 진술할 수 있음.

② 다음의 경우에는 불인정
　㉠ 피해자가 아닌 자가 신청한 경우
　㉡ 신청인이 이미 당해 사건에 관하여 공판절차 또는 수사절차에서 충분히 진술하여 다시 진술할 필요가 없다고 인정되는 경우
　㉢ 신청인의 진술로 인하여 공판절차가 현저하게 지연될 우려가 있는 경우

5 재판청구권의 제한
상대적 기본권이기 때문에 헌법, 법률, 제소기간의 제한규정에 의해서 제한할 수 있음.

6 관련 헌법재판소 판례

헌법재판소법 제40조 제1항 등 위헌확인(헌재 2014.2.27, 2014헌마7) : 기각

① 정당해산심판절차에 민사소송에 관한 법령을 준용할 수 있도록 규정한 헌법재판소법 제40조 제1항 전문 중 '정당해산심판의 절차'에 관한 부분('준용조항')은 재판청구권을 침해하지 않는다.
② 헌법 제8조 제2항 및 헌법 제8조 제4항은 정당의 자유에 대한 한계를 정하고 있으므로, 정당활동의 자유 역시 헌법 제37조 제2항의 일반적 법률유보의 대상이 된다.
③ 가처분에 관한 근거규정인 같은 법 제57조('가처분조항')는 정당활동의 자유를 침해한다고 볼 수 없다.

대학교원기간임용제탈락자구제를위한특별법 위헌확인(헌재 2006.4.27, 2005헌마1119)

이 사건 제소금지규정은 재임용에서 탈락한 사립대학 교원의 권리구제절차를 형성하면서 분쟁의 당사자이자 재심절차의 피청구인인 학교법인에게는 교원소청심사특별위원회(이하 '특별위원회'라 한다)의 재심결정에 대하여 소송으로 다투지 못하게 함으로써 학교법인의 재판청구권을 침해

민사소송등인지법 제8조 제1항 위헌소원(헌재 2006.5.25, 2004헌바22 · 2005헌마639 · 2005헌바93 · 2006헌바28 병합)

민사소송등인지법 제2조 제1항, 제3조 전단은 소가가 증가함에 따라서 인지대의 금액을 소가의 1만분의 50에서 1만분의 35까지 낮추고 있어서 고액 소송물의 제소자의 부담을 경감시키고, 이미 소송절차상 보장된 공격방어방법을 이용하여 법원의 재판을 거친 자라는 실질적인 차이에 근거하여 항소장에는 제1심소장 인지액의 1.5배의 인지를 붙이도록 차등을 둔 것이며, 자력이 부족한 자를 위하여 소송구조 제도가 마련되어 있다. 따라서 위 조항들은 재판청구권을 침해하거나 무자력자를 불합리하게 차별하지 않음.

현역병의 군대입대전의 범죄에 대한 군사법원의 재판권 규정 - 합헌(헌재 2009.7.30, 2008헌바162)

형사소송법상 즉시항고기간을 3일로 제한하는 것-위헌(헌재 2018.12.27, 2015헌바77)

증인신문시 피고인 퇴정 후에 진술하게 하는 것 - 합헌(헌재 2012.7.26, 2010헌바62)

법원 직권으로 원고에게 담보명령 하는 것 - 합헌(2016.2.25, 2014헌바366)

형의 집행 및 수용자의 처우에 관한 법률 제82조 위헌확인(헌재 2015.12.23, 2013헌마712) : 헌법불합치, 기각

① 형사재판에 피고인으로 출석하는 수형자에 대하여 사복착용을 불허하는 것은 공정한 재판을 받을 권리, 인격권, 행복추구권을 침해하므로 헌법에 합치되지 아니한다.
② 민사재판에 당사자로 출석하는 수형자에 대하여 사복착용을 불허하는 것은 공정한 재판을 받을 권리, 인격권, 행복추구권을 침해하지 않는다.

정신성적 장애인이 치료감호시설에 수용될 수 있는 기간의 상한을 15년으로 정하고 있는 것은, 신체의 자유를 침해하지 않으며, 약물 · 알코올 중독자와 달리 취급하더라도 합리적인 이유가 있는 것으로 평등권을 침해하지 않는다(헌재 2017.4.27, 2016헌바452).

| 제28조 | 형사보상

> 형사피의자 또는 형사피고인으로서 구금되었던 자가 법률이 정하는 불기소처분을 받거나 무죄판결을 받은 때에는 법률이 정하는 바에 의하여 국가에 정당한 보상을 청구할 수 있다.
> 🔍 법인=불인정

❶ 개설

(1) 연혁

최초 규정	우리나라
1849년 독일의 Frankfurt 헌법에서 형사보상청구권을 최초로 규정	1948년 제헌헌법에서 최초로 규정하였으며, 구금된 피의자가 검사로부터 불기소처분을 받는 경우에 청구할 수 있는 권리는 1987년 9차 개헌에서 규정

(2) 의의

형사피의자 또는 형사피고인으로 구금되었던 자가 법률이 정하는 불기소처분을 받거나 무죄판결을 받은 때에는 국가에 정당한 보상을 청구할 수 있는 권리를 의미

(3) 주체

① 형사피의자 또는 형사피고인이 그 주체. 외국인에 대해서도 인정

② 보상을 청구할 수 있는 자가 그 청구를 하지 아니하고 사망한 때에는 형사보상 및 명예회복에 관한 법률 제3조 규정에 의해서 그 상속인이 청구할 수 있음.

❷ 형사보상청구권의 성립요건

(1) 구금된 형사피의자가 법률이 정하는 불기소처분을 받을 것

구금된 피의자일 것	① 구금이란 교도소나 유치장에서 신체의 자유를 제한하는 강제처분을 의미 ② 피의자란 공소제기 전의 자를 의미
협의의 불기소처분을 받을 것	① 협의의 불기소처분에는 혐의 없음, 죄 안됨, 공소권 없음을 의미하며 이 경우에만 형사보상청구권을 인정 ② 기소유예처분이나 기소중지처분 시에는 형사보상의 대상이 될 수 없음. ③ 구금기간 중에 다른 사실에 대하여 수사가 행하여지고 그 사실에 관하여 범죄가 성립한 경우 보상을 하는 것이 선량한 풍속 기타 사회질서에 반한다고 인정할 특별한 사정이 있는 경우, 본인이 수사 또는 재판을 그르칠 목적으로 허위의 자백을 하거나 다른 유죄의 증거를 만듦으로써 구금된 경우에는 형사피의자의 보상금의 전부 또는 일부를 지급하지 아니할 수 있음.

(2) 구금된 피고인이 법원에서 무죄판결을 받을 것

구금된 피고인일 것	피고인이란 범죄혐의가 있어 검사로부터 공소제기된 자를 의미
무죄판결을 받을 것	① 「형사소송법」에 따른 일반 절차 또는 재심(再審)이나 비상상고(非常 上告) 절차에서 무죄재판을 받아 확정된 사건의 피고인이 미결구금(未決拘禁)을 당하였을 때에는 이 법에 따라 국가에 대하여 그 구금에 대한 보상을 청구할 수 있다. ② 상소권회복에 의한 상소, 재심 또는 비상상고의 절차에서 무죄재판을 받아 확정된 사건의 피고인이 원판결(原判決)에 의하여 구금되거나 형 집행을 받았을 때에는 구금 또는 형의 집행에 대한 보상을 청구할 수 있다. ③ 「형사소송법」에 따라 면소(免訴) 또는 공소기각(公訴棄却)의 재판을 받아 확정된 피고인이 면소 또는 공소기각의 재판을 할 만한 사유가 없었더라면 무죄재판을 받을 만한 현저한 사유가 있었을 경우 ④ 「치료감호법」 제7조에 따라 치료감호의 독립 청구를 받은 피치료감호청구인의 치료감호사건이 범죄로 되지 아니하거나 범죄사실의 증명이 없는 때에 해당되어 청구기각의 판결을 받아 확정된 경우

❸ 형사보상청구의 절차와 보상금

(1) 형사피의자에 대한 보상

청구기관	피의자보상심의회	불복신청
공소를 제기하지 아니하는 처분을 한 검사가 소속된 지방검찰청의 피의자보상심의회에 청구해야 함.	지방검찰청에 피의자보상심의회를 두며 피의자보상심의회에서는 피의자보상에 관한 사항을 심의·결정한다. 피의자보상심의회는 법무부장관의 지휘감독을 받음.	피의자보상심의회의 결정에 대해서는 「행정심판법」에 따른 행정심판을 청구하거나 「행정소송법」에 따른 행정소송을 제기할 수 있음.

(2) 형사피고인에 대한 보상

청구기관	불복신청
① 무죄판결을 한 법원에 청구하여야 함. ② 피고인보상청구는 검사와 청구인의 의견을 들은 후 법원 합의부에서 재판함.	① 법원의 보상결정에 대하여는 1주일 이내에 즉시항고(卽時抗告)를 할 수 있음. ② 법원의 보상청구 기각결정에 대해서는 즉시항고할 수 있음.

(3) 형사보상금

헌법 제28조 규정	일일형사보상금	청구권의 양도 및 압류금지
정당한 보상을 규정하고 있으며 정당한 보상이란 손실액의 완전한 보상을 의미	보상청구의 원인이 발생한 연도의 「최저임금법」에 따른 일급(日給) 최저임금액 이상 대통령령으로 정하는 금액 이하의 비율에 의한 보상금을 지급함.	형사보상청구권은 양도 또는 압류할 수 없음.

(4) 기타 형사보상 및 명예회복에 관한 법률 관련조문

> **제3조(상속인에 의한 보상청구)**
>
> ① 제2조에 따라 보상을 청구할 수 있는 자가 그 청구를 하지 아니하고 사망하였을 때에는 그 상속인이 이를 청구할 수 있다.
> ② 사망한 자에 대하여 재심 또는 비상상고의 절차에서 무죄재판이 있었을 때에는 보상의 청구에 관하여는 사망한 때에 무죄재판이 있었던 것으로 본다.

제4조(보상하지 아니할 수 있는 경우)

다음 각 호의 어느 하나에 해당하는 경우에는 법원은 재량(裁量)으로 보상청구의 전부 또는 일부를 기각(棄却)할 수 있다.
1. 「형법」 제9조 및 제10조 제1항의 사유로 무죄재판을 받은 경우
2. 본인이 수사 또는 심판을 그르칠 목적으로 거짓 자백을 하거나 다른 유죄의 증거를 만듦으로써 기소(起訴), 미결구금 또는 유죄재판을 받게 된 것으로 인정된 경우
3. 1개의 재판으로 경합범(競合犯)의 일부에 대하여 무죄재판을 받고 다른 부분에 대하여 유죄재판을 받았을 경우

제8조(보상청구의 기간)

보상청구는 무죄재판이 확정된 사실을 안 날부터 3년, 무죄재판이 확정된 때부터 5년 이내에 하여야 한다.

제15조(직권조사사항)

법원은 보상청구의 원인이 된 사실인 구금일수 또는 형 집행의 내용에 관하여 직권으로 조사를 하여야 한다.

제23조(보상청구권의 양도 및 압류의 금지)

보상청구권은 양도하거나 압류할 수 없다. 보상금 지급청구권도 또한 같다.

제30조(무죄재판서 게재 청구)

무죄재판을 받아 확정된 사건(이하 "무죄재판사건"이라 한다)의 피고인은 무죄재판이 확정된 때부터 3년 이내에 확정된 무죄재판사건의 재판서(이하 "무죄재판서"라 한다)를 법무부 인터넷 홈페이지에 게재하도록 해당 사건을 기소한 검사가 소속된 지방검찰청(지방검찰청 지청을 포함한다)에 청구할 수 있다.

| 제29조 | 공무원의 불법행위와 배상책임

> ① 공무원의 직무상 불법행위로 손해를 받은 국민은 법률이 정하는 바에 의하여 국가 또는 공공단체에 정당한 배상을 청구할 수 있다. 이 경우 공무원 자신의 책임은 면제되지 아니한다.
> ② 군인·군무원·경찰공무원 기타 법률이 정하는 자가 전투·훈련 등 직무수행과 관련하여 받은 손해에 대하여는 법률이 정하는 보상 외에 국가 또는 공공단체에 공무원의 직무상 불법행위로 인한 배상을 청구할 수 없다.

1 개설

(1) 연혁

최초 인정	1873년 프랑스의 국무원의 판례를 통해서 국가배상청구권을 최초로 인정
독일	1919년 Weimar헌법에서 최초로 규정
미국	1946년 연방불법행위청구권법의 제정을 통해서 규정
영국	1947년 국왕소추법을 통해서 인정
우리나라	1948년 제헌헌법 이래 계속적으로 헌법에 규정하여 인정

(2) 의의

국가배상청구권이란 공무원의 직무상 불법행위로 인하여 손해를 받은 국민이 법률이 정하는 바에 의하여 국가 또는 공공단체에 정당한 배상을 청구할 수 있는 권리를 의미

(3) 주체

헌법상의 주체	국가배상법의 주체
① 국가 ② 공공단체, 즉 지방자치단체, 공공조합, 영조물법인	① 국가 ② 공공단체 중에서 지방자치단체만 국가 배상의 주체가 됨.
외국인의 국가배상주체 인정여부에 대해서는 국가배상법 제7조 규정에 의해서 상호보증이 있는 때에 한하여 그 주체를 인정	

❷ 국가배상청구권의 요건

(1) 공무원의 직무상 불법행위로 인한 경우

공무원의 행위일 것	① 공무원의 범위 : 국가공무원, 지방공무원, 공무를 위임받은 자를 포함 ② 판례상 공무원으로 인정되는 자 : 소집중인 향토예비군, 시청청소차기사, 미군부대카투사, 집행관 등은 대법원 판례에 의해서 공무원으로 봄. ③ 판례상 공무원으로 인정되지 아니하는 자 : 소집이 종료된 향토예비군, 시영버스기사, 의용소방대원 등은 대법원 판례에 의해서 공무원으로 인정되지 않음.
직무상의 행위일 것	① 직무상의 행위에 대해서는 광의설이 다수설이며 직무에는 권력작용과 관리작용을 포함 ② 공무원의 직무상의 내용은 모든 국가작용을 의미하며 법적 행위든 사실행위든 불문
고의 또는 과실로 인한 불법행위일 것	① 공무원이 직무집행시 고의 또는 과실로 타인에게 손해를 유발한 경우에 국가배상을 인정 ② 과실의 의미는 공무원의 직종과 지위에 의해서 객관적으로 정하여지는 과실을 의미
타인에게 손해가 발생될 것	① 타인이란 가해자 이외의 모든 피해자를 의미 ② 손해란 피해자가 입은 일체의 손해를 의미 ③ 공무원의 직무상 불법행위와 손해발생 간에는 상당한 인과관계가 있어야 함.

(2) 영조물의 설치·관리의 하자로 인한 손해

의의	영조물	영조물의 설치·관리의 하자
도로, 하천 기타 공공의 영조물의 설치 또는 관리의 하자가 있기 때문에 타인에게 손해를 발생하게 하였을 때에는 국가 또는 지방자치단체는 이를 배상하여야 함.	국가배상법상의 영조물이란 행정주체가 행정목적을 위해서 제공한 유체물을 의미하며 도로, 하천, 공원, 소방차 등을 들 수 있음.	공무원의 고의나 과실이 없더라도 영조물의 설치·관리의 하자로 인한 손해가 유발되었다면 국가배상을 인정하는 무과실주의를 채택하고 있음.

❸ 국가배상청구의 절차 – 임의적 배상결정 전치주의

(1) 국가배상에 관한 소송은 배상심의회에 배상금지급결정을 거친 후가 아니라도 제기할 수 있다.

(2) 배상심의회는 합의제 행정관청으로서 배상결정 및 배상관련 송달을 담당함.

(3) 국가 또는 지방자치단체의 배상결정을 심의하기 위하여 법무부에 본부심의회를 둠. 다만, 군인 또는 군무원이 타인에게 가한 배상결정을 심의하기 위하여 국방부에 특별심의회를 둠.

(4) 국가배상심의회의 배상결정은 신청인이 동의하거나 지방자치단체가 배상금을 지급한 때에는 민사소송법의 규정에 의한 재판상의 화해가 성립된 것으로 보는 것은 재판청구권을 침해하는 것임(헌재 1995.5.25, 91헌가7).

❹ 국가배상청구권의 제한

(1) 헌법 제29조 제2항과 우편법 제38조, 철도법 제72조 등에 의해서 제한 가능

(2) 헌법 제29조 제2항의 규정에 의해서 「군인, 군무원, 경찰공무원, 기타 법률이 정하는 자가 전투, 훈련 등 직무집행과 관련하여 받은 손해에 대하여는 법률이 정하는 보상 외에 국가 또는 공공단체에 공무원의 직무상 불법행위로 인한 배상은 청구할 수 없다.」라고 하여 청구권을 제한

❺ 관련 헌법재판소 판례

국가배상법 제2조 제1항 단서 위헌소원(헌재 1994.12.29, 93헌바21 – 한정위헌)

국가배상법 제2조 제1항 단서 중 군인에 관련되는 부분을, 일반국민이 직무집행 중인 군인과의 공동불법행위로 직무집행 중인 다른 군인에게 공상을 입혀 그 피해자에게 공동의 불법행위로 인한 손해를 배상한 다음 공동불법행위자인 군인의 부담부분에 관하여 국가에 대하여 구상권을 행사하는 것을 허용하지 않는다고 해석한다면, 이는 위 단서 규정의 헌법상 근거규정인 헌법 제29조가 구상권의 행사를 배제하지 아니하는데도 이를 배제하는 것으로 해석하는 것으로서 합리적인 이유 없이 일반국민을 국가에 대하여 지나치게 차별하는 경우에 해당하므로 헌법 제11조, 제29조에 위반

| 제30조 | 범죄피해자 구조청구권

> 타인의 범죄행위로 인하여 생명·신체에 대한 피해를 받은 국민은 법률이 정하는 바에 의하여 국가로부터 구조를 받을 수 있다.

❶ 개설

최초의 연원	각국의 입법	우리나라
B.C. 2250년경의 함무라비 법전	① 1929년 멕시코 ② 1936년 쿠바 ③ 1963년 뉴질랜드	1987년 제9차 개헌에서 최초로 신설

❷ 의의

범죄피해자 구조청구권이란 타인의 범죄행위로 인하여 생명이나 신체에 대한 피해를 입은 경우에 법률이 정하는 바에 의하여 국가에 구조금을 청구할 수 있는 권리를 의미

❸ 주체

주체는 범죄피해자가 중장애를 당한 경우에는 본인이 주체가 되고 사망 시에는 그 유가족이 그 주체가 됨. 또한 상호보증이 있는 경우에는 외국인도 그 주체가 됨.

❹ 범죄피해자 구조청구권의 성립요건

(1) 타인의 범죄행위로 인한 피해일 것

구조대상이 되는 경우	구조대상이 될 수 없는 경우
① 형사미성년자에 의한 피해자 ② 심신상실자에 의한 피해자 ③ 강요된 행위자에 의한 피해자 ④ 긴급피난에 의한 피해자	① 과실범에 의한 피해자 ② 정당행위에 의한 피해자 ③ 정당방위에 의한 피해자

(2) 생명·신체상의 피해일 것 – 재산상의 피해에 대해서는 인정되지 아니함.

(3) 피해자와 가해자 간에 친족관계가 아닐 것

(4) 피해자가 범죄행위를 유발시킨 경우가 아닐 것

(5) 피해자에게 귀책사유가 없을 것

(6) 구조금의 전부 또는 일부를 지급하지 아니함이 사회통념상 상당하다고 인정할 만한 상당한 이유가 없을 것

5 범죄피해자 구조청구권의 청구절차

(1) **구조금의 종류(3종)**

유족구조금	장해구조금	중상해구조금
사망 시에는 유족구조금을 지급하고 일시금으로 제1순위의 유족에게 지급	신체부상 시에는 장해구조금을 지급하고 일시금으로 당해 피해자에게 지급	중상해 시에 지급

(2) **범죄피해구조심의회**

구조금의 지급에 관한 사항을 심의·결정하기 위하여 각 지방검찰청에 범죄피해 구조심의회를 둠. 심의회는 법무부장관의 지휘·감독을 받음.

(3) **신청절차 등**

① 구조금을 받으려는 사람은 법무부령으로 정하는 바에 따라 그 주소지, 거주지 또는 범죄 발생지를 관할하는 지구심의회에 신청하여야 함.

② 해당 구조대상 범죄피해의 발생을 안 날부터 3년이 지나거나 해당 구조대상 범죄피해가 발생한 날부터 10년이 지나면 할 수 없음.

③ 구조금을 받을 권리는 그 구조결정이 해당 신청인에게 송달된 날부터 2년간 행사하지 아니하면 시효로 인하여 소멸됨.

6 범죄피해자 구조청구권의 제한

범죄피해자 구조청구권은 국민에 대하여 국가가 적극적인 구조행위까지 행하는 것이지만, 범죄피해자 구조청구권은 헌법 제37조 제2항, 즉 국가안보·질서유지·공공복리를 위해서 필요한 경우에는 최소한의 범위 안에서 제한할 수 있음(단, 본질적인 내용을 침해하거나 과잉금지의 원칙에 위배되는 제한은 할 수 없음).

> 📖 **참고** 시효정리

형사보상	범죄피해자 국가구조	국가배상	선거사범	퇴직금	국가재정법
2년 (보상결정 송달된 후)	2년	3년(합헌)	6개월	3년(합헌)	5년

|제31조| 교육을 받을 권리 · 의무 등

① 모든 국민은 능력에 따라 균등하게 교육을 받을 권리를 가진다.
② 모든 국민은 그 보호하는 자녀에게 적어도 초등교육과 법률이 정하는 교육을 받게 할 의무를 진다.
③ 의무교육은 무상으로 한다.
④ 교육의 자주성 · 전문성 · 정치적 중립성 및 대학의 자율성은 법률이 정하는 바에 의하여 보장된다.
⑤ 국가는 평생교육을 진흥하여야 한다.
⑥ 학교교육 및 평생교육을 포함한 교육제도와 그 운영, 교육재정 및 교원의 지위에 관한 기본적인 사항은 법률로 정한다.

❶ 연혁

1830년 벨기에 헌법	1919년 독일의 바이마르 헌법
교육을 받을 권리를 자유권의 입장에서 최초로 규정	교육을 받을 권리를 사회권의 입장에서 최초로 규정

❷ 의의

교육을 받을 권리란 국민들이 자유롭게 교육을 받을 권리를 의미하며 문화국가, 사회국가의 이념을 표방하면서 등장한 권리임.

❸ 법적 성격

교육을 받을 권리는 구체적 권리로서의 자유권의 성질과 추상적 권리로서의 사회권의 성격을 동시에 가지고 있으나 그 주된 성격은 사회권임.

❹ 주체

① 국민의 권리로서 국민만이 그 주체가 될 수 있으나, 외국인과 법인은 주체가 될 수 없음.
② 학습권의 주체는 교육받을 개개인이고 교육기회 제공청구권의 주체는 학령아동의 학부모임.

❺ 교육받을 권리의 내용

(1) 능력에 따라 균등하게 교육을 받을 권리

① 교육의 평등은 구체적으로 취학상의 평등을 의미하는 것으로 성별·인종·사회적 신분에 의하여 차별교육을 당하지 아니하는 것을 말함.
② 능력에 따른 교육이란 정신적·육체적 능력에 따른 합리적인 차별을 인정하는 것을 의미

(2) 의무교육을 무상으로 받을 권리

의무교육의 범위	① 모든 국민은 그 보호하는 자녀에게 적어도 초등교육과 법률이 정하는 교육을 받게 할 의무를 가짐. ② 의무교육의 기간에 관하여 교육법 제8조에서는 6년의 초등교육과 3년의 중등교육을 명시하고 있다.
의무교육은 무상으로 한다.	① 헌법 제31조 제3항의 규정에 「의무교육은 무상으로 한다」라고 규정하여 무상주의를 명시 ② 무상의 범위를 교육법 제86조 제1항에서는 수업료 면제로 한정하고 있다. 다만, 사립학교에서의 수업료 징수는 인정 ③ 국민들은 의무교육 실시를 근거로 하여 교육비를 국가에 청구할 수 있는 것은 아님.
의무교육의 주체	의무교육의 주체는 학령아동의 친권자 또는 후견인
의무교육의 권리의 주체	의무교육의 권리의 주체는 아동이며 의무교육을 받는 자를 퇴학처분하는 것은 헌법에 위배

(3) 교육제도의 보장

교육의 자주성·전문성 ·정치적 중립성 보장	① 교육의 자주성이란 교육기관의 자주적인 의사결정에 의해서 교육을 구현하는 것 ② 교육의 전문성이란 교사가 자주적으로 교육내용을 실행하는 것을 의미 ③ 교육의 정치적 중립성이란 교육은 그 어떠한 정치세력으로부터 간섭 등을 받지 아니한다는 것을 의미
대학의 자율성 보장	대학의 자율성 보장은 제6공화국 헌법에서 신설된 규정으로 대학의 학사행정이나 대학교육은 자율에 기초하여 이루어져야 한다는 것
평생교육진흥	평생교육은 사회교육, 성인교육, 직업교육, 취미교육 등을 의미하며, 국가는 헌법 제31조 제5항에 의하여 평생교육을 진흥하여야 함.
교육제도의 법정주의	① 교육제도 법정주의란 교육제도를 법률로써 정한다는 원칙을 의미 ② 헌법 제31조 제6항에 의해서 법률로 정하고 있는 것은 • 학교교육 및 평생교육을 포함한 교육제도와 그 운영 • 교육재정 및 교원의 지위에 관한 기본적인 사항

❻ 효력

교육을 받을 권리는 원칙적으로 국가나 지방자치단체에 대하여 그 효력이 발생

❼ 관련 헌법재판소 판례

초등학교 1, 2학년의 교과에서 영어과목을 배제하는 것 – 합헌(헌재 2016.2.25, 2013헌마838)

학교운영비를 중학교학생으로부터 징수하는 것 – 위헌(헌재 2012.8.23, 2010헌바220)

공무원보수규정 제39조의2 위헌확인(헌재 2013.11.28, 2011헌마282 – 기각)

국립대학 교원에 대하여 성과급적 연봉제를 규정한 공무원보수규정은 기본권을 침해하지 않는다.

교육법 제96조 제1항 위헌확인(헌재 1994.2.24, 93헌마192-기각)

의무취학 시기를 만 6세가 된 다음날 이후의 학년 초로 규정하고 있는 교육법 제96조 제1항은 의무교육제도 실시를 위해 불가피한 것이며 이와 같은 아동들에 대하여 만 6세가 되기 전에 앞당겨서 입학을 허용하지 않는다고 해서 헌법 제31조 제1항의 능력에 따라 균등하게 교육을 받을 권리를 본질적으로 침해한 것으로 볼 수 없음.

강원대학교 법학전문대학원 2015학년 모집정지처분 등 취소(헌재 2015.12.23, 2014헌마1149) : 인용(위헌확인)

교육부장관이 강원대학교 법학전문대학원의 2015학년도 및 2016학년도 신입생 각 1명의 모집을 정지한 행위는, 목적의 정당성 및 수단의 적절성은 인정되나 그 목적 달성을 위하여 필요한 범위를 넘어선 지나친 제한이고 법익 균형성도 인정되지 않아 과잉금지원칙에 반하여 헌법 제31조 제4항이 정하는 대학의 자율권을 침해한다.

🔎 법률유보원칙에 반하여 대학의 자율권을 침해하는 것이 아님

교육공무원 임용령 제9조의4 위헌확인(헌재 2014.1.28, 2011헌마239) : 각하

대학교수에게 대학총장 후보자 선출에 참여할 권리가 있고, 이 권리는 대학의 자치의 본질적인 내용에 포함되므로 헌법상의 기본권으로 인정될 수 있으나, 단과대학장 선출에 참여할 권리는 헌법상 보장되는 대학의 자율에 포함된다고 볼 수 없다.

초 · 중등교육법 제31조 등 위헌확인(헌재 2001.11.29, 2000헌마278)

비록 심판대상조항에 의하여 사립학교 교육의 자주성·전문성이 어느 정도 제한된다고 하더라도, 그 입법취지 및 학교운영위원회의 구성과 성격 등을 볼 때, 사립학교 학교운영위원회제도가 현저히 자의적이거나 비합리적으로 사립학교의 공공성만을 강조하고 사립학교의 자율성을 제한한 것이라 보기 어려움.

구 학교용지확보에관한특례법 제2조 제2호 등 위헌제청(헌재 2005.3.31, 2003헌가20)

적어도 의무교육에 관한 한 일반재정이 아닌 부담금과 같은 별도의 재정수단을 동원하여 특정한 집단으로부터 그 비용을 추가로 징수하여 충당하는 것은 의무교육의 무상성을 선언한 헌법에 반함.

전교조교사들이 학원비리 척결을 이유로 수업을 거부하고 집회시위를 벌인 것은 학생들의 학습권과 학부모들의 교육권을 침해하는 것으로 교사들은 위자료를 지급하고 손해배상을 해야 함(대판 2007.10.1, 2005다25298)

고교평준화지역에서 일반계고등학교에 진학하는 학생을 교육감이 학교군별로 추첨에 의해서 배정하는 것은 합헌이다(헌재 2009.4.30, 2005헌마514).

교육과학기술부 고시 제2012-31호 II 위헌확인(헌재 2016.2.25, 2013헌마838) : 기각

① 초등학교 영어교육에 관하여 교육과정의 기준과 내용에 관한 기본적인 사항을 교육부장관이 정하도록 규정하도록 한 것 자체는 교육제도 법정주의에 반한다고 보기 어렵다.
② 초·중등교육법 제23조 제3항의 위임에 따라 '학교의 교과'에 관하여 규정한 동법 시행령 제43조 제1항 제1호가 초등학교의 교과를 나열하면서 '외국어(영어)'를 포함하고 있음에도 불구하고, 이 사건 고시 부분이 초등학교 1, 2학년의 교과에서 영어 과목을 배제하고 있는 것은 위임 범위를 벗어났다고 볼 수 없으므로 교육제도 법정주의에 반하지 않는다.

강원도 교육청 공고 위헌 확인(헌재 2023.2.23, 2021헌마48) : 각하

중등교사 임용시험에서 코로나19 확진자의 응시를 금지하는 것은 심판이익을 인정되지 아니한다.

| 제32조 | 근로의 권리 · 의무 등

① 모든 국민은 근로의 권리를 가진다. 국가는 사회 · 경제적 방법으로 근로자의 고용의 증진과 적정임금의 보장에 노력하여야 하며, 법률이 정하는 바에 의하여 최저임금제를 시행하여야 한다.
② 모든 국민은 근로의 의무를 진다. 국가는 근로의 의무의 내용과 조건을 민주주의원칙에 따라 법률로 정한다.
③ 근로조건의 기준은 인간의 존엄성을 보장하도록 법률로 정한다.
④ 여자의 근로는 특별한 보호를 받으며, 고용 · 임금 및 근로조건에 있어서 부당한 차별을 받지 아니한다.
⑤ 연소자의 근로는 특별한 보호를 받는다.
⑥ 국가유공자 · 상이군경 및 전몰군경의 유가족은 법률이 정하는 바에 의하여 우선적으로 근로의 기회를 부여받는다.

❶ 연혁

세계 최초 규정	우리나라
17~18세기에는 자유권의 차원에서 근로에 대한 권리가 주장되었으나 20세기에는 적극적인 사회권으로 전환되어 1919년 독일의 바이마르 헌법에서 세계 최초로 규정	• 1948년의 건국헌법에서 근로자의 이익균점권을 최초로 규정 • 근로자의 이익균점권은 1962년 5차 개헌에서 폐지된 바 있음.

❷ 의의

근로자 자신의 의사에 따라서 자유롭게 일할 수 있는 권리와 근로 기회의 제공을 주장할 수 있는 권리

❸ 법적 성격

근로에 대한 권리는 자유권의 성격과 사회권의 성격을 동시에 내재하고 있으나 사회권이 주된 성격

❹ 주체

국가 내적인 권리이기 때문에 그 주체는 국민만이 향유할 수 있으며 외국인이나 법인은 주체가 될 수 없음(단, 외국인은 개별법에 규정된 개별적 근로권은 주장할 수 있음).

❺ 고용조정과 관련되는 근로기준법 개정내용(제24조)

구분	개정 전	개정 후(현행)
조문명칭	경영상 이유에 의한 고용조정	경영상 이유에 의한 해고의 제한
실시시기	2년간 유예	2년간 유예 조항 삭제
해고요건	긴박한 경영상의 필요	① 긴박한 경영상의 필요 ② 경영악화 방지를 위한 사업의 양도, 인수, 합병은 긴박한 경영상의 이유 있는 것으로 봄.
해고회피절차	해고를 피하기 위한 노력을 다해야 함.	좌동
해고절차	해고를 피하기 위한 방법 및 해고의 기준 등에 관하여 근로자 대표와 성실하게 협의	① 50일 전까지 근로자 대표와 해고 회피방법 및 선정기준에 대해 통보하고 성실한 협의 ② 일정 규모 이상 해고하려면 고용노동부장관에게 사전 신고
해고대상 선정	합리적이고 공정한 해고의 기준을 정하고 이에 따라 대상 선정	① 합리적이고 공정한 기준에 의하여 해고자 선정 ② 성차별 금지 규정
해고자 리콜	관련조항 없음.	재고용 노력

❻ 근로의 권리의 내용

근로기회 제공청구권	국가의 고용증진 보장의무	국가의 최저임금제 실시	근로조건의 법정주의
근로권리의 본질적인 내용으로서 국민들이 국가에 대하여 근로기회의 제공을 청구할 수 있는 권리	국가는 고용증진을 통하여 근로자들의 최저한의 생활보장을 위하여 노력할 의무를 가짐. 특히 국가유공자, 상이군경 및 전몰군경의 유가족은 법률이 정하는 바에 의하여 우선적인 근로의 기회를 부여받음.	국가는 법률이 정하는 바에 의하여 최저임금제를 시행하여야 함.	근로조건 법정주의란 근로조건을 법률로써 정한다는 원칙. 근로조건을 근로기준법으로 정한다는 것이며 근로기준법에는 임금의 최저한 및 근로시간의 최대한, 여자나 소년에 대한 특별보호 등을 규정

❼ 근로의 권리의 효력

자유민주주의 헌법에서 독특하고 특유하게 보장하는 기본권으로서 대국가적 효력인 동시에 대사인간에도 직접적인 효력을 가짐.

🔎 6개월 미만 근로자를 해고예고제도의 적용에서 배제하는 것은 위헌이다(헌재 2015. 12.23, 2014헌바3).

🔎 출국만기보험금은 퇴직금의 성질을 가지고 있으므로 그 지급시기에 관한 것은 근로조건의 문제이므로 외국인도 주체성을 인정한다(헌재 2016.3.31, 2014헌마367).

| 제33조 | 근로자의 단결권 등

① 근로자는 근로조건의 향상을 위하여 자주적인 단결권·단체교섭권 및 단체행동권을 가진다.
② 공무원인 근로자는 법률이 정하는 자에 한하여 단결권·단체교섭권 및 단체행동권을 가진다.
③ 법률이 정하는 주요방위산업체에 종사하는 근로자의 단체행동권은 법률이 정하는 바에 의하여 이를 제한하거나 인정하지 아니할 수 있다.

❶ 연혁

최초 규정	기타 국가
1919년 독일의 Weimar 헌법에서 최초로 근로3권을 규정	1946년의 프랑스 헌법과 1947년 일본 헌법 등에서도 근로3권을 헌법에 규정

❷ 의의

근로3권이란 근로자들이 근로조건의 향상을 위하여 자주적인 단결권, 단체교섭권, 단체행동권을 가질 수 있는 권리를 의미

❸ 주체

① 근로3권의 주체는 근로자이며 외국인 근로자도 당연히 그 주체가 됨.
② 근로자의 개념은 「노동조합 및 노동관계조정법」 제2조 제1호의 규정에 의할 때 직업의 종류를 불문하고 임금, 급료, 기타 이에 준하는 수입에 의하여 생활하는 자를 의미. 해고효력을 다투는 자도 근로자에 해당한다.
③ 자영어민, 자영농민, 소상공업자 등은 보수를 받는 자가 아니기 때문에 근로자가 아님.

④ 근로3권의 내용

단결권	단체교섭권	단체행동권
① 근로자들이 목적성과 자주성을 기초로 하여 단체를 결성할 수 있는 권리를 의미 ② 주체는 근로자 개개인이며 해고의 효력을 다투고 있는 자. 물론 사용자는 단결권의 주체가 될 수 없음. ③ 유형은 주체를 기준으로 하여 개인적 단결권과 집단적 단결권으로 나누어지고, 성격을 기준으로 하여 근로자가 노동조합을 구성하고 가입할 수 있는 권리인 적극적 단결권과 근로자가 노동조합에 가입하지 아니할 수 있는 소극적 단결권으로 나누어짐.	① 근로자 대표들이 사용자와 교섭할 수 있는 권리를 의미하며 노동조합으로서의 자격을 가진 근로자 단체에서 차별 없이 인정 ② 대상은 근로조건의 모든 사항을 기초로 하며 사용자가 독점적으로 향유하는 경영권 등에는 원칙적으로 단체교섭의 대상이 될 수 없음.	① 근로자들이 노동쟁의행위를 할 수 있는 권리이며 근로자의 노동쟁의행위는 파업, 태업, 감시행위, 생산관리, 불매운동을 들 수 있음. ② 사용자는 정당한 노동쟁의행위에 대해서는 수인의무를 지며 사용자는 직장폐쇄를 통한 노동쟁의행위를 할 수 있음. ③ 합법적인 노동쟁의는 민·형사상 책임을 지지 아니함.

⑤ 근로3권의 효력과 제한

(1) 근로3권의 효력

근로자의 근로3권은 대국가적 효력인 동시에 대사인적 효력이며 국가의 안전보장, 질서유지 또는 공공복리를 위하여 필요한 경우에는 최소한의 범위 내에서 법률에 근거하여 제한할 수 있음.

(2) 근로3권의 제한

공무원인 근로자는 법률이 정하는 자에 한하여 단결권, 단체교섭권, 단체행동권을 부여할 수 있으며 법률이 정하는 주요방위산업체에 종사하는 근로자의 단체행동권은 법률이 정하는 바에 의하여 이를 제한하거나 인정하지 아니할 수 있음.

① 공무원의 노동3권
  ㉠ 특별히 제한 : 공무원의 노동3권을 최초로 제한한 것은 5차 개헌
  ㉡ 법률이 정하는 자에 한하여 인정(9차 개헌) : 사실상 노무에 종사하는 자는 인정

② 단체행동권을 제한 받는 근로자

법률이 정하는 주요방위산업체 근로자이며 법적인 근거는 「노동조합 및 노동 관계조정법」 제4조 제2항

❻ 관련 헌법재판소 판례

지방공무원법 제58조 제1항 등 위헌소원 관련규정(헌재 2005.10.27, 2003헌바50 · 2003헌바62 · 2004헌바96 · 2005헌바49 병합)

법 제58조 제1항이 근로3권이 보장되는 공무원의 범위를 사실상 노무에 종사하는 공무원에 한정하고 있는 것은 근로3권의 향유주체가 될 수 있는 공무원의 범위를 법률로 정하도록 위임하고 있는 헌법 제33조 제2항에 근거한 것으로 입법자에게 부여하고 있는 형성적 재량권의 범위를 벗어난 것이라고는 볼 수 없으므로, 위 법률조항이 근로3권을 침해한 것으로 위헌이라 할 수 없음.

노동조합및노동관계조정법 제81조 제2호 단서 위헌소원(헌재2005.11.24, 2002헌바95 · 96 · 2003헌바9 병합)

이 사건 법률조항은 단체협약을 매개로 하여 특정 노동조합에의 가입을 강제함으로써 근로자의 단결선택권과 노동조합의 집단적 단결권(조직강제권)이 충돌하는 측면이 있으나, 이러한 조직강제를 적법 · 유효하게 할 수 있는 노동조합의 범위를 엄격하게 제한하고 지배적 노동조합의 권한남용으로부터 개별근로자를 보호하기 위한 규정을 두고 있는 등 전체적으로 상충되는 두 기본권 사이에 합리적인 조화를 이루고 있고 그 제한에 있어서도 적정한 비례관계를 유지하고 있으며, 또 근로자의 단결선택권의 본질적인 내용을 침해하는 것으로도 볼 수 없으므로, 근로자의 단결권을 보장한 헌법 제33조 제1항에 위반되지 않음.

특수경비원의 단체행동권을 제한하는 것은 합헌이다(헌재 2009.10.29, 2007헌마1359).

노동조합 및 노동관계조정법 제96조 제1항 제2호 등 위헌소원(헌재 2013.7.25, 2012헌바116) : 합헌

노동조합으로 하여금 행정관청이 요구되는 경우에 결산결과와 운영상황을 보고하도록 하고 위반시 과태료에 처하도록 한 것은 노동조합의 단결권을 침해한 것이 아니다.

| 제34조 | 사회보장 등

> ① 모든 국민은 인간다운 생활을 할 권리를 가진다.
> ② 국가는 사회보장·사회복지의 증진에 노력할 의무를 진다.
> ③ 국가는 여자의 복지와 권익의 향상을 위하여 노력하여야 한다.
> ④ 국가는 노인과 청소년의 복지향상을 위한 정책을 실시할 의무를 진다.
> ⑤ 신체장애자 및 질병, 노령 기타의 사유로 생활능력이 없는 국민은 법률이 정하는 바에 의하여 국가의 보호를 받는다.
> ⑥ 국가는 재해를 예방하고 그 위험으로부터 국민을 보호하기 위하여 노력하여야 한다.

❶ 연혁

세계 최초 규정	우리나라 최초 규정	기타 규정
1919년 독일의 Weimar 헌법에서 최초로 규정	1962년 제5차 개헌에서 최초로 규정하였으며 현행 헌법에서는 제34조에 규정	• 1948년 세계인권선언 • 1966년 국제인권규약

❷ 의의

우리나라 헌법의 가장 핵심적이고 중요한 이념인 인간존중을 구현하기 위한 것으로 인간답게 생활을 할 수 있는 권리를 의미

❸ 주체

① 국민만이 그 주체가 될 수 있으며 외국인이나 법인은 주체가 될 수 없음.
② 현행 헌법 제34조 제1항에서도 「모든 국민은 인간다운 생활을 할 권리를 가진다.」라고 규정하여 국민만으로 그 주체를 한정하고 있음.

❹ 인간다운 생활을 할 권리의 내용

(1) 사회보장을 받을 권리

① 사회보장제도

의의	사회보험제도란 국민의 인간다운 생활을 보장하기 위해서 국가, 법인 및 피보험자 등이 일정액을 분담하여 사회적 위험 예방이나 건강증진 등을 실현하기 위한 제도

성격	사회보험은 강제로 가입해야 하며 능력에 따라서 부담을 해야 함. 사회보험은 사회보장제도 중에서 가장 핵심적이고 중추적인 제도
관련되는 사례	국민건강보험법에 근거한 국민건강보험제도, 산업재해보상보험법에 의한 산업재해보상보험제도, 실업보험법에 규정된 실업보험제도 등

② 공적 부조제도

의의	관련되는 사례
생활무능력자에 대하여 국가에서 공공의 비용으로 자립을 지원해 주는 제도	「국민기초생활 보장법」에 의한 생계급여, 국민건강보험법에 의한 의료보호, 「국가유공자 예우 및 지원에 관한 법률」에 의한 국가유공자 예우 등

③ 사회복지제도

의의	관련되는 사례
특별한 자, 즉 아동, 신체장애인, 여성 등에 대하여 국가에서 건강증진이나 가난 해소를 위한 정책을 실시하는 제도	『남녀고용평등과 일·가정 양립 지원에 관한 법률』에 의한 모성보호, 아동복지법에 의한 아동보호, 노인복지법에 의한 노인보호 및 장애인복지법에 의한 장애인 보호 등

⑤ 관련 헌법재판소 판례

1998.1.1. 이후 유족 중 1명이 보상금을 받은 사실이 있는 6·25 전몰군경의 자녀에게는 6·25 전몰군경 자녀수당을 지급하지 아니하는 것은 인간다운 생활할 권리를 침해하는 것은 아니다(헌재 2016.2.25, 2015헌바189).

국민연금법 부칙 제8조 위헌확인(헌재 2013.10.24, 2012헌마906) : 합헌

국민연금의 조기노령연금의 수급개시연령을 만 59세에서 만 60세로 올린 것은 장기노령연금을 받을 기대를 가진 청구인의 기본권을 침해하는 것이 아니다.

국민연금법 부칙 제2조 위헌제청(헌재 2024.5.30, 2019헌가29): 위헌

국민연금법 제64조 제1항·제4항을 개정법 시행 후 최초로 분할 연금 지급사유가 발생한 경우부터 적용하도록 규정한 부칙은 평등원칙에 위배된다.

공무원연금법 제64조 제1항 제1호 등 위헌소원(헌재 2013.8.29, 2010헌바354) : 위헌, 합헌

① '직무와 관련 없는 과실로 인한 경우' 및 '소속 상관의 정당한 직무상의 명령에 따르다가 과실로 인한 경우'를 제외하고 재직 중의 사유로 금고 이상의 형을 받은 경우, 퇴직급여 등을 감액하도록 규정한 공무원연금법 조항은 재산권과 인간다운 생활을 할 권리를 침해하지 않으며, 평등원칙에 위배되지 않는다.
② 2009.12.31. 개정된 이 사건 감액조항을 2009.1.1.까지 소급하여 적용하도록 규정한 공무원연금법 부칙 조항은 소급입법금지원칙에 위반하여 청구인들의 재산권을 침해한다.

국민연금법 제6조 국민연금 강제가입규정(헌재 2001.4.26, 2000헌마390)

국민연금 가입대상을 만 18세 이상 만 60세 미만으로 제한하는 규정은 인간다운 생활할 권리를 침해하는 것은 아님.

교도소에 수용된 때 국민건강보험급여를 정지하도록 하는 것은 합헌이다(헌재 2005.2.24, 2003헌마31).

북한이탈주민의 보호 및 정착지원에 관한 법률 제9조 제1항 제1호 위헌소원(헌재 2014.3.27, 2012헌바192) : 합헌

마약거래범죄자인 북한이탈주민을 보호대상자로 결정하지 않을 수 있도록 한 북한이탈주민의 보호 및 정착지원에 관한 법률 제9조 제1항 제1호 중 마약거래에 관한 부분은 헌법상의 명확성원칙에 위배되지 않고 마약거래범죄자인 북한이탈주민의 인간다운 생활을 할 권리를 침해하지 않는다.

| 제35조 | 환경권 등

① 모든 국민은 건강하고 쾌적한 환경에서 생활할 권리를 가지며, 국가와 국민은 환경보전을 위하여 노력하여야 한다.
② 환경권의 내용과 행사에 관하여는 법률로 정한다.
③ 국가는 주택개발정책 등을 통하여 모든 국민이 쾌적한 주거생활을 할 수 있도록 노력하여야 한다.

❶ 연혁

최초의 환경권 대두	환경권은 1960년대 이후 미국에서 논의된 것으로 천부인권으로 주장된 것이 아니라 공해에 대한 투쟁의 개념으로 등장한 현대적 기본권의 하나라고 할 수 있음.
국제적인 환경선언	1972년 스웨덴의 스톡홀름에서의 인간환경선언과 1992년 브라질의 리우선언에서 환경의 중요성을 국제적으로 선언하여 환경의 공유사상을 고취시킨 바 있음.
우리나라	① 환경권을 헌법에서 최초로 규정한 것은 1980년에 개정된 제5공화국 헌법 ② 현행 헌법에서도 헌법 제35조에 환경권을 직접 명문화하고 있으며 기본적인 환경정책의 방향은 1990년 8월에 제정된 환경정책기본법에 규정하고 있음. ③ 기타 개별법으로 수질 및 수생태계 보전에 관한 법률, 대기환경보전법, 유해화학물질관리법, 소음·진동관리법, 환경분쟁조정법이 제정시행 중에 있으므로 환경에 대한 복수법주의를 채택

❷ 의의

인간존중주의 및 환경공유사상을 기초로 한 사회권으로 맑고 깨끗한 환경에서 생활할 수 있는 권리를 의미

❸ 환경권보전의 기본원칙과 주체

① 존속보장의 원칙, 사전배려의 원칙, 원인자책임의 원칙, 공동부담의 원칙, 협력의 원칙을 들 수 있음.
② 자연인만이 그 주체가 될 수 있으며 미래의 자연인, 즉 후손들도 그 주체성을 인정

4 환경권의 내용

국가의 환경침해에 대한 방어권	국가의 환경침해에 대하여 국민이 국가기관에 환경침해의 중단 등을 주장할 수 있는 권리를 국가의 환경침해에 대한 방어권이라고 함.
사인의 환경침해에 대한 공해배제청구권	국가 이외의 사인에 의해서 유발된 환경침해를 방지할 것을 요구할 수 있는 권리를 의미함. 상린관계를 토대로 수인의 한계를 초과하는 경우에 주장할 수 있는 권리
쾌적한 생활환경조성 청구권	국민이 국가기관에 대하여 쾌적하고 건강한 생활환경을 청구할 수 있는 권리를 의미
쾌적한 주거생활권	국민이 국가기관에 주택개발정책 등을 통하여 쾌적한 주거생활 실현을 청구할 수 있는 권리를 의미

5 환경권의 효력, 제한 및 한계

① 환경권은 대국가적 효력인 동시에 대사인적 효력
② 환경권은 국가안보, 질서유지 및 공공복리를 위해서 필요한 경우에는 최소한의 범위 내에서 제한할 수 있음.
③ 환경권을 제한하는 경우에도 본질적인 내용은 제한할 수 없음.

6 관련 헌법재판소 판례

자원의절약과재활용촉진에관한법률 시행령 제5조등 위헌확인(헌재2007.2.22, 2003헌마428)

① 1회용품과 포장재 등을 서로 차별 취급함에는 합리적인 이유가 있다고 할 것임.
② 합성수지 컵과 합성수지 접시는 그 크기나 부피가 합성수지 도시락 용기에 비하여 매우 작고 배달 등의 경우에 사용될 가능성이 훨씬 낮은 점 등을 고려할 때 그와 같은 차별취급에 합리적인 이유가 있다고 할 것임.

공중이 이용하는 시설에 금연구역을 지정하는 것 – 합헌(헌재 2004.8.26, 2003헌마457I)

제36조 | 혼인과 가족생활, 모성보호, 국민보건

① 혼인과 가족생활은 개인의 존엄과 양성의 평등을 기초로 성립되고 유지되어야 하며, 국가는 이를 보장한다.
② 국가는 모성의 보호를 위하여 노력하여야 한다.
③ 모든 국민은 보건에 관하여 국가의 보호를 받는다.

❶ 연혁

세계 최초 규정	우리나라		
	제헌헌법	8차 개헌	9차 개헌
1919년 독일의 Weimar 헌법에서 혼인과 가족제도에 관한 권리를 최초로 규정	1948년 건국헌법에서 혼인과 순결에 대한 권리를 최초로 규정	1980년의 8차 개헌에서 인간의 존엄과 양성 평등을 최초로 규정	1987년 9차 개헌으로 모성보호를 최초로 규정

❷ 혼인과 가족제도의 주체

제도적 보장인 동시에 사회적 기본권의 성격을 가지고 있는 것으로 그 주체는 국민과 외국인이며 법인은 그 주체가 될 수 없음.

혼인의 자유	양성평등 보장
혼인에 있어서 당사자간의 의사를 존중하는 것을 의미, 혼인의 자유를 보장하기 위해서 축첩금지, 지나친 조혼금지, 인신매매혼 금지	개인의 존엄과 양성의 평등을 기초로 성립되고 유지되어야 하고 국가는 이를 보장해야 함.

❸ 관련 헌법재판소 판례

민법 제809조 제1항 위헌제청(헌재 1997.7.16, 95헌가6내지13 병합 – 헌법불일치)

현대의 자유민주주의사회에서 동성동본금혼을 규정한 민법 제809조 제1항은 이제 사회적 타당성 내지 합리성을 상실하고 있음과 아울러 "인간으로서의 존엄과 가치 및 행복추구권"을 규정한 헌법이념 및 "개인의 존엄과 양성의 평등"에 기초한 혼인과 가족생활의 성립·유지라는 헌법규정에 정면으로 배치될 뿐 아니라 남계혈족에만 한정하여 성별에 의한 차별을 함으로써 헌법상의 평등의 원칙에도 위반

> **민법 제781조 제1항 본문 후단부분 위헌제청(헌재 2005.2.3, 2001헌가9등)**
>
> 호주제는 당사자의 의사나 복리와 무관하게 남계혈통 중심의 가의 유지와 계승이라는 관념에 뿌리박은 특정한 가족관계의 형태를 일방적으로 규정·강요함으로써 개인을 가족 내에서 존엄한 인격체로 존중하는 것이 아니라 가의 유지와 계승을 위한 도구적 존재로 취급하고 있는데, 이는 혼인·가족생활을 어떻게 꾸려나갈 것인지에 관한 개인과 가족의 자율적 결정권을 존중하라는 헌법 제36조 제1항에 부합하지 않음.

> **소득세법상 자산소득 합산하여 과세하는 것 – 위헌(헌재 2002.8.29, 2001헌바82)**

| 제37조 | 자유와 권리의 존중·제한

> ① 국민의 자유와 권리는 헌법에 열거되지 아니한 이유로 경시되지 아니한다.
> ② 국민의 모든 자유와 권리는 국가안전보장, 질서유지 또는 공공복리를 위하여 필요한 경우에 한하여 법률로써 제한할 수 있으며, 제한하는 경우에도 자유와 권리의 본질적인 내용을 침해할 수 없다.

❶ 기본권 충돌과 해결의 원칙

(1) 이익형량의 원칙

① 의의 : 기본권이 충돌하는 경우에는 법익을 형량하여 우열을 결정해야 한다는 원칙

② 전제조건 : 기본권 상호간에는 우열, 즉 위계질서가 존재하고, 무제한의 기본권을 고수하지 아니해야 함.

③ 이익형량판단시 기준 : 상위기본권 우선원칙, 인격가치 우선원칙 및 공익우선의 원칙이 적용

(2) 규범조화의 원칙

① 의의 : 기본권이 충돌하는 경우에는 헌법의 통일성을 추구하기 위해서 조화롭게 결정해야 한다는 원칙

② 관련되는 원칙 : 과잉금지의 원칙, 대안해결의 원칙, 최후수단억제의 원칙이 적용

③ 과잉금지원칙 : 기본권이 충돌하는 경우에는 필요한 범위 내에서 최소한으로 제한해야 한다는 원칙
④ 대안해결의 원칙 : 기본권이 충돌하는 경우에는 제3의 대체방안을 설정하여 해결해야 한다는 원칙

❷ 기본권의 제한

(1) 기본권 제한의 개설
① 우리나라 헌법의 규정에 의하면 국가는 국민의 기본권을 최대한으로 보장해야 하는 의무를 규정하고 있음.
② 복잡다양한 현대사회에서는 국민의 기본권을 민주주의 수호와 국가안전보장 등을 논거로 하여 헌법과 법률의 규정에 의하여 제한가능

(2) 기본권 제한과 관련되는 헌법조문(헌법 제37조 제2항)
① 국민의 모든 자유와 권리는 국가안전보장, 질서유지 또는 공공복리를 위하여 필요한 경우에 한하여 법률로써 제한할 수 있음.
② 제한하는 경우에도 자유와 권리의 본질적인 내용을 침해할 수 없음.

❸ 기본권 제한의 유형

(1) 헌법유보에 의한 기본권의 제한
① 일반적 헌법유보
  ㉠ 의의 : 헌법상의 원리나 질서에 의하여 기본권 일반의 제한을 헌법에 직접 명문화하여 규정하는 것을 의미하며 우리나라 헌법에는 해당규정이 없음.
  ㉡ 해당규정 : 일본헌법 제12조 「국민에게 보장하는 자유와 권리는 국민의 부단한 노력에 의하여 보유하지 않으면 안 됨. 국민은 이를 남용해서는 안되며 항상 공공복리를 위하여 이용할 책임을 짐」

② 개별적 헌법유보
  ㉠ 의의 : 헌법상의 원리나 질서에 의하여 직접 제한하는 것
  ㉡ 해당규정 : 정당해산규정(제8조 제4항), 언론·출판자유의 한계(제21조 제4항), 재산권 행사의 공공복리 적합의무(제23조), 공무원의 국가배상청구권 행사시 2중배상제한(제29조), 공무원의 근로3권의 제한(제33조 제2항) 규정이 개별적 헌법유보규정

(2) 법률유보에 의한 기본권의 제한
  ① 의의 : 헌법이 직접적으로 기본권 제한을 규정하지 아니한 경우에, 법률의 위임에 의하여 기본권을 제한하는 것
  ② 법률유보원칙에 대한 헌법재판소의 견해 : 헌법재판소는 1991년 2월 11일 결정에서 기본권의 제한이나 그 행사를 위한 기본적이고 본질적인 사항은 국회가 제정한 형식적 의미의 법률에 미리 규정되어 있어야 한다는 원칙을 제시한 바 있음(90헌가27).
  ③ 법률유보에 의한 기본권 제한의 유형
    ㉠ 일반적 법률유보
      ⓐ 의의 : 기본권 제한을 일반적인 법률에 의해서 제한할 수 있다는 것이며 우리나라에서는 인정하나 독일기본법에서는 불인정
      ⓑ 해당규정 : 헌법 제37조 제2항을 들 수 있음.
    ㉡ 개별적 법률유보
      ⓐ 의의 : 기본권 제한을 특정한 법률에 의하여 제한할 수 있다는 것이며 우리나라와 독일기본법에서는 인정
      ⓑ 해당규정 : 신체의 자유(제12조 제1항), 재산권의 보장(제23조 제1항)을 들 수 있음.

❹ 기본권 제한의 원리

(1) 기본권 제한의 요건
  ① 헌법 제37조 제2항에 기본권 제한의 요건을 직접 명시
    ㉠ 국민의 모든 자유와 권리는 국가안전보장 · 질서유지 또는 공공복리를 위하여 필요한 경우에 한하여 법률로써 제한할 수 있으며, 제한하는 경우에도 자유와 권리의 본질적인 내용은 침해할 수 없음.
    ㉡ 국가안전보장은 제7차 개헌(1972년 12월)에서 신설되었으며 본질적인 내용의 침해금지규정은 제3차 개헌(1960년)에서 최초로 명시
    ㉢ 헌법 제37조 제2항에 규정된 모든 자유와 권리는 모든 기본권에 대하여 제한대상이 된다는 통설적인 견해가 있으나 절대적 기본권인 양심의 자유, 신앙의 자유, 예술창작의 자유, 학문연구의 자유는 제한할 수 없음.
  ② 기본권 제한의 목적에 대한 의미분석
    ㉠ 국가안보(국가안전보장)

- ⓐ 국가의 존립안전과 헌법의 기본적인 질서유지를 의미
- ⓑ 헌법재판소는 1992년 2월 25일 군사기밀보호법 제6조에 대한 위헌사건에서 국가의 독립, 영토의 보전, 헌법과 법률에 의하여 설치된 국가기관의 유지를 국가 안전보장으로 규정
- ㉡ 질서유지
  - ⓐ 사회안녕질서를 의미하며 국가의 안전보장은 제외
  - ⓑ 민주적 기본질서의 질서유지 포함여부에 대한 학문상 대립이 있으나 다수설은 포함하지 않는다는 견해
- ㉢ 공공복리 : 다수국민의 이익과 행복을 의미

③ 기본권 제한과 관련법률
- ㉠ 기본권 제한에 대한 법률은 형식적 의미의 법률을 의미(단, 예외적으로 법률의 위임에 의해서 명령으로도 제한 가능)
- ㉡ 형식적 의미의 법률은 불특정 다수인을 규율하는 일반성 및 막연한 형태가 아닌 명확성과 제한대상이 되는 기본권을 구체적으로 명시한 구체성이 있어야 함.
- ㉢ 헌법 제6조 제1항의 규정에 의하면 조약도 국내법과 동일한 효력이 인정되기 때문에 조약에 의해서도 국민의 기본권을 제한할 수 있음.

국가안전보장을 위한 기본권 제한법률	질서유지를 위한 기본권 제한법률	공공복리를 위한 기본권 제한법률
- 국가보안법 - 형법 - 군형법 - 군사기밀보호법 - 계엄법 등	- 도로교통법 - 소방기본법 - 경찰관직무집행법 - 형법 - 집회 및 시위에 관한 법률 - 경범죄처벌법 - 폭력행위 등 처벌에 관한 법률 - 특정범죄가중처벌 등에 관한 법률 등	- 도로법 - 국토의 계획 및 이용에 관한 법률 - 측량·수로조사 및 지적에 관한 법률 - 항공법 - 하천법 - 자연재해대책법 - 도시공원 및 녹지 등에 관한 법률 - 건축법 등

(2) 기본권 제한의 정도에 관한 원칙

최소제한의 원칙	기본권의 제한은 필요한 범위내에서 최소한으로 해야 한다는 원칙
제한불가성의 원칙	기본권을 제한하지 아니하고는 도저히 그 목적을 달성할 수 없는 경우에 제한해야 한다는 원칙
비례의 원칙	① 피해최소성 : 기본권의 제한은 필요최소한도로 해야 한다는 원칙 ② 목적정당성 : 기본권을 제한하는 경우에는 목적의 정당성이 있어야 한다는 원칙 ③ 방법적정성 : 기본권을 제한하는 방법은 적정성이 있어야 한다는 원칙 ④ 법익균형성 : 기본권을 제한하는 경우에는 법익을 균형하게 해야 한다는 원칙
2중기준의 원칙	정신적 기본권과 경제적 기본권을 구분하여 경제적 기본권을 정신적 기본권보다 우선적으로 제한할 수 있다는 원칙으로 미국에서 판례로 형성된 원칙

(3) 기본권 제한의 한계

① 기본권이 핵심이 되는 요소인 근본적인 내용, 즉 본질적인 내용은 침해할 수 없음.
② 헌법 제37조 제2항에 자유와 권리의 본질적인 내용은 침해할 수 없다고 규정하여 기본권 제한의 한계를 명문화
③ 본질적인 내용의 침해금지규정은 제2, 3, 5공화국 헌법 및 현행 헌법에 규정되어 있음.
④ 기본권 제한의 한계를 위배한 경우에는 무효가 되며 우리나라 헌법에는 구제 방법으로 청원권 행사(헌법 제26조), 헌법소원 제도(헌법 제111조 제1항) 등을 인정

5 관련 헌법재판소 판례

대한민국 고엽제 전우회의 회원으로 가입한 사람은 대한민국 월남전 참전자회의 회원이 될 수 없도록 하는 것은 과잉금지원칙에 위반하지 않는다(헌재 2016.4.28, 2014헌바442).

외국인을 위하여 군사기밀을 누설한 경우에는 군사기밀누설죄에서 정한 형의 2분의 1까지 가중처벌하도록 한 것은 책임과 형벌 간의 비례원칙에 위반되지 아니한다(헌재 2018.1.25, 2015헌바367).

직계존속이 외국에서 영주할 목적 없이 체류한 상태에서 출생한 자의 경우 반드시 병역의무를 해소해야만 국적이탈을 신고할 수 있도록 하는 것은 비례성원칙에 위배되지 아니한다(헌재 2023.2.23, 2019헌바462).

구 파견근로자 보호 등에 관한 법률 제43조 제1호 등 위헌소원(헌재 2013.7.25, 2011헌바395) : 합헌

법에서 정한 근로자파견대상업무 외에 근로자파견사업을 행한 자를 형사처벌하도록 한 규정은, 근로자파견에 관한 정의 규정, 법적 성질, 민법상 도급과의 구별 가능성 등을 종합할 때 '근로자파견'부분이 죄형법정주의의 명확성원칙에 위반되지 않고, 근로자파견사업을 하려는 자의 직업의 자유를 제한하나 법상 그 허용범위가 넓고, 과태료 등 행정적 제재수단만으로는 입법목적을 달성하는 데에 충분하지 아니하다는 점을 고려할 때 과잉금지원칙에 위배되지 않는다.

구 특정경제범죄 가중처벌 등에 관한 법률 제5조 제4항 제1호 위헌소원(헌재 2013.7.25, 2011헌바397) : 합헌

금융기관의 임·직원이 직무에 관하여 1억 원 이상의 금품을 수수한 경우에 공무원의 수뢰죄와 같은 수준으로 가중처벌하도록 한 것은 책임과 형벌 간의 비례원칙이나 평등원칙 및 형벌체계상의 균형성에 위배되지 아니하여 헌법에 위반되지 않는다.

공무원 임용시험령(헌재 2020.6.25, 2017헌마1178)

국가직 7급 세무 공무원 공개 경정 채용 시험에서 특정 자격증(세무사, 회계사, 변호사) 자격증 소지자에게 가산점을 부여하는 것은 헌법에 위배되지 않는다.

정밀신체검사(항문검사) 위헌확인(헌재 2006.6.29, 2004헌마826)

청구인에게 마약류 등 반입금지품을 은닉하였다고 의심할 합리적인 이유가 있었고, 실시된 정밀신체검사의 수단과 방법 또한 사전설명, 외부와 차단된 공간, 같은 성별의 교도관, 짧은 시간 등 청구인의 명예나 수치심 등을 충분히 배려하고 그 침해의 여지를 최소화하였다고 볼 수 있어, 인격권과 신체의 자유에 대한 과잉금지원칙에 위배된 과도한 제한이라고 보기 어려움.

박근혜 정부 국정농단 특별검사법(헌재 2018.2.28, 2017헌바196)

대통령이 더불어민주당과 국민의당에 특별검사후보자추천을 의뢰하고 두 정당에 합의하여 박근혜 정부 국정농단 의혹규명을 특별검사를 임명하는 것은 헌법에 위배되지 아니한다.

> **테러방지법 제17조 제3항 위헌소원(2025.1.23. 2019헌바317)**
>
> 테러단체 가입을 타인에게 권유 또는 선동하는 자를 처벌하는 것은 과잉금지원칙에 위배되지 아니한다.

> **도로교통법 제58조에 대한 헌법소원(헌재 2007.1.17. 2005헌마1111)**
>
> 이륜차에 대하여 고속도로 등의 통행을 전면적으로 금지하더라도 그로 인한 기본권 침해의 정도는 경미하여, 이 사건 법률조항이 도모하고자 하는 공익에 비하여 중대하다고 보기 어렵다. 따라서 이 사건 법률조항은 청구인의 고속도로 등 통행의 자유(일반적 행동의 자유)를 헌법 제37조 제2항에 반하여 과도하게 제한한다고 볼 수 없음.

| 제38조 | 납세의 의무

> 모든 국민은 법률이 정하는 바에 의하여 납세의 의무를 진다.

❶ 연혁

최초의 헌법	20세기의 현대적 의무
1791년 프랑스혁명헌법에서 최초로 국민의 의무를 규정	1919년 독일의 Weimar헌법에서 20세기적 현대적 의무를 최초로 규정

❷ 의의

국민의 기본적 의무란 헌법이 규정하고 있는 의무를 의미하며 국민의 의무를 헌법에 명시하는 이유는 국민의 자유를 보장하기 위해서임.

❸ 법적 성격

국민의 기본적인 의무는 국민의 재산과 자유권을 보장하기 위한 제도로서 전국가적인 인간의 의무가 아니라 국민의 실정법상 의무라는 것이 다수적인 견해

❹ 국민의 의무와 관련되는 헌법조문

조문	내용
제23조 제2항	재산권의 행사는 공공복리에 적합하도록 하여야 함.
제31조 제2항	모든 국민은 그 보호하는 자녀에게 적어도 초등교육과 법률이 정하는 교육을 받게 할 의무를 짐.
제32조 제2항	모든 국민은 근로의 의무를 진다. 국가는 근로의 의무의 내용과 조건을 민주주의원칙에 따라 법률로 정함.
제35조 제1항	모든 국민은 건강하고 쾌적한 환경에서 생활할 권리를 가지며, 국가와 국민은 환경보전을 위하여 노력하여야 함.
제38조	모든 국민은 법률이 정하는 바에 의하여 납세의 의무를 짐.
제39조 제1항	모든 국민은 법률이 정하는 바에 의하여 국방의 의무를 짐.

보충정리 국민의 기본적 의무의 내용

1. 고전적인 국민의 의무

(1) 납세의 의무

납세의 의의	납세의무의 주체	조세법률주의
조세라고 함은 조세뿐만 아니라 반대급부 없이 강제적으로 부과·징수하는 것을 의미(사용료, 수수료, 공채발행상 수입, 전매수입 등은 제외)	국민, 외국인, 법인이 그 주체가 되며 납세의무는 대체적 이행가능	① 조세의 종목과 세율을 법률로 정한다는 원칙 ② 조세법률주의는 헌법상의 모든 원칙에 부합할 것을 요함.

(2) 관련 헌법재판소 판례

> **구 특별소비세법 제1조 제2항 제3호 등 위헌소원(헌재 2013.7.25, 2012헌바92) : 합헌**
>
> 지프형 승용자동차를 특별소비세 과세물품으로 정하고 있는 것은 과세요건명확주의 내지 명확성원칙 및 포괄위임금지원칙에 위반되지 않는다.

(3) 관련 판례

> **구 소득세법 제81조 제3항 위헌제청(헌재 2013.8.29, 2011헌가27) : 합헌**
>
> 종합소득세의 납부의무 위반에 대하여 미납기간을 고려하지 않고 일률적으로 미납세액의 100분의 10에 해당하는 가산세를 부과하도록 한 것은, 종합소득세의 성실납부의무의 위반 정도에 비추어 그에 대한 제재가 적정한 비례관계에 있지 않게 됨으로써 납세의무

자의 재산권이 침해되거나, 서로 다른 경우를 합리적 이유 없이 같게 취급한다고 볼 수는 없다.

> 조세감면우대조치는 조세평등주의에 위배한 소지가 있으므로 가급적 억제하여야 한다(헌재 2005.2.24, 2003헌바72).

2. 현재적 의무

교육의 의무	그 보호하는 자녀에게 모든 국민은 적어도 초등교육과 법률이 정하는 교육을 받게 할 의무를 진다는 것을 의미
근로의 의무	① 모든 국민은 근로의 의무를 짐. ② 근로하지 않는 자에 대해 윤리적인 제재만 가능하고 법적인 제재는 할 수 없음.
재산권 행사의 공공복리적합의무	재산권의 행사는 공공복리에 적합하게 행사하여야 한다는 것을 의미
환경보전의무	모든 국민들은 환경보전을 위하여 노력하여야 함. 환경보전의무는 제5공화국에서 최초로 신설

| 제39조 | 국방의 의무

> ① 모든 국민은 법률이 정하는 바에 의하여 국방의 의무를 진다.
> ② 누구든지 병역의무의 이행으로 인하여 불이익한 처우를 받지 아니한다.

❶ 국방의 의무

의의	내용	불이익 처우의 금지
외부의 모든 세력의 침략에 대하여 국가를 방위하는 것을 의미	① 병역의무 ② 방공의무 ③ 방첩의무 ④ 전시근로동원의무 ⑤ 군 작전 협력의무	누구든지 병역의무의 이행으로 인하여 불이익한 처우를 받지 않음.

❷ 관련 헌법재판소 판례

병역의무 이행 관련 교원미임용자 채용에 관한 특별법 제2조 제1호 위헌확인(헌재 2006.5.25, 2005헌마715)

입법자가 시혜의 대상을 규정함에 있어 병역의무 이행자를 의도적으로 배제하려고 한 것이 아니라 별도의 기준을 설정함에 따라 일부 병역의무 이행자가 포함되지 못하였다 하더라도 이를 병역의무이행을 이유로 불이익을 받은 것이라 할 수 없음.

제2국민역 편입처분 부결결정 취소(헌재 2007.2.22, 2005헌마548)

현역병의 경우에 적용되는 규정이 공익근무요원인 청구인에게도 동일하게 적용되어야 함에도 병역법 시행령 제136조에 그러한 내용이 포함되어 있지 않아 청구인의 기본권이 침해되었다는 청구인의 주장은 이유 없음.

대한민국 국민인 남자에 한정하여 병역의무를 부과하는 것은 자의금지원칙과 평등권을 침해하는 것은 아니다(헌재 2014.2.27, 2011헌마825).

전투경찰에 대한 징계처분으로 영창을 규정하고 있는 것은 과잉금지원칙에 위배되지 아니한다(헌재 2016.3.31, 2013헌바190).

🔍 군인에 대한 징계 처분: 위헌

제3장 국회

| 제40조 | 입법권

> 입법권은 국회에 속한다.

❶ 연혁
① 의회제도의 기원은 중세유럽의 등족회의와 영국의 가신의회로 보는 견해가 대립하고 있으나 등족회의로 보는 견해가 지배적임.
② 등족회의는 삼원제인 시민, 승려, 귀족으로 구성되었으며 소속원이 출신계급을 대표하며 군주에 대한 청원제출권이 주요한 권한

❷ 의회제도의 기본적인 원리

옐리네크(G. Jellinek)	칼 슈미트(C. Schmitt)
옐리네크는 의회제도는 입법과 중요정책을 결정하는 국민대표성을 그 기본적인 원리로 한다고 주장	칼 슈미트는 '의회제도의 본질은 공개와 토론의 원리이다.'라고 주장

❸ 헌법 제40조의 의미
① 국회중심의 입법원칙을 규정
② 형식적 의미의 법률은 국회의 법률단독의결의 원칙을 규정한 것이지 국회가 입법권을 독점한다는 의미는 아님.

❹ 헌법 제40조의 입법의 의미

구분	실질설	형식설
입법의 의미	국가기관이 일반적이고 추상적인 성문의 법규범을 정립하는 작용	국회가 특수한 법형식인 형식적 의미의 법률을 제정하는 작용
제정 주체	의회에 한정 ×	의회에 한정 ○
명령·규칙·긴급명령	입법의 예외 ×	입법의 예외 ○

❺ 입법권의 범위

① **법규사항** : 헌법 2장의 국민의 자유와 권리·의무에 관계되는 사항
② **입법사항(법률사항)** : 헌법이나 다른 법률이 형식적 의미의 법률로서 규정하도록 한 사항

| 제41조 | 국회의 구성

① 국회는 국민의 보통·평등·직접·비밀선거에 의하여 선출된 국회의원으로 구성한다.
② 국회의원의 수는 법률로 정하되, 200인 이상으로 한다.
③ 국회의원의 선거구와 비례대표제 기타 선거에 관한 사항은 법률로 정한다.

❶ 국회의 구성

(1) 국회의원은 선거의 4대 원칙에 의해서 선출

(2) 건국헌법의 제헌의원은 헌정사상 최초의 보통선거

(3) 국회의원의 헌법상 최소한의 수는 200인 이상

(4) 현재 공직선거법상 국회의원의 수는 지역구의원 254명과 비례대표제인 전국구의원 46명으로 구성

(5) **건국헌법** : 국회의원의 수는 헌법으로 규정했으나 1차~9차까지는 법률로 규정

(6) **국회의 구성 원리**

① 양원제

의의	양원제라고 함은 의회가 상·하원으로 구성된 형태, 즉 2개의 합의체로 구성된 형태를 의미. 양원제 채택시 하원을 국민이 직접 선출하며 상원의 임기가 하원보다 장기적임.	
주장자	몽테스키외와 브라이스	
채택이유	신분제도(영국, 태국)	상원-국왕에 의해 임명
	연방제도(독일, 미국)	상원-각 지방정부를 대표
	직능대표제(아일랜드)	상원-직능대표자
	지방자치제도(일본, 제2공화국)	상원-지역을 대표

양원의 운영상 관계	독립조직의 원칙	• 양원에 동시 소속 × • 다른 원에서 출석 · 발언권 ×	
	독립의결의 원칙	양원은 독립하여 의회 · 개최하고 진행과 의결도 독립	
	동시활동의 원칙	양원은 동시 개회하고 동시에 폐회	
국가별 형태	영국	상원(귀족원)	• 1000명 • 임기 : 종신제
		하원(서민원)	• 650명 • 임기 : 5년
	미국	상원	• 100명 • 임기 : 6년(2년마다 1/3씩 개선)
		하원	• 435명 • 임기 : 2년
장점	① 신중한 심의를 통한 졸속입법을 예방할 수 있음. ② 국회의 독단 · 독선, 즉 전제를 예방할 수 있음. ③ 의회와 정부의 충돌 시 해결이 용이함.		
단점	① 국회의 책임소재가 불분명 ② 의안의 신속성 확보가 곤란 ③ 국회지위가 약화될 우려가 있음. ④ 민주주의 비용이 많이 듦.		

② 단원제

의의	의회가 단수의 합의체로 구성되는 의회를 의미하며 국민이 선출하는 것을 원칙으로 함.	
주장자 와 이론적 근거	시이 예스	제2원이 제1원과 의사를 달리하면 그 존재는 유해할 것이고, 양자의 의사가 동일하면 제2원은 무용지물일 것임.
	루소	국민의사가 하나이므로 의회도 단원으로 구성되어야 함.
채택국가	이스라엘, 덴마크, 한국	
우리나라	1948년 건국헌법	단원제 채택
	1952년 1차 개헌	양원제를 헌법에 명시하나 실제로는 미운영
	제2공화국	4년 임기의 민의원과 5년 임기의 참의원으로 구성된 양원제를 채택
	제3 · 4 · 5 · 6공화국 헌법	단원제 채택

📢 **주의** 의회 운영의 세계적 추세는 양원제가 아닌 단원제

(7) 국회의 조직
① 국회의장단

구성	의장 1인과 부의장 2인으로 구성
선출방식	국회의장과 부의장은 국회에서 무기명투표로 선거하되 재적의원 과반수의 득표로 당선(전국구의원도 의장이 될 수 있다)
당적보유 유무	① 국회의장은 당적보유 불인정하나 부의장의 당적보유는 인정(1960년 국회법은 의장의 당적보유 불인정) ② 국회의장이나 국회부의장은 국무위원의 직을 겸할 수 없음.
국회의장의 권한	① 국회대표권 ② 국회사무감독권 ③ 원내질서유지권 ④ 의사정리권 ⑤ 위원회 출석발언권　🔍 표결권 : 불인정 ⑥ 국회소집공고권 ⑦ 의결된 의안의 정부이송권 ⑧ 법률안의 예외적 공포권 ⑨ 폐회 중 의원사직허가권 등을 가짐.
국회의장의 직무대리권	① 의장이 사고가 있을 때에는 의장이 지정하는 부의장이 의장의 직무를 대리 ② **사무총장의 직무대행권** : 국회의원 총선거 후 최초의 임시회 회의의 집회공고에 관하여는 사무총장이 의장의 직무를 대행
최다선의원 직무대행권	① 의장, 부의장의 유고시 임시의장을 선출할 때 ② 의장, 부의장 궐위시 보궐선거를 실시할 때

② 교섭단체

구성	국회에 20인 이상의 소속의원을 가진 정당은 하나의 교섭단체가 됨. 다른 교섭단체에 속하지 아니하는 20인 이상의 의원으로 따로 교섭단체를 구성할 수 있음(국회법 제33조 제1항).
국회법 제33조 제2항	교섭단체의 대표위원은 그 단체의 소속의원이 연서·날인한 명부를 의장에게 제출하여야 하며 그 소속의원에 이동이 있거나 소속정당의 변경이 있을 때에는 그 사실을 지체없이 의장에게 보고하여야 함. 특별한 사유가 있을 때에는 당해 의원이 관계서류를 첨부하여 보고할 수 있음.
취지	교섭단체제도의 취지는 의사진행의 효율성을 확보하기 위한 것이며 교섭단체의 대표를 원내대표라 함.

> 📖 **참고** 의장과 부의장 비교

의장	부의장
• 당적보유 불가능(단, 의원임기만료일 전 90일부터는 당적보유 인정) • 겸직 금지 • 상임위원 불가능 • 임기만료시 원래 정당으로 복귀	• 당적보유 가능 • 겸직 금지 • 상임위원 가능

③ 위원회

국회법	상임위원회 중심주의와 본회의 결정주의를 채택하고 있음.
위원회의 종류	상임위원회는 현재 17개가 있으며, 폐회 중에도 최소한 월 2회의 정례회의 개최를 의무화하고 있음. 위원장의 선출은 본회의에서 재적의원 과반수 출석에 다수표를 얻은 자가 선출. 특별위원회는 예산결산특별위원회와 인사청문특별위원회, 윤리특별위원회 3개가 있으며, 인사청문특별위원회 위원장·윤리특별위원회 위원장의 선출은 위원회에서 호선
장점	본회의의 신속성을 확보할 수 있고, 국회의원들의 전문성을 활용할 수 있음.
단점	위원회제도의 문제점은 여야간의 정쟁의 장소, 압력단체의 로비장소로 전락할 우려, 국정의 폭넓은 심의 기회 박탈우려가 있음(본회의의 형식화). 또한 국회의 대정부 견제기능의 약화, 위원회와 행정각부의 밀착우려, 행정관청의 출장 장소화 우려가 있음.
위원회의 운영	위원회 개최요건, 본회의의 의결이 있을 때, 의장 또는 위원장이 필요하다고 인정할 때, 재적위원 4분의 1 이상의 요구가 있으면 위원회는 공청회나 청문회를 열 수 있음.
인사청문회 대상자(인사청문특별위원회)	헌법재판소장, 대법원장, 대법관, 감사원장, 국무총리, 국회에서 선출하는 중앙선거관리위원회 위원 3인과 헌법재판소 재판관 3인을 대상자로 함.
전원위원회	① 국회는 위원회의 심사를 거치거나 위원회가 제안한 의안 중 정부조직에 관한 법률안, 조세 또는 국민에게 부담을 주는 법률안 등 주요의안의 본회의 상정 전이나 본회의 상정 후에 재적위원 4분의 1 이상의 요구가 있는 때에는 그 심사를 위하여 의원전원으로 구성되는 전원위원회를 개회할 수 있음. 의장은 주요의안의 심의등 필요하다고 인정하는 경우 각 교섭단체대표의원의 동의를 얻어 전원위원회를 개회하지 아니할 수 있음. ② 전원위원회는 제1항의 규정에 의한 의안에 대한 수정안을 제출할 수 있음. 이 경우 당해 수정안은 전원위원장이 제출자가 됨.

③ 전원위원회에 위원장 1인을 두되 의장이 지명하는 부의장으로 함.
④ 재적위원 5분의 1 이상의 출석으로 개회하고 재적위원 4분의 1 이상의 출석과 출석위원 과반수의 찬성으로 의결
⑤ 기타 전원위원회 운영에 관하여 필요한 사항은 국회규칙으로 정함.

❷ 비례대표제

(1) **돈트식** : 벨기에(d'Hondt)

(2) **헤어 / 니마이어(Hare / Niemeyer)** : 한국, 독일

(3) **저지규정**

(4) **비판한 자** : 뒤베르제(Duverger)

(5) **주장한 자** : 라이프홀츠(Leibholz)

❸ 관련 헌법재판소 판례

비례대표제에 관한 판례

① 현행제도는 정당명부에 대한 투표가 따로 없으므로 결국 비례대표의원의 선출에 있어서는 정당의 명부작성행위가 최종적·결정적인 의의를 지니게 되고, 선거권자들의 투표행위로써 비례대표의원의 선출을 직접·결정적으로 좌우할 수 없으므로 직접선거의 원칙에 위배
② 현행 1인1표제하에서의 비례대표의석배분방식에서, 지역구후보자에 대한 투표는 지역구의원의 선출에 기여함과 아울러 그가 속한 정당의 비례대표의원의 선출에도 기여하는 2중의 가치를 지니게 되는데 반하여, 무소속후보자에 대한 투표는 그 무소속후보자의 선출에만 기여할 뿐 비례대표의원의 선출에는 전혀 기여하지 못하므로 투표가치의 불평등이 발생
③ 자신이 지지하는 정당이 자신의 지역구에 후보자를 추천하지 않아 어쩔 수 없이 무소속후보자에게 투표하는 유권자들로서는 자신의 의사에 반하여 투표가치의 불평등을 강요당하게 되는바, 이는 합리적 이유 없이 무소속후보자에게 투표하는 유권자를 차별하는 것이라 할 것이므로 평등선거의 원칙에 위배

> **국회구성권 등 침해 위헌확인(헌재 1998.10.29, 96헌마186 - 각하)**
>
> 대의제 민주주의하에서 국민의 국회의원 선거권이란 국회의원을 보통 · 평등 · 직접 · 비밀선거에 의하여 국민의 대표자로 선출하는 권리에 그치며, 국민과 국회의원은 명령적 위임관계에 있는 것이 아니라 자유위임관계에 있으므로, 유권자가 설정한 국회의석 분포에 국회의원들을 기속시키고자 하는 내용의 "국회구성권"이라는 기본권은 오늘날 이해되고 있는 대의제도의 본질에 반하는 것이어서 헌법상 인정될 여지가 없음.

| 제42조 | 국회의원의 임기

국회의원의 임기는 4년으로 한다.

❶ 국회의원의 임기

구분	건국헌법 · 1차	2 · 3 · 4차		5차	7차	8 · 9차
연수	2년	민의원	참의원	4년	6년 (유정회의원 3년)	4년
		4년	6년			

❷ 임기총정리

(1) 중임유무

중임금지	중임가능	연임
① 대통령 ② 대법원장	① 감사원장 ② 감사위원(1차에 한하여 중임인정) ③ 군사법원의 법관	기타

(2) 기간

10년	6년	5년	4년	2년
일반 법관	① 대법원장 ② 대법관 ③ 중앙선관위 위원장 ④ 중앙선관위 위원 ⑤ 헌법재판소장 ⑥ 헌법재판관	① 대통령 ② UN사무총장 ③ 군사법원의 법관	① 감사원장 ② 감사위원 ③ 국회의원 ④ 지방의원 ⑤ 지방자치단체장 (3기제한-합헌)	① 국회의장 ② 국회부의장 ③ 상임위원회위원장

| 제43조 | 국회의원의 겸직 금지

> 국회의원은 법률이 정하는 직을 겸할 수 없다.

주의 헌법재판소 재판관, 법관, 감사위원은 법률로서 겸직금지를 규정

| 제44조 | 국회의원의 불체포특권

> ① 국회의원은 현행범인인 경우를 제외하고는 회기중 국회의 동의없이 체포 또는 구금되지 아니한다.
> ② 국회의원이 회기 전에 체포 또는 구금된 때에는 현행범인이 아닌 한 국회의 요구가 있으면 회기중 석방된다.

❶ 불체포특권

(1) 의의

① 국회의원은 헌법 제44조 규정에 의해서 현행범인인 경우를 제외하고는 국회동의 없이는 회기중에 체포 또는 구금되지 아니하는 권리를 의미
② 체포·구속이 안되는 것일 뿐 불구속 수사나 기소는 가능. 이러한 불체포특권은 포기할 수 없음.

🔍 '회기중'의 의미: 임시회·정기회 불문, 휴회 중도 이 기간에 포함
계엄하에서는 폐회 중에도 불체포특권 ○

(2) 연혁

최초의 규정	법률에 최초 규정	임기중까지 인정하는 국가
미국연방헌법	16세기 영국 제임스 1세 집권 때	독일과 이탈리아 (대부분 국가는 회기 중에만 인정)

(3) 내용

구분	시기		체포·구금의 범위
	회기중	회기전	
내용	집회일로부터 폐회일까지의 기간을 의미. 휴회일도 포함	국회회기의 시작 이전을 의미하며 폐회 중뿐만 아니라 전회기중도 포함	형사상의 강제처분과 행정상의 강제처분을 포함하는 광의의 개념
	국회의 동의에 의한 체포	국회의 석방요구	
결과	① 재적의원 과반수 출석과 출석의원 과반수 찬성을 요함. ② 정부는 국회의원을 체포 또는 구금하는 경우에는 지체 없이 의장에게 영장의 사본을 첨부하여 통지하여야 함.	① 국회재적의원 4분의 1 이상의 연서에 의하여 석방요구를 발의할 수 있으며 국회재정의원 과반수의 출석과 출석의원 과반수의 찬성으로 의결 ② 회기가 종료하면 다시 구금	

(4) 불체포특권의 예외

현행범인인 경우나 국화의 체포동의가 없는 경우 또는 석방요구가 없는 경우

🔍 국회 내 회의에서는 국회희원인 현행범을 체포하는 국회의장의 명령이 있어야 가능함(국회법 제150조).

| 제45조 | 국회의원의 발언 · 표결의 면책특권

> 국회의원은 국회에서 직무상 행한 발언과 표결에 관하여 국회 외에서 책임을 지지 아니한다.

❶ 면책특권

(1) 의의
국회의원은 국회에서 직무상 행한 발언과 표결에 관하여 국회 외에서 책임을 지지 아니하는 것을 의미하며 면책특권은 포기할 수 없음.

(2) 연혁

세계 최초 규정	우리나라 최초 규정
1689년 영국의 권리장전	1962년 5차 개헌

(3) 내용

면책특권의 주체	국회의 의미	직무상의 행위	발언과 표결	책 임
국회의원에게만 인정, 의원직을 겸직한 각료나 국무총리도 인정	국회의사당뿐만 아니라 국회의 본회의나 위원회가 개회되는 모든 장소를 의미함. 휴회기간 중 위원회 활동을 할 때는 인정	직무집행 그 자체를 의미하며, 직무집행과 관련이 있는 부수된 행위도 포함	① 발언이란 국회의 의제와 관련되는 의사표시를 의미 ② 표결이란 찬성과 반대의 의사표시를 의미 ③ 폭력행위 ×, 명예훼손행위 ×	민사 · 형사 · 행정상 모든 책임 🔖 주의 형사상 책임만을 의미 ×

(4) 면책의 효과

국회 외에서의 면책	행정부에 대해서 책임지지 않음. 검사가 공소제기할 수 없다는 것을 의미
정치적 책임	정치적인 책임은 부과할 수 있음.
국회 내에서의 책임	국회 내에서는 징계사유에 해당하면 책임짐.
면책의 기간	임기만료 후에 영구히 면제

(5) 불체포특권 vs. 면책특권

구분	불체포특권	면책특권
보호 가치	신체의 자유	직무상 발언과 표결(소송법상의 특권)
연혁	영국의회특권법, 미연방헌법	권리장전, 미연방헌법
적용기간	일시적	영구적
공소권 소멸 여부	법적 책임 면제 ×	법적 책임 면제(인적 처벌조각 사유)
국회의 의결로 제한	○ (상대적 특권)	× (절대적 특권)
직무관련성	직무관련이 없는 범죄에 있어서도 인정	직무상 발언과 표결

(6) 관련 대법원 판례 – 국가보안법위반판결(대판 1992.9.22, 91도3317)

대법원은 1992년 9월 22일 유성환 의원이 「대정부질문내용의 사전유출사건」, 즉 대한민국 국시는 반공이 아니라 통일이라는 국시사건에서 본회의에서 발언한 내용을 사전에 기자들에게 배포한 행위는 국회의원의 면책특권에 해당한다고 판결한 바 있음.

| 제46조 | 국회의원의 청렴의무 · 지위남용금지

① 국회의원은 청렴의 의무가 있다.
② 국회의원은 국가이익을 우선하여 양심에 따라 직무를 행한다.
③ 국회의원은 그 지위를 남용하여 국가 · 공공단체 또는 기업체와의 계약이나 그 처분에 의하여 재산상의 권리 · 이익 또는 직위를 취득하거나 타인을 위하여 그 취득을 알선할 수 없다.

❶ 국회의원의 권리와 의무

(1) 국회의원의 권리

토론권	의안에 대해서 찬성 · 반대 토론을 할 수 있는 권리
표결권	찬성 · 반대의 표결에 참여할 수 있는 권리
질문권	현재의제와 관계 없이 질문하는 것을 의미
질의권	현재의제와 관계 있는 것을 질문하는 것을 의미
의안발의권	의안을 제출할 수 있는 권리를 의미
자율권	국회의 의사와 관계되는 규칙 등을 자율적으로 제정할 수 있는 권리
수당과 여비를 받을 권리	활동을 보조하기 위한 당연한 권리(포기 가능)

(2) 국회의원의 의무

헌법의 의무	법률상 의무(국회법상 의무)
① 청렴의무 ② 국가이익우선의무 ③ 이권개입금지 및 직권남용금지 의무 ④ 겸직금지의무 ⑤ 국민 전체에 대한 봉사의무 : 넓은 의미의 공무원에게 적용되는 의무	① 출석의무 ② 회의질서준수의무 ③ 국회의장의 질서유지에 관한 명령복종의무 ④ 국정조사·감사시 규정된 주의의무 ⑤ 선서의무 ⑥ 품위유지의무 등

(3) 국회의원의 의무위반에 대한 제재

① 국회의원이 규정된 의무를 위배하는 경우에는 징계처분할 수 있음.

② 국회의원의 징계 4가지 : 제명, 30일 이내의 출석정지처분, 공개회의에서의 사과, 공개회의에서의 경고처분(제명은 재적의원 2/3 이상의 찬성을 요하며 기타 징계는 일반 의결정족수)

(4) 헌법 제46조 제2항의 양심 : 직업상의 양심을 의미

| 제47조 | 정기회·임시회

> ① 국회의 정기회는 법률이 정하는 바에 의하여 매년 1회 집회되며, 국회의 임시회는 대통령 또는 국회재적의원 4분의 1 이상의 요구에 의하여 집회된다.
> ② 정기회의 회기는 100일을, 임시회의 회기는 30일을 초과할 수 없다.
> ③ 대통령이 임시회의 집회를 요구할 때에는 기간과 집회요구의 이유를 명시하여야 한다.

❶ 정기회와 임시회

정기회	임시회
① 매년 9월 1일 　9월 1일이 공휴일인 경우에는 그 다음 날(국회법 §4) ② 정기회의 회기는 100일을 초과할 수 없음. 　주의 90일 ×	① 소집요구권자 : 대통령 또는 국회재적의원 1/4 이상이 소집을 요구할 수 있으며 대통령의 소집을 요구하는 경우에는 그 기간과 집회요구의 이유를 명시하여야 함. ② 임시회의 회기는 30일을 초과할 수 없음. ③ 임시회의 소집공고 : 국회의장은 집회일 3일 전에 공고하여야 함.

❷ 국회의 운영

연간 기본 일정	임시회	
	정기적 개회	임시적 개회
의장은 국회의 연중 상시 운영을 위하여 각 교섭단체 대표의원과의 협의를 거쳐 매년 12월 1일까지 다음 연도의 국회운영일정을 정해야 함. 하지만 국회의원 총선거후 처음 구성되는 국회의 당해 연도의 국회운영 기본일정은 6월 30일까지 정하여야 함.	• 매년 2·3·4·5·6월 1일, 8월 16일 (8월 31일까지)에 개회 단, 총선 실시 달은 개회 × • 월~수 : 위원회 활동 • 목 : 본회의 활동	

❸ 교섭단체의 기능(헌재)

① 의원의 정당 기속을 강화
② 정당 정책을 의안 심의에서 최대한 반영

| 제48조 | 의장·정족수

> 국회는 의장 1인과 부의장 2인을 선출한다.

선출	• 국회 본회의에서 무기명투표, 재적의원 과반수 득표 • 1차 투표 × ⇨ 2차 투표 × ⇨ 3차 결선투표(최고득표자 간 또는 최고득표자와 차점자 간 상대적 다수득표자로 결정)	
임기	• 2년, 연임가능(해석상) • 보궐선거에 의해 당선된 의장·부의장의 임기는 전임자의 잔여기간으로 함.	
당적	의장	당적 상실(의장 당선 다음 날부터) 의원 임기 만료일 전 90일부터 당적보유 가능
	부의장	당적 유지
겸직	국무위원 겸직 ×	
사임	국회동의를 요함	

| 제49조 | 의결정족수

> 국회는 헌법 또는 법률에 특별한 규정이 없는 한 재적의원 과반수의 출석과 출석의원 과반수의 찬성으로 의결한다. 가부동수인 때에는 부결된 것으로 본다.

❶ 국회의 투표방식

① 원칙 : 전자투표
② 예외 : 기립표결
③ 무기명투표, 기명식투표

- 대통령으로부터 환부된 법률안 재의결
- 인사에 대한 안건
- 국회에서 하는 각종 선거
- 국무총리 또는 국무위원 해임건의
- 탄핵소추의결

❷ 정족수

유형		일반의결정족수	casting vote 제도
의사정족수	의결정족수	헌법 제49조에 재적의원 과반수의 출석과 출석의원 과반수의 찬성으로 의결한다고 규정	① 가부동수인 경우에 의장의 투표권 행사를 의미하며 우리나라에서는 불인정 ② 가부동수인 경우에는 부결된 것으로 봄.
① 국민에서 회의를 진행하는 데 필요한 출석자의 수를 의미 ② 국회의 의사정족수는 재적의원 1/5 이상의 출석을 요함.	국회에서 의사를 결정하는 데 필요한 수를 의미		

❸ 캐스팅 보트

국회의장	대법원장	중앙선관위원장
• 1·2공화국 : ○ • 3~6공화국 : 가부동수인 경우 부결된 것으로 처리	(대법관회의) ○	○

❹ 보류함제도

Pigeon hole(보류함)	Discharge of committee(위원회의 해임)
상임위원회에서 의안을 폐기처분하는 것을 의미, 우리나라에서도 인정	상임위원회에서 폐기된 의안을 본회의에 회부를 요구하는 것을 의미, 보고된 날로부터 7일 이내에 국회의원 30인 이상의 요구가 있어야 함.

❺ 특별정족수

10인 이상	① 회의의 비공개 발의 ② 일반의사 발의
20인 이상	① 의사일정의 발의 ② 교섭단체의 성립 ③ 국무총리·국무위원·정부위원에 대한 출석 요구·발의 ④ 긴급현안 질문 ⑤ 징계 요구
30인 이상	① 위원회에서 폐기된 법률안 본회의 부의 ② 일반의안 수정동의 ③ 위원회에서 폐기된 청원의 본회의 부의 ④ 의원의 자격심사요구
50인 이상	예산안에 대한 수정동의
재적의원 2/3 이상의 찬성	① 대통령에 대한 탄핵소추 의결시 ② 헌법개정안 의결시 ③ 국회의원의 제명처분시 ④ 국회의원의 자격심사시
재적의원 과반수의 찬성	① 대통령에 대한 탄핵소추 발의시 ② 대통령 이외의 자에 대한 탄핵소추 의결시 ③ 국무위원이나 국무총리에 대한 해임건의시 ④ 계엄해제 요구시 ⑤ 국회의장 선출시 ⑥ 국회부의장 선출시
재적의원 1/3 이상의 찬성	① 국무위원이나 국무총리 해임건의 발의시 ② 대통령 이외의 자에 대한 탄핵소추 발의시

재적의원 1/4 이상의 찬성	① 임시회소집 요구시 ② 국회의원의 석방요구결의 발의 ③ 국정조사 요구 **주의** 석방요구안 통과는 일반정족수
재적의원 과반수 출석과 출석의원 2/3 이상의 찬성	법률안 재의결시
재적의원 과반수 출석과 의원 다수의 찬성	① 국회에서 대통령 당선자 결정시(최고득표자가 2인 이상일 때) ② 상임위원장 선출시

| 제50조 | 의사공개의 원칙

① 국회의 회의는 공개한다. 다만, 출석의원 과반수의 찬성이 있거나 의장이 국가의 안전보장을 위하여 필요하다고 인정할 때에는 공개하지 아니할 수 있다.
② 공개하지 아니한 회의내용의 공표에 관하여는 법률이 정하는 바에 의한다.

❶ 국회회의 원칙의 내용

의사공개의 원칙	회기계속의 원칙	일사부재의 원칙
① 헌법 제50조에 규정된 원칙으로서 의사진행을 공개하는 것을 의미 ② 예외 : 출석의원 과반수의 찬성이 있거나 의장이 국가안보를 위하여 필요하다고 인정할 때는 비공개로 함. ③ 내용 : 방청의 자유, 의사록 배포의 자유, 보도의 자유, 중계방송의 자유 등	① 헌법 제51조에 규정된 원칙으로서 한 회기중에 토의하지 못한 안건은 다음 회기로 계속 이어진다는 것을 의미 ② 예외 : 국회의원의 임기 만료 시에는 예외로 함. ③ 유래 : 제3공화국에서 최초로 채택, 프랑스도 채택	① 국회법 제92조에 규정된 원칙으로서 한 회기 내에서 부결된 안건은 같은 회기 내에 다시 발의하거나 심의할 수 없다는 것을 의미 ② 취지 : 소수파의 의사진행방해(filibuster)를 방지하기 위함. ③ 일사부재의 원칙이 적용되지 않는 경우 : 동일한 회기가 아닌 경우, 사정변경이 있는 경우, 의안의 철회가 있는 경우

❷ 국회발언의 원칙

15분 발언제	정부에 대한 질문 외의 의원의 발언 시간은 15분을 초과하지 아니하는 범위 안에서 의장이 정함(의사진행발언, 신상발언 및 보충발언은 5분을 초과할 수 없음.)
정당대표연설	① 교섭단체를 가진 정당을 대표하는 의원이나 교섭단체의 대표의원이 정당 또는 교섭단체를 대표하여 연설 기타 발언을 할 때에는 40분까지 발언할 수 있음. ② 의장은 각 교섭단체의 대표의원과 협의하여 동일의제에 대한 총발언시간을 정하여 이를 교섭단체별로 그 소속의원수의 비율에 따라 할당 ③ 이 경우 각 교섭단체 대표의원은 할당된 시간 내에서 발언자수 및 발언자별 발언시간을 정하여 미리 의장에게 통보하여야 함.
의장발언자수 지정권	① 의장은 필요한 경우 각 교섭단체 대표의원과 협의하여 동일의제에 대하여 교섭단체 별로 그 소속의원수의 비율에 따라 발언자수를 정할 수 있음. ② 교섭단체에 속하지 아니하는 의원의 발언시간 및 발언자수는 의장이 각 교섭단체와 협의하여 정함. ③ 의원이 시간제한으로 발언을 마치지 못한 부분에 대해서는 의장이 인정하는 범위 안에서 이를 회의록에 게재할 수 있음.
5분 발언권	① 의장은 본회의가 개의되는 경우 그 개의시로부터 1시간을 초과하지 아니하는 범위 안에서 의원에게 국회가 심의중인 의안과 청원 기타 중요한 관심사안에 대한 의견을 발표할 수 있도록 하기 위하여 5분 이내의 발언을 허가할 수 있음. ② 5분 자유발언을 하고자 하는 의원은 늦어도 본회의 개의일 전일까지 그 발언취지를 간략하게 기재하여 의장에게 신청하여야 함. ③ 5분 자유발언의 발언자수와 발언순서는 교섭단체별 소속의원수의 비율을 고려하여 의장이 그 교섭단체 대표의원과 협의하여 정함.

| 제51조 | 회기계속의 원칙

> 국회에 제출된 법률안 기타의 의안은 회기중에 의결되지 못한 이유로 폐기되지 아니한다. 다만, 국회의원의 임기가 만료된 때에는 그러하지 아니하다.

❶ 회기계속의 원칙 : 한국, 프랑스

제52조 | 법률안 제출권

> 국회의원과 정부는 법률안을 제출할 수 있다.

❶ 법률안 제출권

(1) 국회의원 10명 이상(예산상 조치가 수반되는 경우도 10인, 국회예산정책처의 추계서 또는 국회예산정책처에 추계요구서를 아울러 제출하여야 한다. 정부제출시에는 재원조달방안 제출)

(2) **정부** : 국무회의 심의를 요함.

❷ 의장 ⇨ 의원에 배부 ⇨ 본회에 보고 ⇨ 소관 상임위원회에 회부, 국회운영 위원회와 협의 ⇨ 본회의 결정

❸ 관련 헌법재판소 판례

입법권침해 등에 대한 헌법소원(헌재 1995.2.23, 90헌마125 – 각하)

국회의장의 불법적인 의안처리행위로 헌법의 기본원리가 훼손되었다고 하더라도 그로 인하여 헌법상 보장된 구체적 기본권을 침해당한 바 없는 국회의원인 청구인들에게 헌법소원심판청구가 허용된다고 할 수 없음.

| 제53조 | 법률의 제정·공포, 대통령의 법률안 거부권, 법률의 발효

① 국회에서 의결된 법률안은 정부에 이송되어 15일 이내에 대통령이 공포한다.
② 법률안에 이의가 있을 때에는 대통령은 제1항의 기간 내에 이의서를 붙여 국회로 환부하고, 그 재의를 요구할 수 있다. 국회의 폐회 중에도 또한 같다.
③ 대통령은 법률안의 일부에 대하여 또는 법률안을 수정하여 재의를 요구할 수 없다.
④ 재의의 요구가 있을 때에는 국회는 재의에 붙이고, 재적의원 과반수의 출석과 출석의원 3분의 2 이상의 찬성으로 전과 같은 의결을 하면 그 법률안은 법률로서 확정된다.
⑤ 대통령이 제1항의 기간 내에 공포나 재의의 요구를 하지 아니한 때에도 그 법률안은 법률로서 확정된다.
⑥ 대통령은 제4항과 제5항의 규정에 의하여 확정된 법률을 지체없이 공포하여야 한다. 제5항에 의하여 법률이 확정된 후 또는 제4항에 의한 확정법률이 정부에 이송된 후 5일 이내에 대통령이 공포하지 아니할 때에는 국회의장이 이를 공포한다.
⑦ 법률은 특별한 규정이 없는 한 공포한 날로부터 20일을 경과함으로써 효력을 발생한다.

❶ 입법에 관한 권한

(1) 입법권에 대한 개설

입법권의 의의	국회에서 법률을 제정하는 것을 의미. 여기에서의 법률은 형식설에 의할 때 형식적 의미의 법률을 제정하는 것
입법의 특징	일반성과 추상성
처분적 법률	① 직접 국민에게 권리나 의무를 유발하는 법률로 행정이나 사법을 매개로 하지 않는 것을 처분적 법률이라 함. ② 처분적 법률의 유형은 개별 사건적 법률, 긴급법률, 개인적 법률, 한시적 법률과 같은 개별적이고 구체적 구속력을 가지는 법률이 있다.
입법권의 한계	입법권은 입헌주의원칙, 국제평화주의원칙 및 조리상의 원칙을 위배해서는 안됨. 입법권의 한계를 위배한 법률은 무효

> **보충정리** 국회 입법조사처 신설(2007.1.24. 국회법 개정)

국회의 입법사무를 강화하기 위해 국회법을 개정하여 국회의장 소속하에 국회입법조사처를 신설

국회법
제22조의3(국회입법조사처) ① 입법 및 정책과 관련된 사항을 조사·연구하고 관련 정보 및 자료를 제공하는 등 입법정보서비스와 관련된 의정활동을 지원하는 국회입법조사처를 둔다.
② 국회입법조사처에 처장 1인과 필요한 공무원을 둔다.
③ 처장은 의장이 국회운영위원회의 동의를 얻어 임면한다.
④ 이 법에서 정한 사항 외에 국회입법조사처에 관하여 필요한 사항은 따로 법률로 정한다.

국회입법조사처법
제2조(지위) ① 국회입법조사처(이하 "입법조사처"라 한다)는 국회의장(이하 "의장"이라 한다) 소속하에 둔다.
② 입법조사처의 직무에 관하여는 독립성이 존중되어야 한다.
제3조(직무) 입법조사처는 입법 및 정책과 관련된 다음 각 호의 사무를 처리한다.
 1. 국회의 위원회(이하 "위원회"라 한다) 또는 국회의원이 요구하는 사항의 조사·분석 및 회답
 2. 입법 및 정책 관련 조사·연구 및 정보의 제공
 3. 입법 및 정책 관련 자료의 수집·관리 및 보급
 4. 국회의원연구단체에 대한 정보의 제공
 5. 외국의 입법동향의 분석 및 정보의 제공

(2) 법률제정의 절차

법률안제출권	① 국회의원 10명 이상 ② 정부에서 법률안을 제출할 수 있으며 정부제출시에는 국무회의의 심의를 얻어야 함.
법률안의 심의·의결	① 국회의장은 법률안이 제출되면 국회의원에게 배부한 후, 본회의에 보고하고 소관 상임위원회에 회부하여 심사하게 함. ② 법률안의 수정동의는 30인 이상의 찬성을 요함. ③ 제출된 안건의 수정 철회시에는 본회의나 위원회의 동의가 있어야 함. ④ 법률안의 의결은 일반의결 정족수로 재적의원 과반수의 출석과 출석의원 과반수의 찬성을 요함.
정부이송	① 본회의에서 의결된 법률안은 정부에 이송되며 이의를 제기하지 아니하면 국무회의의 심의를 거쳐 대통령이 서명하고 국무총리와 관계국무위원이 부서 ② 이때에 법률안은 성립

대통령의 법률안거부권 행사	① 15일 이내에 이의서를 붙여 국회에 환부하고 재의를 요구할 수 있음. 폐회중인 때도 동일 ② 환부거부만 인정하고 수정, 일부거부는 불인정 ③ 임기만료시를 제외하고는 보류거부는 불인정
법률의 공포	① 대통령은 법률안이 이송된 날로부터 15일 이내에 공포하여야 함. ② 법률은 특별한 규정이 없는 한 공포된 날로부터 20일이 경과하면 효력이 발생 (단, 권리를 제한하거나 의무를 부과하는 경우에는 30일이 경과해야 함.) ③ 시행일 이후에 공포된 때에는 그 법률규정은 효력이 상실(대법원 판례)

(3) 예산 vs. 법률

구분	예산	법률
형식	법률과 별개의 국법형식	입법의 형식
제출시한	회계연도 개시 90일 전까지	제한 ×
제출권자	정부	국회의원(10인 이상) 또는 정부
수정	삭감 ○, 증액·신설 × (수정의결시 50인 동의)	자유로움 (수정의결시 30인 동의)
성립 요건	국회 의결	국회 의결
의결정족수	일반정족수	일반정족수
거부권	×	○
효력 발생 요건	국회 의결시	공포
효력 발생 시기	국회 의결시	특별한 규정이 없는 한 공포한 날로부터 20일
시간적 효력	당해 회계연도만	폐지시까지
장소적 효력	외국공관에서도 효력 발생	외국공관에서는 효력 발생 ×
구속력	국가기관만	국가기관 및 국민

| 제54조 | **예산안의 심의 · 확정권, 의결기간 경과조치**

① 국회는 국가의 예산안을 심의 · 확정한다.
② 정부는 회계연도마다 예산안을 편성하여 회계연도 개시 90일 전까지 국회에 제출하고, 국회는 회계연도 개시 30일 전까지 이를 의결하여야 한다.
③ 새로운 회계연도가 개시될 때까지 예산안이 의결되지 못한 때에는 정부는 국회에서 예산안이 의결될 때까지 다음의 목적을 위한 경비는 전년도 예산에 준하여 집행할 수 있다.
  1. 헌법이나 법률에 의하여 설치된 기관 또는 시설의 유지 · 운영
  2. 법률상 지출의무의 이행
  3. 이미 예산으로 승인된 사업의 계속

❶ 예산과 법률과의 관계

법률로써 예산안을 변경할 수 없고, 예산으로써 법률안을 변경할 수 없음.

❷ 예산 의회 확정권

예산의 의의		세입과 세출과 관련되는 법규범의 형태를 의미
국가별 형태	예산법률주의	예산을 법률의 형식으로 규정하는 것을 의미, 미국 · 영국 · 프랑스 · 독일 등
	예산비법률주의	우리나라 · 일본 · 스위스 등은 예산안의 형태로 규정하는 비법률주의를 채택
예산안 제출기관		정부에서 회계연도 개시 90일 전까지 제출해야 하며(국가재정법상 120일 전), 국회는 30일 전까지 확정해야 함.
수정		예산안에 대해서 국회는 자유로이 삭감 · 수정할 수 있으나 예산안을 증액하거나 새 비목설치시에는 정부의 동의를 요함.
예산안의 수정동의		예산안에 대한 수정동의는 국회의원 50인 이상의 찬성을 요함.
효력발생		국회의 의결에 의해서 효력이 발생
효력		예산안은 일면적 구속력을 가짐. 국가기관만을 구속하며 한 회계연도만 그 효력이 발생

❸ 예산의 법적 성격
① 법규범설(통설) : 정부의 행위를 규율하는 법규범. 법률과 양립되는 규범의 한 형식
② 비법규범설 : 세출에 대한 승인행위일 뿐

❹ 준예산 vs. 가예산

구분	기간제한	국회 의결	지출 항목	채택 헌법
준예산	×	불요	한정적	2~6공 헌법
가예산	1개월	요	전반적	1공 헌법

| 제55조 | 계속비 · 예비비

> ① 한 회계연도를 넘어 계속하여 지출할 필요가 있을 때에는 정부는 연한을 정하여 계속비로서 국회의 의결을 얻어야 한다.
> ② 예비비는 총액으로 국회의 의결을 얻어야 한다. 예비비의 지출은 차기국회의 승인을 얻어야 한다.

❶ 예비비

예비비 지출	예비비 설치
국회승인요	국회동의요

❷ 국회승인을 얻지 못하면 그 지출은 유효하고, 당해공무원은 정치적 책임을 진다.

❸ 예비비와 계속비

(1) 예비비는 총액으로 국회의 의결을 얻어야 하며, 예비비의 지출은 차기국회의 승인을 얻어야 함.

(2) 한 회계연도를 넘어 계속하여 지출할 필요가 있을 때에는 정부는 연한을 정하여 계속비로서 국회의 의결을 얻어야 함.

| 제56조 | **추가경정예산안**

> 정부는 예산에 변경을 가할 필요가 있을 때에는 추가경정예산안을 편성하여 국회에 제출할 수 있다.

❶ 추가경정예산 인정

❷ 예산을 변경할 필요가 있을 때 인정

| 제57조 | **지출예산 각항의 증액과 새 비목설치의 금지**

> 국회는 정부의 동의없이 정부가 제출한 지출예산 각항의 금액을 증가하거나 새 비목을 설치할 수 없다.

❶ 새 비목 설치 금지

❷ 예산액 증액은 원칙적으로 금지

| 제58조 | **국채모집 등에 대한 동의권**

> 국채를 모집하거나 예산외에 국가의 부담이 될 계약을 체결하려 할 때에는 정부는 미리 국회의 의결을 얻어야 한다.

❶ 국채모집시 국회의결을 얻어야 함.

❷ 예산외 국가의 부담이 될 계약체결시 국회의결을 얻어야 함.

| 제59조 | 조세의 종목과 세율

> 조세의 종목과 세율은 법률로 정한다.

OX 문제

Q 조세가 아닌 수수료·부담금도 법률의 근거가 있어야 한다. ⓞ

❶ 조세법률주의

의의	조세나 공과금의 부과 및 징수는 법률로써 해야 한다는 원칙. 1215년 영국의 대헌장에서 유래된 제도
조세법률주의의 내용	① 실질과세의 원칙 ② 과세요건의 명확주의(핵심내용) ③ 과세요건의 법정주의(핵심내용) ④ 엄격해석의 원칙(납세자에게 유리하더라도 유추·확장해석 ×) ⑤ 소급과세금지의 원칙
법률에 의한 규정영역	헌법 제59조는 예시적 규정에 불과하므로 납세의무자, 과세절차, 과세물건, 과세표준까지 법률에 의해서 규정되어야 함.
조세법률주의의 예외	① 조례에 의한 지방세의 세목규정 : 지방세의 부과 및 징수에 의한 사항은 조례로써 정함. ② 조약에 의한 협정세율 ③ 긴급재정경제처분에 의한 명령 ④ 긴급명령권에 의한 명령은 조세법률주의의 예외

❷ 법정화대상

(1) 조세의 종목과 세율

(2) 납세의무자, 과세물건, 과세표준, 과세절차

(3) 부과와 징수

(4) 부담금

(5) 수수료 즉 소송비용, 국공립대의 수험료 등

❸ 관련 헌법재판소 판례

구 법인세법 제72조 제5항 등 위헌소원(헌재 2014.7.24, 2012헌바105) : 위헌

① 진정소급입법은 헌법적으로 허용되지 않는 것이 원칙이며 특단의 사정이 있는 경우에만 예외적으로 허용될 수 있고, 이러한 예외사유에 해당하는지 여부는 엄격하게 판단하여야 한다.
② 결손금 소급공제 대상 중소기업에 해당하지 아니하는 법인이 법인세를 환급받은 경우 당해 환급세액을 반환받을 수 있는 근거규정으로 새로이 규정된 법인세법 제72조 제5항 제2호를 시행 후 최초로 환급세액을 징수하는 분부터 적용하도록 한 법인세법 부칙 제9조는, 개정법이 시행되기 전 환급세액을 수령한 부분까지 사후적으로 소급하여 적용되는 것으로서 진정소급입법에 해당하고, 진정소급입법을 예외적으로 허용할 수 있는 특단의 사정이 없으므로, 소급입법 과세금지원칙에 위반되는 것이다.

|제60조| 조약체결 · 비준 · 선전포고 등에 대한 동의권

① 국회는 상호원조 또는 안전보장에 관한 조약, 중요한 국제조직에 관한 조약, 우호통상항해조약, 주권의 제약에 관한 조약, 강화조약, 국가나 국민에게 중대한 재정적 부담을 지우는 조약, 또는 입법사항에 관한 조약의 체결 · 비준에 대한 동의권을 가진다.
② 국회는 선전포고, 국군의 외국에의 파견 또는 외국군대의 대한민국 영역안에서의 주류에 대한 동의권을 가진다.

❶ 조약체결 · 비준에 대한 동의권

조약체결 · 비준권	대통령의 국가원수로서의 권한
국회동의를 요하는 조약	① 상호원조 또는 안전보장에 관한 조약 ② 중요한 국제조직에 관한 조약 ③ 우호통상항해조약 ④ 주권의 제약에 관한 조약 ⑤ 강화조약 ⑥ 국가나 국민에게 재정적 부담을 지우는 조약 ⑦ 입법사항에 관한 조약은 헌법 제60조 제1항에 의해서 국회동의를 얻어야 하며 이 규정은 예시규정(반대설 있음)

국회동의의 효력	국회동의를 요하는 조약이 국회동의를 얻지 아니하면 그 효력은 발생하지 않음.
국회의 조약변경	국회는 수정동의할 수 없음.

❷ 관련 헌법재판소 판례

대한민국과아메리카합중국간의상호방위조약제4조에의한시설과구역및대한민국에서의합중국군대의지위에관한협정 제2조 제1의 (나)항 위헌제청(헌재 1999.4.29, 97헌가14 – 합헌)

① 이 사건 조약은 그 명칭이 "협정"으로 되어 있어 국회의 관여없이 체결되는 행정협정처럼 보이기도 하나 우리나라의 입장에서 볼 때에는 외국군대의 지위에 관한 것이고, 국가에게 재정적 부담을 지우는 내용과 입법사항을 포함하고 있으므로 국회의 동의를 요하는 조약으로 취급되어야 함.
② 이 사건 조약은 국회의 비준동의와 대통령의 비준 및 공포를 거친 것으로 인정되므로 이 사건 조약이 국내법적 효력을 가짐에 있어서 성립절차상의 하자로 인하여 헌법에 위반되는 점은 없음.

|제61조| 국정감사권 · 국정조사권

① 국회는 국정을 감사하거나 특정한 국정사안에 대하여 조사할 수 있으며, 이에 필요한 서류의 제출 또는 증인의 출석과 증언이나 의견의 진술을 요구할 수 있다.
② 국정감사 및 조사에 관한 절차 기타 필요한 사항은 법률로 정한다.

❶ 국정조사권

의의	국회에서 특별한 국정사안에 대하여 조사하는 것을 의미
최초 규정	세계 최초규정은 1919년 독일의 바이마르헌법이고 우리나라 최초의 규정은 1980년 8차 개헌
조사절차	① 조사위원회는 조사의 목적, 조사할 사안의 범위와 조사방법, 조사에 필요한 기간 및 소요경비 등을 기재한 조사계획서를 본회의에 제출하여 승인을 얻어 조사를 시행 ② 국정조사는 공개로 함(다만, 위원회의 의결이 있는 경우에는 비공개로 할 수 있음).

국정조사의 범위	국회의 국정조사는 국정 전반에 관하여 조사할 수 있음. 입법·사법·행정에 관한 사항도 조사할 수 있음(단, 재판에 대한 간섭은 조사할 수 없음).
국정조사의 한계	① 직접적인 행정처분을 할 수 없는 권련분립적인 한계를 가짐. ② 사생활의 비밀은 조사할 수 없는 기본권상의 한계가 있음. ③ 법원에 계속 중인 사건이나 검사의 공소제기에 관여할 목적으로 하는 조사는 할 수 없는 실정법상의 한계가 있음.

❷ 국정감사권

의의		국회가 국정 전반에 대하여 감사하는 것을 의미
최초 규정		1948년 건국헌법에서 국정감사권을 최초로 규정. 1972년 7차 개헌에서 삭제한 후 1987년 9차 개헌에서 다시 규정
국정감사대상	위원회선정 대상기관	① 정부조직법 기타 법률에 의하여 설치된 국가기관 ② 지방자치단체 중 특별시·광역시·도. 다만, 그 고유업무에 관하여는 지방의회가 구성되어 자치적으로 감사업무를 시행할 때까지로 한함(현재, 특별시·광역시·도의 위임사무만 인정). ③ 정부투자기관 관리기본법 제2조의 규정에 의한 정부투자기관, 한국은행, 농협중앙회, 수협중앙회, 축협중앙회
	본회의승인 대상기관	위원회선정 대상기관 외의 지방행정기관, 지방자치단체, 감사원법에 의한 감사원의 감사대상이 있음.
감사시기		정기국회 개회전 30일 범위내 실시(다만, 본회의 의결로써 그 시기는 변경할 수 있음)
감사의 절차		① 국정감사는 상임위원장이 국회운영위원회와 협의하여 작성한 감사계획서에 의하여 행함. ② 국정감사는 공개로 함.

❸ 국정감사 vs. 국정조사

구분	국정감사	국정조사
사안	국정 전반	특정 사안
시기	정기적, 매년 정기국회 집회일 이전에 감사시작일부터 30일 이내의 기간을 정하여 실시 (본회의 의결로 변경가능)	부정기적, 재적의원 4분의 1 이상 요구가 있을 때
기간	30일 이내	불특정
주체	소관 상임위원회	특별위원회, 상임위원회
공개	공개(의결로 비공개 가능)	공개(의결로 비공개 가능)

| 제62조 | 국무총리 · 국무위원 · 정부위원의 국회출석의 권리와 의무

① 국무총리 · 국무위원 또는 정부위원은 국회나 그 위원회에 출석하여 국정처리상황을 보고하거나 의견을 진술하고 질문에 응답할 수 있다.
② 국회나 그 위원회의 요구가 있을 때에는 국무총리 · 국무위원 또는 정부위원은 출석 · 답변하여야 하며, 국무총리 또는 국무위원이 출석요구를 받은 때에는 국무위원 또는 정부위원으로 하여금 출석 · 답변하게 할 수 있다.

참고 국무총리, 국무위원 등의 국회출석요구권 및 질문권

출석요구 대상	① 국무총리 ② 국무위원 ③ 정부위원(대통령에 대해서는 국회에서 출석요구할 수 없음) ④ 대법원장 ⑤ 헌법재판소장 ⑥ 중앙선거관리위원회위원장 ⑦ 감사원장
출석요구 절차	• 본회의의결로써 출석을 요구할 수 있으며 그 발의는 국회의원 20명 이상이 이유를 명시한 서면으로 해야 함. • 위원회는 의결로써 출석을 요구할 수 있으며 위원장은 의장에게 보고하여야 함.

질문절차	• 정부에 대한 서면 질문 시에는 국회의원은 질문서를 의장에게 제출하여야 하고 정부는 질문서를 받은 날로부터 10일 이내에 서면을 답변하여야 함. • 본회의 기간 중에 국회의원은 국정 전반 또는 특정한 분야에 대하여 질문할 수 있으며 질문시간은 15분을 초과할 수 없음(다만, 보충질문은 5분을 초과 할 수 없음).
출석요구의 효과	• 국무위원은 출석, 답변하여야 함. • 대리출석은 인정한다. 국무총리나 국무위원은 출석요구를 받은 때에 국무위원 또는 정부위원으로 하여금 출석, 답변하게 할 수 있음. • 국회출석요구에 응하지 아니하는 경우에는 탄핵소추나 국회의 해임건의의 요건이 됨.

| 제63조 | 국무총리 · 국무위원 해임건의권

① 국회는 국무총리 또는 국무위원의 해임을 대통령에게 건의할 수 있다.
② 제1항의 해임건의는 국회재적의원 3분의 1 이상의 발의에 의하여 국회재적의원 과반수의 찬성이 있어야 한다.

❶ 해임건의권의 내용

해임건의의 사유	① 현행 직무집행에 있어 헌법이나 법률을 위반 ② 정책수립과 집행에 있어 중대한 과오 ③ 부하직원의 과오나 법률행위에 대하여 정치적 책임 추궁 ④ 국무회의 구성원으로서 대통령을 잘못 보좌한 경우
해임건의의 절차	• 국회재적의원 1/3 이상의 발의에 의하여 국회재적의원 과반수의 찬성에 의해서 해임을 건의 • 표결방식은 무기명투표
해임건의의 효과	해임을 국회에서 건의하더라도 대통령은 구속받지 않음.

❷ 국무총리 · 국무위원 해임건의권의 연혁

제헌 헌법	규정
1차 개정	국무원에 대한 연대 불신임 결의권
2차 개정	개별적 불신임의결권
3차 개정	불신임결의권
5차 개정	해임건의권
7차 개정	개별적 해임의결권
8차 개정	해임의결권
9차 개정	해임건의권

❸ 탄핵제도 vs. 해임건의

구분	탄핵제도	해임건의
특성	법적 책임 추궁	정치적 책임 추궁
정부형태와의 관계	대통령제 > 의원내각제 (의원내각제에도 존재)	의원내각제 또는 이원정부제
우리 헌법상 연혁	건국헌법	1차 개정헌법
대상자	• 헌법상 : 대통령, 국무총리, 행정각부 장관, 헌재재판관, 법관, 중앙선관위원, 감사원장, 감사위원, 국무위원 • 검찰청법상 : 검사, 검찰총장 • 경찰청법상 : 경찰청장 • 방송위원회설치법 : 방송통신위원회 위원장 • 원자력안전위원회설치법 : 원자력안전위원회 위원장	• 국무총리 • 국무위원 주의 대통령 ×, 법관 ×
직무와 관련성	• 직무집행과 관련된 것 • 사생활 · 도덕상 과오는 해당 ×	• 직무와 무관해도 가능 • 도덕적 과오도 가능
위법성	• 헌법이나 법률을 위반한 경우 • 정책상 과오 ×	• 법률 위반을 전제 × • 정책상 과오 ○
정족수	• 일반 : 재적 1/3 발의, 재적과반수 찬성 • 대통령 : 재적과반수 발의, 재적 2/3 찬성	재적 1/3 발의, 재적과반수 찬성
국회 투표	• 무기명, 본회의에 보고된 때로부터 24~72시간 내 투표 • 권한행사 정지 ○	• 무기명, 본회의에 보고된 때로부터 24~72시간 내 투표 • 권한행사 정지 ×
효과	파면시 5년간 공직취임금지	해임시 공직취임금지 ×

| 제64조 | 국회의 자율권

① 국회는 법률에 저촉되지 아니하는 범위 안에서 의사와 내부규율에 관한 규칙을 제정할 수 있다.
② 국회는 의원의 자격을 심사하며, 의원을 징계할 수 있다.
③ 의원을 제명하려면 국회재적의원 3분의 2 이상의 찬성이 있어야 한다.
④ 제2항과 제3항의 처분에 대하여는 법원에 제소할 수 없다.

❶ 국회규칙제정권

헌법 제64조 제1항	법적 성격	기능
국회는 법률에 저촉되지 아니하는 범위 안에서 의사와 내부규율에 관한 규칙을 제정할 수 있음.	양면적 구속력을 수반하는 법규명령의 성질을 가지고 있음.	국회의 규칙제정권은 국회의 자율성과 독자성을 보장하는 데 기여

❷ 국회의 자율권

(1) 의의

국회가 다른 기관의 지시나 간섭 없이 의사와 관계되는 사항을 독자적·자율적으로 결정할 수 있는 권리

(2) 연혁

영국에서 의회의 자주성 확보를 위해서 인정된 제도

(3) 내용

① 의사진행자율권
② 내부조직권
③ 내부경찰권
④ 국회가택권
⑤ 규칙제정권
⑥ 국회의원 신분에 관한 권한

(4) 자율권의 한계

국회의원에 대한 자격심사, 징계처분 등은 헌법 제64조 제4항의 규정에 의해서 법원에 제소할 수 없음(헌법소원은 인정).

> **주의** 의원의 제명 처분-법원에 제소 가능

| 제65조 | 탄핵소추권 · 탄핵의 효력

① 대통령 · 국무총리 · 국무위원 · 행정각부의 장 · 헌법재판소 재판관 · 법관 · 중앙선거관리위원회 위원 · 감사원장 · 감사위원 기타 법률이 정한 공무원이 그 직무집행에 있어서 헌법이나 법률을 위배한 때에는 국회는 탄핵의 소추를 의결할 수 있다.
② 제1항의 탄핵소추는 국회재적의원 3분의 1 이상의 발의가 있어야 하며, 그 의결은 국회재적의원 과반수의 찬성이 있어야 한다. 다만, 대통령에 대한 탄핵소추는 국회재적의원 과반수의 발의와 국회재적의원 3분의 2 이상의 찬성이 있어야 한다.
③ 탄핵소추의 의결을 받은 자는 탄핵심판이 있을 때까지 그 권한행사가 정지된다.
④ 탄핵결정은 공직으로부터 파면함에 그친다. 그러나, 이에 의하여 민사상이나 형사상의 책임이 면제되지는 아니한다.

❶ 탄핵소추권

탄핵의 의의	고위공직자를 파면하는 제도, 미국, 독일, 우리나라는 징계벌적인 성질을 가짐. 영국이나 프랑스 등은 파면 외에 형벌도 부과할 수 있음.
탄핵소추사유	• 직무집행에 있어서 헌법이나 법률을 위배한 경우 : 현직에 관한 사유만을 탄핵소추사유로 하며 직무와 무관한 경우, 정치적 무능, 정책 결정상의 잘못은 제외
탄핵소추절차	• 탄핵소추의 발의가 있을 때에는 의장은 즉시 본회의에 보고하고 본회의는 의결로 법제사법위원회에 회부하여 조사하게 할 수 있음. • 탄핵소추는 국회의 전속적 권한 • 소추위원 : 국회법제사법위원회 위원장
탄핵소추의 효과	탄핵소추의 의결을 받은 자는 탄핵심판이 있을 때까지 그 권한행사가 정지됨.
탄핵심판기관	• 헌법재판소에서 재판관 9인 중에서 6인 이상의 찬성으로 결정 • 탄핵심판의 심리는 공개주의와 구두변론주의원칙이 적용

탄핵심판의 효과	• 공직으로부터 파면함에 그침. • 민·형사상 책임은 면제되지 아니함. • 탄핵결정에 대하여는 사면의 대상이 될 수 없음.

❷ 관련 헌법재판소 판례

대통령(노무현) 탄핵결정심판(헌재 2004.5.14, 2004헌나1)

① **적법절차원칙에 위배되었다는 주장에 관하여**
  ㉠ 국회의 탄핵소추절차는 국회와 대통령이라는 헌법기관 사이의 문제이고, 국회의 탄핵소추의결에 의하여 사인으로서의 대통령의 기본권이 침해되는 것이 아니라, 국가기관으로서의 대통령의 권한행사가 정지되는 것
  ㉡ 국가기관이 국민과의 관계에서 공권력을 행사함에 있어서 준수해야 할 법원칙으로서 형성된 적법절차의 원칙을 국가기관에 대하여 헌법을 수호하고자 하는 탄핵소추절차에는 직접 적용할 수 없다고 할 것임.

② **선거에서의 공무원의 정치적 중립의무**
  더욱이 대통령은 행정부의 수반으로서 공정한 선거가 실시될 수 있도록 총괄·감독해야 할 의무가 있으므로, 당연히 선거에서의 중립의무를 지는 공직자에 해당하는 것이고, 이로써 공선법 제9조의 '공무원'에 포함

박근혜 대통령 탄핵심판결정(헌재 2017.3.10, 2016헌나1)

소추사유와 관련한 피청구인의 일련의 언행을 보면, 법 위배행위가 반복되지 않도록 할 헌법수호의지가 드러나지 않는다. 결국 피청구인의 위헌, 위법행위는 국민의 신임을 배반한 것으로 헌법수호의 관점에서 용납될 수 없는 중대한 법 위배행위라고 보아야 한다. 피청구인의 법 위배행위가 헌법질서에 미치는 부정적 영향과 파급효과가 중대하므로, 피청구인을 파면함으로써 얻는 헌법 수호의 이익이 압도적으로 크다고 할 것이다. 이에 재판관 전원의 일치된 의견으로 피청구인 대통령 박근혜를 파면한다.

제4장 정부

제1절 대통령

제66조 | 대통령의 지위·책무

① 대통령은 국가의 원수이며, 외국에 대하여 국가를 대표한다.
② 대통령은 국가의 독립, 영토의 보전, 국가의 계속성과 헌법을 수호할 책무를 진다.
③ 대통령은 조국의 평화적 통일을 위한 성실한 의무를 진다.
④ 행정권은 대통령을 수반으로 하는 정부에 속한다.

❶ 현행 헌법상 대통령의 지위

대통령은 국가원수로서의 지위인 국가대표권, 국가와 헌법수호자로서의 지위, 입법·사법·행정을 통합하는 조정자로서의 지위, 헌법기관을 구성할 수 있는 지위와 행정부수반으로서의 지위인 행정기관 구성원 임면권, 공무원 지휘·감독권, 국무회의 주재권, 법령집행권, 재정에 관한 권한 등

❷ 지위의 유형

국가원수로서의 지위	행정부 수반으로서의 지위
① 국가대표권 ② 국가와 헌법의 수호자로서 지위 ③ 입법·사법·행정을 통합하는 조정자로서의 지위 ④ 헌법기관을 구성할 수 있는 지위	① 행정기관 구성원 임면권 ② 공무원 지휘감독권 ③ 국무회의 주재권 ④ 법령집행권 ⑤ 재정에 관한 권한

❸ 대통령의 의무

대통령의 의무(§66)	대통령 취임선서(§69)	국회의원의 헌법상 의무
① 국가독립	① 국가보위	① 국민 전체에 대한 봉사의무(§7①)
② 영토보존	② 국민의 자유와 복리의 증진	② 겸직금지의무(§43)
③ 국가 계속성 수호	③ 민족문화의 창달	③ 청렴 의무(§46①)
④ 헌법수호	④ 헌법준수	④ 국가이익 우선의무(§46②)
⑤ 평화통일	⑤ 평화통일	⑤ 지위·특권 남용금지의무(§46③)

| 제67조 | 대통령의 선거 · 대통령의 피선거권

> ① 대통령은 국민의 보통·평등·직접·비밀선거에 의하여 선출한다.
> ② 제1항의 선거에 있어서 최고득표자가 2인 이상인 때에는 국회의 재적의원 과반수가 출석한 공개회의에서 다수표를 얻은 자를 당선자로 한다.
> ③ 대통령 후보자가 1인일 때에는 그 득표수가 선거권자 총수의 3분의 1 이상이 아니면 대통령으로 당선될 수 없다.
> ④ 대통령으로 선거될 수 있는 자는 국회의원의 피선거권이 있고 선거일 현재 40세에 달하여야 한다.
> ⑤ 대통령의 선거에 관한 사항은 법률로 정한다.

❶ 대통령의 선출

(1) 개설

대통령의 선출방식은 권력구조에 따라 상이함. 대통령의 정부형태에서는 직선제를 선택하나, 의원내각제 정부형태에서는 의회에서 선출하는 간선제를 선택하는 것이 일반적인 형태이다. 각국의 대통령 선출방식을 살펴보면 다음과 같음.

각국의 형태	직선제	프랑스, 필리핀 등은 국민들이 직접선거함. 일반적으로 대통령제 국가에서는 직선제
	간선제	미국, 독일, 이탈리아 등은 간선제를 채택

(2) 현행 헌법상 대통령 선출방법

현행 헌법은 제67조 제1항에 의해서 대통령은 국민의 보통·평등·비밀·직접선거에 의해서 선출

우리나라의 대통령 선출방식	① 원칙적으로 직선제이며 예외적으로 대통령선거에 있어서 최고득표자가 2인 이상인 때에는 국회재적의원 과반수가 출석한 공개회의에서 다수표를 얻은 자를 당선자로 함. ② 대통령 후보자가 1인일 때에는 그 득표수가 선거권자 총수의 1/3 이상이 아니면 대통령으로 당선될 수 없음.

(3) 대통령의 피선거권
① 국회의원 피선거권이 있고 선거일 현재 40세에 달하여야 함.
② 국내에서 5년 이상 거주하여야 함(공선법 96.12. 신설).

(4) 대통령 후보자
① 대통령선거에 정당의 추천을 받거나 무소속으로 입후보할 수 있으며, 정당은 복수 추천할 수 없음.
② 무소속후보자는 5개 이상의 시도에서 각 700인 이상 총 3,500명 이상 6,000명 이내의 추천장을 첨부하여야 함.
③ 후보자는 3억원의 기탁금을 예치하여야 하며 기탁금은 유효투표총수 10/100 이상 15/100 미만의 50% 반환하고 15/100 이상은 전액 반환함.

🔍 5억원 기탁금은 헌법에 합치되지 아니한다(헌재 2008.11.27, 2007헌마1024).

개정 ▶ 3억원

| 제68조 | 대통령 선거일 · 보궐선거

> ① 대통령의 임기가 만료되는 때에는 임기만료 70일 내지 40일 전에 후임자를 선거한다.
> ② 대통령이 궐위된 때 또는 대통령 당선자가 사망하거나 판결 기타의 사유로 그 자격을 상실한 때에는 60일 이내에 후임자를 선거한다.

❶ 대통령선거

선거시기	헌법 제68조 제1항 규정에 의해서 임기만료일 70일 내지 40일 전까지 후임자를 선거하여야 함.
선거요일	공선법 제34조 제1항 제1호 규정에 의해서 임기만료일 전 70일 이후 첫번째 수요일에 선거를 실시함
보궐선거, 재선거	그 선거실시사유가 확정된 날로부터 60일 이내에 실시해야 함.

❷ 선거에 관한 소송(공선법 제222조 · 제223조)

구분	선거소송(선거효력에 관한 의의)	당선소송(당선효력에 관한 의의)
제기권자	선거인, 정당, 후보자	정당, 후보자
기간	선거일로부터 30일 이내	당선인 결정일로부터 30일 이내
피고적격	중앙선거관리위원회 위원장	당선인
관할	대법원	대법원

🔍 당선소송시 당선인이 임기개시 전에 사망·사퇴한 경우에는 법무부장관이 피고적격이 됨. 국회간선인 경우 중앙선거관리 위원장 또는 국회의장이 예외적으로 피고가 됨.

| 제69조 | 대통령의 취임선서

> 대통령은 취임에 즈음하여 다음의 선서를 한다.
> "나는 헌법을 준수하고 국가를 보위하며, 조국의 평화적 통일과 국민의 자유와 복리의 증진 및 민족문화의 창달에 노력하여 대통령으로서의 직책을 성실히 수행할 것을 국민 앞에 엄숙히 선서합니다."

✔ CHECK POINT

● 국회의원 선서(국회법)

나는 헌법을 준수하고 국민의 자유와 복리의 증진 및 조국의 통일을 위하여 노력하며 국가의 이익을 우선으로 하여, 국회의원의 직무를 양심에 따라 성실히 수행할 것을 국민 앞에 엄숙히 선서합니다.

🔍 성실한 수행의무 : 헌법재판소 심사대상이 될 수 없다(헌재 2004.5.14, 2004헌나1).

❶ 대통령의 취임선서

(1) 민족문화의 발전이 아님.

(2) 헌법준수 : 헌법의 사전적인 보장규정

| 제70조 | 대통령의 임기

> 대통령의 임기는 5년으로 하며, 중임할 수 없다.

❶ 임기

현행 헌법상 임기규정		• 대통령의 임기는 5년이며 중임할 수 없음. 장기집권 예방과 평화적인 정권교체를 위함. • 우리나라처럼 대통령의 임기를 5년으로 규정한 국가 : 독일, 인도, 알제리 등
역대 대통령의 임기규정	제1공화국	• 4년, 1차에 한하여 중임 인정 • 2차 개헌에서 중임제한을 철폐
	제2공화국	5년, 1차에 한하여 중임 인정
	제3공화국	• 4년, 1차에 한하여 중임 인정 • 6차 개헌에서 3기로 연장
	제4공화국	6년, 제한규정이 없음.
	제5공화국	7년, 단임규정
	제6공화국	5년, 중임금지

| 제71조 | 대통령의 권한대행

> 대통령이 궐위되거나 사고로 인하여 직무를 수행할 수 없을 때에는 국무총리, 법률이 정한 국무위원의 순서로 그 권한을 대행한다.

❶ 대통령의 권한대행사유

궐위			사고		
① 대통령의 사망시 ② 탄핵결정에 의한 파면시 ③ 피선자격의 상실 ④ 사퇴시 등을 들 수 있으며 대통령이 재위하지 않는 경우			① 국회에 의한 탄핵소추의 의결시 ② 해외여행시 ③ 질병시 등을 들 수 있으며 대통령이 재위하고 있는 경우		
권영성교수	허영교수	김철수교수	권영성교수	허영교수	김철수교수
현상변경	현상유지	현상유지	현상유지	현상변경	현상유지

❷ 대통령 권한대행자

제1공화국	제2공화국	제3공화국~제6공화국
부통령	① 참의원의장 ② 민의원의장 ③ 국무총리	① 국무총리 ② 법률이 정하는 국무위원순

❸ 외국의 사례

미국	독일, 프랑스
상원의장(부통령)	상원의장

| 제72조 | **국민투표부의권**

> 대통령은 필요하다고 인정할 때에는 외교·국방·통일 기타 국가안위에 관한 중요정책을 국민투표에 붙일 수 있다.

❶ 의의
국가의 중요정책결정을 국민들이 직접적으로 결정할 수 있는 주관적인 공권을 의미

❷ 국민투표권과 관련되는 헌법조문

구분	헌법 제72조	헌법 제130조 제2항
국민투표 회부 대상	외교·국방·통일 기타 국가안위에 관한 중요정책	헌법 개정안 확정
성격	플레비시트	레퍼렌덤
도입	8차 개헌	5차 개헌
항구성	○	×
의결정족수	의결 정족수 미규정	국회의원 선거권자 과반수 투표 & 투표자 과반수 찬성
투표권자	19세 이상, 한정치산자 ○	19세 이상, 한정치산자 ○

❸ 국민투표권과 관련되는 법률

조문	내용
지방자치법 14조	① 지방자치단체의 장은 주민에게 과도한 부담을 주거나 중대한 영향을 미치는 지방자치단체의 주요 결정사항 등에 대하여 주민투표에 붙일 수 있음. ② 주민투표의 대상·발의자·발의요건, 그 밖에 투표절차 등에 관한 사항을 따로 법률로 정함.

④ 국민투표권 행사의 기능

(1) 순기능

① 정치권력의 정당성 확보에 기여
② 대의제의 문제점인 국민의사를 왜곡하는 행위를 보완하는 기능을 수행
③ 국가기관 간의 권한충돌을 국민의 직접적인 의사표출로써 해결할 수 있음.

(2) 역기능

① 집권자가 유리하게 악용하여 독재의 명분으로 이용할 우려가 있음.
② 국민투표 실시비용이 과다하게 소모될 우려가 있음.

⑤ 국민투표의 유형

(1) Referendum(레퍼렌덤)

의의	국민이 헌법의 규정에 따라 입법절차에 직접 참가하는 국민투표
연원	스위스에서 최초로 유래
성격	필수적 국민투표(의무적 국민투표)
변경유무	항구성이 없으므로 다시 변경 가능
채택하는 국가	미국, 스위스 등에서 채택하고 있으며 한국의 헌법개정 확정시를 들 수 있음.

(2) Plebiscite(플레비시트)

의의	국민이 임의적으로 참가할 수 있는 신임투표를 의미
연원	프랑스에서 최초로 유래
성격	임의적 국민투표(선택적 국민투표)
변경유무	항구성이 있으므로 다시 변경할 수 없음.
채택하는 국가	프랑스

⑥ 직접민주정치의 요소

국민투표권	국민투표권을 최초로 채택한 것은 2차 개헌이며 5차 개헌에서는 헌법 개정시 최초의 국민투표제를 규정
국민발안권 (국민창안권)	① 국민발안권은 2차 개헌에서 국민투표에 대한 국민발안제를 채택, 즉「헌법 개정의 제안은 민의원 선거권자 50만 이상의 찬성으로 한다.」고 규정 ② 국민발안권은 7차 개헌에서 폐지 ③ 국민발안권의 유형은 직접발안과 간접발안으로 나누어짐.
국민소환권 (국민해임권)	공무원을 국민들이 국민투표에 회부하여 해임시키는 제도로서 우리나라는 한 번도 채택한 바 없으나 청원권제도와 유사

⑦ 관련 헌법재판소 판례

신행정수도 후속대책을 위한 연기·공주지역행정중심복합도시건설을 위한 특별법 위헌확인(헌재 2005.11.24, 2005헌마579·763 병합)

특정의 국가정책에 대하여 다수의 국민들이 국민투표를 원하고 있음에도 불구하고 대통령이 이러한 희망과는 달리 국민투표에 회부하지 아니한다고 하여도 이를 헌법에 위반된다고 할 수 없고 국민에게 특정의 국가정책에 관하여 국민투표에 회부할 것을 요구할 권리가 인정된다고 할 수도 없으므로 이 사건 법률에 의하여 청구인들의 국민투표권의 침해가능성은 인정되지 않음.

대한민국과 미합중국 간의 자유무역협정 위헌확인(헌재 2013.11.28, 2012헌마166) : 각하

한미무역협정에 대한 국민투표부의가 행해지지 않은 이상 헌법 제72조의 국민투표권의 침해가능성은 인정되지 않는다.

① 국민투표의 가능성은 국민주권주의나 민주주의 원칙과 같은 일반적인 헌법원칙에 근거하여 인정될 수 없으며 헌법에 명문으로 규정되지 않는 한 허용되지 않는다(헌재 2004.5.14, 2004헌나1).
② 헌법 제72조의 국민투표권은 대통령이 어떠한 정책을 국민투표에 부의한 경우에 비로소 행사가 가능한 기본권이다. 한미무역협정에 대한 대통령의 국민투표 부의가 행해지지 않은 이상 국민투표권의 침해가능성은 인정되지 아니한다(헌재 2013.11.28, 2012헌마166).

| 제73조 | 외교에 관한 권한

> 대통령은 조약을 체결·비준하고, 외교사절을 신임·접수 또는 파견하며, 선전포고와 강화를 한다.

❶ 통치행위

❷ 국가원수로서의 권한

❸ 외교사절의 신임장 접수권을 가짐

| 제74조 | 국군의 통수권·조직·편성

> ① 대통령은 헌법과 법률이 정하는 바에 의하여 국군을 통수한다.
> ② 국군의 조직과 편성은 법률로 정한다.

❶ 국군통수권

   (1) **국가원수로서의 권한**(다수설, 권영성 교수)

   (2) **행정부수반으로서의 권한**(김철수 교수)

   (3) **행정부수반으로서의 권한인 동시에 국가원수로서의 권한**(허영 교수)

❷ 현행 군정법 : 병정통합주의를 규정하고 있음.

제75조 | 대통령령

> 대통령은 법률에서 구체적으로 범위를 정하여 위임받은 사항과 법률을 집행하기 위하여 필요한 사항에 관하여 대통령령을 발할 수 있다.

❶ 법규명령

(1) **구속력** : 일반적 구속력

(2) 법규성을 가지는 것으로 국민의 권리 제한과 의무를 설정할 수 있음.

(3) 대통령령은 국무회의의 심의를 요함.

❷ 대통령령의 형태

위임명령	집행명령
① 상위법률의 수권을 요함. ② 법률에서 구체적으로 범위를 정하여 규정하는 법률내용을 보충 ③ 새로운 입법사항을 규정할 수 있음.	① 상위법률의 수권없이 가능 ② 법률의 시행세칙이며 모법을 변경, 보충할 수 없음.

① 대통령령은 총리령, 부령에 재위임할 수 있음.
② 법률에서 구체적으로 범위를 정하여 위임
③ 법률을 집행하기 위하여 제정

❸ 대통령의 입법권

구분	미국	우리나라
법률안 제출권	×	○
재의요구기간	10일	15일
환부거부	○	○
일부거부	×	×
보류거부	○(회기 불계속)	×(회기 계속)
재의결 정족수	양원 각각 재적 2/3 (찬·반 의사록에 기록)	재적 과반수 출석 & 출석 2/3 (무기명 투표)
국회의장의 법률안 공포권	×	○

| 제76조 | 긴급명령권, 긴급재정 · 경제 처분 · 명령권

① 대통령은 내우 · 외환 · 천재 · 지변 또는 중대한 재정 · 경제상의 위기에 있어서 국가의 안전보장 또는 공공의 안녕질서를 유지하기 위하여 긴급한 조치가 필요하고 국회의 집회를 기다릴 여유가 없을 때에 한하여 최소한으로 필요한 재정 · 경제상의 처분을 하거나 이에 관하여 법률의 효력을 가지는 명령을 발할 수 있다.
② 대통령은 국가의 안위에 관계되는 중대한 교전상태에 있어서 국가를 보위하기 위하여 긴급한 조치가 필요하고, 국회의 집회가 불가능한 때에 한하여 법률의 효력을 가지는 명령을 발할 수 있다.
③ 대통령은 제1항과 제2항의 처분 또는 명령을 한 때에는 지체없이 국회에 보고하여 그 승인을 얻어야 한다.
④ 제3항의 승인을 얻지 못한 때에는 그 처분 또는 명령은 그때부터 효력을 상실한다. 이 경우 그 명령에 의하여 개정 또는 폐지되었던 법률은 그 명령이 승인을 얻지 못한 때부터 당연히 효력을 회복한다.
⑤ 대통령은 제3항과 제4항의 사유를 지체없이 공포하여야 한다.

❶ 긴급명령권

(1) 의의

국가안위에 관한 중대한 교전상태에 있어서 국가를 보위하기 위해서 대통령이 법률의 효력을 가지는 명령을 발할 수 있는 권리

(2) 발동요건

실질적 요건	절차적 요건
① 중대한 교전상태가 발생할 것 ② 사후적일 것 ③ 소극적인 목적을 위할 것 ④ 국회집회가 불가능할 것	① 국무회의 심의를 거칠 것 ② 부서가 있을 것 ③ 국회에 보고할 것 : 국회의 승인을 얻을 것(일반의결정족수)

(3) 형식

긴급명령의 형식은 입법의 형식으로 일반적이고 추상적인 내용의 형태

(4) 효력
① 긴급명령시에 국회승인을 얻지 못하면 그때부터 그 효력은 상실
② 긴급명령에 의해서 개정되거나 폐지되었던 법률은 국회승인을 얻지 못한 때부터 당연히 효력이 회복

(5) 공포
① 헌법 제57조 제5항에 의해서 대통령은 긴급명령을 발동하는 경우에는 국회에 보고하여야 함.
② 대통령은 국회의 승인 여부를 지체없이 공포하여야 함.

(6) 통제
① 국회의 통제인 승인·탄핵소추·법률개정과 법원에 의한 통제인 긴급명령에 대한 헌법재판소의 위헌심판제청을 들 수 있음.
② 헌법재판소는 법원의 제청이 있는 경우 긴급명령에 대한 위헌심사를 할 수 있음.

❷ 긴급재정·경제처분권

(1) 의의
내우, 외환, 천재지변 등 중대한 재정·경제상의 위기에 있어서 대통령이 행하는 경제상의 처분

(2) 발동요건

실질적 요건	절차적 요건
① 내우·외환·천재·지변 또는 중대한 재정·경제상의 위기가 발생할 것 ② 국가의 안전보장 또는 공공의 안녕질서를 유지하기 위한 긴급한 조치를 할 필요가 발생할 것 ③ 국회집회를 기다릴 여유가 없을 것	① 국무회의의 심의를 거칠 것 ② 부서가 있을 것 ③ 국회에 보고하여 승인을 얻을 것

(3) 내용과 형식
① 긴급재정·경제처분은 경제사항과 재정사항에 대하여 규정할 수 있으나, 정치·사회·문화적인 내용은 규정할 수 없음.
② 긴급재정·경제처분은 개별적·구체적 내용의 처분 또는 조치의 형식으로 행정처분의 일종

(4) 효력

국회의 승인을 얻지 못한 때에는 그 처분은 그때부터 효력이 상실

(5) 통제

긴급재정·경제처분의 공포와 통제는 헌법 제76조 제5항에 의해서 긴급명령권과 동일

❸ 관련 헌법재판소 판례

긴급재정명령 등 위헌확인(헌재 1996.2.29, 93헌마186-각하)

① 통치행위를 포함하여 모든 국가작용은 국민의 기본권적 가치를 실현하기 위한 수단이라는 한계를 반드시 지켜야 하는 것이고, 헌법재판소는 헌법의 수호와 국민의 기본권 보장을 사명으로 하는 국가기관이므로 비록 고도의 정치적 결단에 의하여 행해지는 국가작용이라고 할지라도 그것이 국민의 기본권 침해와 직접 관련되는 경우에는 당연히 헌법재판소의 심판대상이 됨.

② 이 사건 긴급명령은 헌법이 정한 절차와 요건에 따라 헌법의 한계 내에서 발포된 것이고 따라서 이 사건 긴급명령 발포로 인한 청구인의 기본권 침해는 헌법상 수인 의무의 한계 내에 있다고 할 것임.

| 제77조 | 계엄선포권

> ① 대통령은 전시·사변 또는 이에 준하는 국가비상사태에 있어서 병력으로써 군사상의 필요에 응하거나, 공공의 안녕질서를 유지할 필요가 있을 때에는 법률이 정하는 바에 의하여 계엄을 선포할 수 있다.
> ② 계엄은 비상계엄과 경비계엄으로 한다.
> ③ 비상계엄이 선포된 때에는 법률이 정하는 바에 의하여 영장제도, 언론·출판·집회·결사의 자유, 정부나 법원의 권한에 관하여 특별한 조치를 할 수 있다.
> ④ 계엄을 선포한 때에는 대통령은 지체없이 국회에 통고하여야 한다.
> ⑤ 국회가 재적의원 과반수의 찬성으로 계엄의 해제를 요구한 때에는 대통령은 이를 해제하여야 한다.

❶ 계엄선포권

(1) 의의

대통령이 전시·사변 또는 이에 준하는 국가비상사태에 있어서 병력으로써 군사상의 필요에 응하거나 공공의 안녕질서를 유지할 필요가 있을 때 국민의 기본권을 제한하는 국가긴급권 행사

(2) 계엄의 종류

① **비상계엄** : 대통령이 전시·사변 또는 이에 준하는 국가비상사태에 있어서 적과 교전상태에 있거나 사회질서가 극도로 교란되어 행정 및 사법기능의 수행이 현저히 곤란한 경우에 군사상의 필요에 응하거나 공공의 안녕질서를 유지하기 위해서 선포하는 것

② **경비계엄** : 대통령이 전시·사변 또는 이에 준하는 국가비상사태에 있어서 사회질서가 교란되어 일반 행정기관만으로는 치안을 확보할 수 없는 경우에 공공의 안녕질서를 유지하기 위해서 선포하는 것

(3) 계엄발동의 요건

실질적 요건	절차적 요건
① 전시·사변 또는 이에 준하는 국가비상 사태가 발생할 것 ② 병력으로써 군사상 필요에 응하거나 공공의 안녕을 위해 질서를 유지할 필요가 있을 것	① 국무회의의 심의를 거칠 것 ② 지체없이 국회에 통고할 것(단, 국회가 폐회중이면 지체없이 임시국회의 집회를 요구하여야 함)

(4) 계엄의 효력

비상계엄의 효력		경비계엄의 효력
행정·사법사무에 관한 조치	기본권에 관한 조치	
① 계엄사령관은 계엄지역 안의 모든 행정사무와 사법사무를 관장, 사법사무란 재판작용을 제외한 사법행정사무를 의미 ② 계엄이 선포되연 계엄법에 규정된 범죄와 내란죄, 외환죄 등은 군사법원에서 재판 ③ 비상계엄하의 군사재판은 특정한 범죄에 대하여 단심(단, 사형선고시에는 예외)	① 영장제도 제한 ② 언론·출판·집회·결사의 자유제한은 헌법 제77조 제3항에 의해서 제한할 수 있음. 계엄법 제9조에 의해서 체포·구금·압수·수색·거주이전의 자유, 언론·출판·집회·결사의 자유 또는 단체행동에 대하여 특별한 조치를 할 수 있음. ③ 동원 또는 징발할 수 있으며 군수에 공할 물품의 조사·등록과 반출을 금지할 수 있음.	국민들의 자유와 권리는 제한할 수 없으며 계엄지역 내의 군사에 관한 행정사무와 사법사무를 계엄사령관이 관장

(5) 계엄의 해제와 통제방안

계엄의 해제		① 요건 : 비상사태가 평상의 상태로 회복된 경우 또는 국회재적의원 과반수의 찬성으로 해제를 요구하는 경우에는 대통령은 지체없이 해제하여야 함. ② 해제의 효과 : 모든 행정·사법사무는 원상태로 복귀하고 군사법원의 관할은 일반법원으로 관할이전됨(단, 필요한 경우에는 군사법원의 재판권을 계엄법 제12조 제2항에 의해서 1개월 이내 한하여 연기 가능). 1개월 간 연장가능 조항에 대해서 대법원은 1985년 5월 28일에 합헌으로 판결한 바 있으나 학문상은 위헌으로 보는 것이 다수적 견해
계엄의 통제방안	국회에 의한 통제	국회재적의원 과반수 이상이 계엄해제요구권을 행사하면 대통령은 지체없이 해제하여야 함.
	사법부에 의한 통제	계엄선포행위는 고도의 정치성을 내재한 통치행위이므로 사법부에서 심사할 수 없음.
	헌법재판소에 의한 통제	계엄에 의해서 기본권이 침해된 경우에는 헌법소원을 제기할 수 있음.

(6) 계엄법

제7조(계엄사령관의 관장사항)

① 비상계엄의 선포와 동시에 계엄사령관은 계엄지역의 모든 행정사무와 사법사무를 관장
② 경비계엄의 선포와 동시에 계엄사령관은 계엄지역의 군사에 관한 행정사무와 사법사무를 관장

제9조(계엄사령관의 특별조치권)

① 비상계엄지역에서 계엄사령관은 군사상 필요할 때에는 체포·구금(拘禁)·압수·수색·거주·이전·언론·출판·집회·결사 또는 단체행동에 대하여 특별한 조치를 할 수 있음. 이 경우 계엄사령관은 그 조치내용을 미리 공고하여야 함.
② 비상계엄지역에서 계엄사령관은 법률에서 정하는 바에 따라 동원(動員) 또는 징발을 할 수 있으며, 필요한 경우에는 군수(軍需)로 제공할 물품의 조사·등록과 반출 금지를 명할 수 있음.
③ 비상계엄지역에서 계엄사령관은 작전상 부득이한 경우에는 국민의 재산을 파괴 또는 소각(燒却)할 수 있음.

제9조의2(재산의 파괴 또는 소각에 대한 보상)

제9조 제3항에 따라 발생한 손실에 대하여는 정당한 보상을 하여야 하나 보상금 지급 등에 필요한 사항은 대통령령으로 정함.

제10조(비상계엄하의 군사법원 재판권)

① 비상계엄지역에서 제14조 또는 다음 각 호의 어느 하나에 해당하는 죄를 범한 사람에 대한 재판은 군사법원이 한다. 다만, 계엄사령관은 필요한 경우에는 해당 관할법원이 재판하게 할 수 있음.
  1. 내란(內亂)의 죄   2. 외환(外患)의 죄
  3. 국교(國交)에 관한 죄   4. 공안(公安)을 해치는 죄
  5. 폭발물에 관한 죄   6. 공무방해(公務妨害)에 관한 죄
  7. 방화(放火)의 죄   8. 통화(通貨)에 관한 죄

9. 살인의 죄   10. 강도의 죄
11. 『국가보안법』에 규정된 죄
12. 『총포 · 도검 · 화약류 등 단속법』에 규정된 죄
13. 군사상 필요에 의하여 제정한 법령에 규정된 죄

② 비상계엄지역에 법원이 없거나 해당 관할법원과의 교통이 차단된 경우에는 제1항에도 불구하고 모든 형사사건에 대한 재판은 군사법원이 함.

제12조(행정 · 사법사무의 평상화)

① 계엄이 해제된 날부터 모든 행정사무와 사법사무는 평상상태로 복귀
② 비상계엄 시행 중 제10조에 따라 군사법원에 계속(係屬) 중인 재판사건의 관할은 비상계엄 해제와 동시에 일반법원에 속함. 다만, 대통령이 필요하다고 인정할 때에는 군사법원의 재판권을 1개월의 범위에서 연기할 수 있음.

|제78조| 공무원임면권

대통령은 헌법과 법률이 정하는 바에 의하여 공무원을 임면한다.

❶ 공무원임면권

임명	면직
① 보직부여 ② 전직 ③ 휴직 등	① 징계처분 ② 탄핵 등

|제79조| 사면

① 대통령은 법률이 정하는 바에 의하여 사면 · 감형 또는 복권을 명할 수 있다.
② 일반사면을 명하려면 국회의 동의를 얻어야 한다.
③ 사면 · 감형 및 복권에 관한 사항은 법률로 정한다.

❶ 사면권

의의		대통령이 법률이 정하는 바에 의하여 사면, 감형, 복권을 명할 수 있는 권리
세계최초규정		1787년의 미국연방헌법에서 최초로 규정
사면의 유형	일반 사면	① 일반사면을 명하려면 국무회의의 심의를 거친 다음 국회동의를 얻어야 함. ② 형의 언도의 효력이 상실되며 언도를 받지 않은 자는 공소권이 상실. 단, 특별한 규정이 있을 때에는 예외
	특별 사면	① 특별사면은 국무회의의 심의를 거쳐 국회동의 없이 대통령이 행함. ② 형의 집행이 면제. 단, 특별한 사정이 있을 때에는 이후 형의 언도의 효력을 상실케 할 수 있음. ③ 법무부장관 산하의 사면심사위원회를 거쳐야 한다.
	감형	형의 선고를 받은 자를 대상으로 하는 것으로 형을 경감, 형의 집행을 경감하는 것
	복권	형의 언도의 효력으로 인하여 상실 또는 정지된 자격을 회복하는 것
사면권의 한계		사법권의 본질적인 내용은 침해할 수 없음.

❷ 사면법

제2조(사면의 종류)

사면은 일반사면과 특별사면으로 구분함.

제3조(사면 등의 대상)

사면, 감형 및 복권의 대상은 다음 각 호와 같음.
1. 일반사면 : 죄를 범한 자
2. 특별사면 및 감형 : 형을 선고받은 자
3. 복권 : 형의 선고로 인하여 법령에 따른 자격이 상실되거나 정지된 자

제5조(사면 등의 효과)

① 사면, 감형 및 복권의 효과는 다음 각 호와 같음.
1. 일반사면 : 형 선고의 효력이 상실되며, 형을 선고받지 아니한 자에 대하여는 공소권이 상실 (다만, 특별한 규정이 있을 때에는 예외)
2. 특별사면 : 형의 집행이 면제. 다만, 특별한 사정이 있을 때에는 이후 형 선고의 효력을 상실하게 할 수 있음.

3. 일반에 대한 감형 : 특별한 규정이 없는 경우에는 형을 변경
4. 특정한 자에 대한 감형 : 형의 집행을 경감. 다만, 특별한 사정이 있을 때에는 형을 변경할 수 있음.
5. 복권 : 형 선고의 효력으로 인하여 상실되거나 정지된 자격을 회복
② 형의 선고에 따른 기성의 효과는 사면, 감형 및 복권으로 인하여 변경되지 않음.

제6조(복권의 제한)

복권은 형의 집행이 끝나지 아니한 자 또는 집행이 면제되지 아니한 자에 대하여는 하지 않음.

제8조(일반사면 등의 실시)

일반사면, 죄 또는 형의 종류를 정하여 하는 감형 및 일반에 대한 복권은 대통령령으로 함. 이 경우 일반사면은 죄의 종류를 정하여 함.

제9조(특별사면 등의 실시)

특별사면, 특정한 자에 대한 감형 및 복권은 대통령이 함.

제10조(특별사면 등의 상신)

특별사면, 특정한 자에 대한 감형 및 복권은 법무부장관이 대통령에게 상신

제11조(특별사면 등 상신의 신청)

검찰총장은 직권으로 또는 형의 집행을 지휘한 검찰청 검사의 보고 또는 수형자가 수감되어 있는 교정시설의 장의 보고에 의하여 법무부장관에게 특별사면 또는 특정한 자에 대한 감형을 상신할 것을 신청할 수 있음.

제12조(특별사면 등의 제청)

형의 집행을 지휘한 검찰청의 검사와 수형자가 수감되어 있는 교정시설의 장이 특별사면 또는 특정한 자에 대한 감형을 제청하려는 경우에는 제14조에 따른 서류를 첨부하고 제청 사유를 기재한 보고서를 검찰총장에게 제출하여야 함. 교정시설의 장이 제1항의 보고서를 제출하는 경우에는 형의 집행을 지휘한 검찰청의 검사를 거쳐야 함.

> **제15조(복권 상신의 신청)**
>
> 검찰총장은 직권으로 또는 형의 집행을 지휘한 검찰청 검사의 보고 또는 사건 본인의 출원에 의하여 법무부장관에게 특정한 자에 대한 복권을 상신할 것을 신청할 수 있음. 제1항에 따른 상신의 신청은 형의 집행이 끝난 날 또는 집행이 면제된 날부터 3년이 지나지 아니하면 하지 못함.

제80조 │ 영전수여권

> 대통령은 법률이 정하는 바에 의하여 훈장 기타의 영전을 수여한다.

1 대통령의 영전수여권

(1) 국무회의의 심의를 요함.

(2) 대통령의 통치행위

(3) 관련법은 상훈법

(4) 보훈연금지급은 가능하나 특권의 부여는 불가능

2 관련 헌법재판소 판례

> **서훈추천부작위 등 위헌확인(헌재 2005.6.30, 2004헌마859)**
>
> 이 사건에서 대통령이 청구인들의 망부 혹은 친족에 대한 영전을 수여하지 않은 것은 영전 수여에 앞서 법률상 요구되는 서훈추천이 거부된 것에 기인한 것이며, 이는 그 전제가 되는 법적 절차의 미개시에 따른 것일 뿐 대통령이 공권력의 행사를 하여야 함에도 하지 않고 방치하고 있는 것이라 할 수 없음.

| 제81조 | 국회출석발언권

> 대통령은 국회에 출석하여 발언하거나 서한으로 의견을 표시할 수 있다.

❶ 대통령의 국회출석발언권

　(1) ┌ 국정의 조정자로서의 권한(권영성 교수)
　　　└ 행정부수반으로서의 권한(허영 교수)

　(2) 국회는 대통령에게 요구할 수 없음.

　(3) 대통령은 시정연설, 연두교서 등을 의미하는 것으로 자발적인 출석은 인정

| 제82조 | 부서

> 대통령의 국법상 행위는 문서로써 하며, 이 문서에는 국무총리와 관계 국무위원이 부서한다. 군사에 관한 것도 또한 같다.

❶ 문서주의와 부서제도

　(1) 취지
　① 책임소재를 명확히 하여 책임행정을 구현하기 위해서
　② 대통령의 권한통제를 위해서
　③ 절차적 정당성을 확보하기 위해서
　　🔊 주의 민주적 정당성 확보 ×

　(2) 관계국무위원이나 국무총리는 부서를 거부할 수 있음(통설)

　(3) 의원내각제 요소 : 국왕의 독선, 독재예방을 위한 제도

　(4) 문서로 하지 아니한 행위는 무효

　(5) 부서없이 행한 행위는 무효가 아님. 다만 탄핵소추의 대상

(6) ┌ **국무총리** : 포괄적 부서권
　　└ **국무위원** : 부분적 부서권

|제83조| 대통령의 겸직금지

> 대통령은 국무총리·국무위원·행정각부의 장 기타 법률이 정하는 공사의 직을 겸할 수 없다.

❶ 대통령의 겸직금지와 평화통일의무는 2대 의무

❷ 사적인 단체의 지위는 겸할 수 있음.

|제84조| 대통령의 형사상 특권

> 대통령은 내란 또는 외환의 죄를 범한 경우를 제외하고는 재직중 형사상의 소추를 받지 아니한다.

❶ 대통령의 형사상 특권

의의	대통령의 형사상 특권이란 대통령은 내란 또는 외환죄를 범한 경우를 제외하고는 재직 중 형사상 소추받지 아니하는 것을 의미
취지	국가원수로서의 권위를 유지하기 위해서
형사상 소추	형사상 소추의 범주는 일체의 강제처분을 의미
대통령도 소추 받는 경우	① 내란죄를 범한 경우 ② 외환죄를 범한 경우 ③ 민사사건 ④ 탄핵소추 ⑤ 퇴임 후에는 대통령도 소추됨
대통령 재직 중 공소시효정지에 대한 헌법재판소의 견해	헌법재판소는 1995년 1월 20일 결정에서「대통령 재직 중에는 국가의 소추권 행사의 장애사유가 발생하므로 공소시효 진행이 당연히 정지되는 것으로 본다.」고 판시한 바 있음.

❷ 관련 헌법재판소 판례

불기소처분취소(헌재 1995.1.20, 94헌마246 - 각하)

위 헌법규정은 바로 공소시효진행의 소극적 사유가 되는 국가의 소추권행사의 법률상 장애사유에 해당하므로, 대통령의 재직 중에는 공소시효의 진행이 당연히 정지되는 것으로 보아야 함.

| 제85조 | 전직대통령의 예우

전직대통령의 신분과 예우에 관하여는 법률로 정한다.

❶ 전직대통령 예우에 관한 법률에 의해서 전직대통령은 예우함.

❷ 전직대통령에게 부여된 특권은 위헌

제2절 행정부

- **제1관** 》 **국무총리와 국무위원**

| 제86조 | **국무총리**

① 국무총리는 국회의 동의를 얻어 대통령이 임명한다.
② 국무총리는 대통령을 보좌하며, 행정에 관하여 대통령의 명을 받아 행정각부를 통할한다.
③ 군인은 현역을 면한 후가 아니면 국무총리로 임명될 수 없다.

❶ 국무총리제도의 연혁

최초 규정	국무총리제 삭제	국무총리에 대한 국회해임의결	국무총리에 대한 국회해임건의
1948년 제헌헌법에서 최초 규정되었으며 국회승인을 얻어서 대통령이 임명	1954년 2차 개헌에서 국무총리제를 폐지	제헌헌법과 2차, 7차, 8차 개헌에서는 국회에서 해임의결할 수 있었음.	5차 개헌과 현행 헌법에서는 국회에서 해임건의할 수 있음.

❷ 국무총리의 지위

(1) 헌법상 지위

대통령의 권한 대행자	헌법 제71조의 규정에 의해서 국무총리는 대통령이 궐위되거나 사고로 인하여 직무를 수행할 수 없을 때에는 국무총리가 1차적으로 권한을 대행
대통령의 보좌기관	① 행정각부 통할권 : 국무총리는 대통령의 슈을 받아서 행정각부를 통할 ② 부서에 대한 권한
행정부의 제2인자	행정각부의 장과 국무위원 임명제청권과 해임건의권을 대통령에게 할 수 있음.
국무회의 부의장	국무총리는 국무회의에 참석할 수 있으며 국무회의의 부의장의 지위를 가짐.
중앙행정관청	대통령의 승인을 얻어서 중앙행정기관의 장의 행위를 취소 또는 변경할 수 있음.

(2) 국무총리의 신분상 지위

국무총리의 임명	① 국무총리의 임명은 국회의 동의를 얻어서 대통령이 임명 ② 국회의 의결정족수는 국회재적의원 과반수 이상이 출석하여 출석의원 과반수의 찬성이 있어야 함. ③ 국무총리서리제도는 헌법에 서리제도가 미규정되어 있고, 헌법 제86조에 위배, 권력분립정신을 위배하기 때문에 위헌이라는 견해와 국정공백 우려와 현실적인 사유가 있는 경우에는 제한적으로 합헌이라는 한정적 합헌설이 대립하고 있음.
문민주의 원칙	① 국무총리는 현역을 면한 후가 아니면 임명될 수 없음. ② 제도의 취지는 군국주의를 예방하기 위해서
국무총리의 해임	① 대통령은 자유로이 국무총리를 해임할 수 있음. ② 국회는 재적의원 1/3 이상이 발의하여 국회재적의원 과반수의 찬성으로 국무총리의 해임을 건의할 수 있으며 대통령은 국회의 해임건의에 구속받지 아니함.
국무총리의 직무대행	① 1차적으로 기획재정부장관이 겸임하는 부총리, 교육부장관이 겸임하는 부총리, 대통령이 지명하는 국무위원 ② 법률이 정하는 국무위원 순
국회의원 겸직인정	국무총리는 당적보유가 가능하며 국회의원직을 겸직할 수 있음.

❸ 국무총리의 권한

(1) 행정각부의 장과 국무위원 임면에 대한 권한

최초 규정	내용
1952년 1차 개헌에서 국무위원 임명시 국무총리에게 제청권을 최초로 인정	① 행정각부의 장과 국무위원 임명제청권을 국무총리가 행사할 수 있음. 국무총리의 임명제청 없이 대통령이 단독으로 임명한 행위는 유효 ② 행정각부의 장과 국무위원 해임건의권을 국무총리가 행사할 수 있음.

(2) 행정각부의 통할권

국무총리는 행정에 관하여 대통령의 슈을 받아서 행정각부를 지휘·감독 등을 할 수 있는 권한을 가짐

(3) 대통령 권한대행권

① 대통령이 궐위되거나 사고로 인하여 직무를 수행할 수 없을 때에는 국무총리가 헌법 제71조에 의해서 권한을 대행
② 국무총리의 권한대행을 헌법에 직접 명시하고 있는 것은 법정대리이며 법정대리 중에서도 협의의 법정대리에 해당

(4) 국무회의 심의 · 의결권

① 국무총리는 국무회의 참석권자이며 국무회의의 부의장이 됨.
② 국무총리는 국무회의 운영시에는 국무위원보다 우월한 지위에 있으나 국무회의 심의 · 의결시에는 1인 1표의 원칙에 입각하여 국무위원과 대등한 지위에 서며 지휘나 감독할 수 없음.

(5) 총리령에 대한 권한

① 헌법 제95조 규정에 의해서 국무총리는 소관사무에 관하여 법률이나 대통령령의 위임 또는 직권으로 총리령을 발할 수 있음.
② 국무총리는 법규명령인 위임명령과 직권에 의하여 발동하는 직권명령, 일면적 구속력을 수반한 행정규칙을 발할 수 있음.
③ 총리령과 부령의 우열관계는 총리령우위설과 동위설이 있으며 총리령과 부령의 우열규정이 헌법에 없으므로 동위설이 다수설

(6) 국회출석 · 발언권

① 헌법 제62조 규정에 의해서 국무총리는 국회나 그 위원회에 출석하여 국정처리상황을 보고하거나 그 의견을 진술하고 질문에 응답할 수 있음.
② 국회나 그 위원회의 요구가 있을 때에는 국무총리는 출석 · 답변하여야 하며, 국무총리는 국무위원 또는 정부위원으로 하여금 출석 · 답변하게 할 수 있음. 정당한 사유 없이 국무총리가 국회출석요구에 불응하는 경우에는 헌법 제65조에 의한 탄핵소추 사유가 됨.

④ 관련 헌법재판소 판례

신행정수도 후속대책을 위한 연기·공주지역행정중심복합도시건설을 위한 특별법 위헌확인(헌재 2005.11.24, 2005헌마579·763 병합)

① 이 사건 법률은 행정중심복합도시의 건설과 중앙행정기관의 이전 및 그 절차를 규정한 것으로서 이로 인하여 대통령을 중심으로 국무총리와 국무위원 그리고 각부 장관 등으로 구성되는 행정부의 기본적인 구조에 어떠한 변화가 발생하지 않음.
② 또한 국무총리의 권한과 위상은 기본적으로 지리적인 소재지와는 직접적으로 관련이 있다고 할 수 없다. 나아가 청구인들은 대통령과 국무총리가 서울이라는 하나의 도시에 소재하고 있어야 한다는 관습헌법의 존재를 주장하나 이러한 관습헌법의 존재를 인정할 수 없음.

⑤ 정부조직법(일부개정 2017.7.26, 2023. 2)

ⅰ) 개정이유

중소기업 육성과 과학기술 융합을 기반으로 미래 성장동력 확충과 일자리 창출 등 경제 활성화를 뒷받침할 수 있도록 정부 조직체계를 재설계하고, 안전·재난 분야의 유기적 연계와 현장 기관의 전문 역량을 강화하기 위하여 국가 안전관리 체계를 재조정하는 한편, 통상행정 분야를 효율화하고, 국가보훈 및 대통령 경호 시스템을 환경변화에 맞게 조정하는 등 국민들의 요구에 신속하게 반응하는 열린 민주 정부를 구현할 수 있도록 정부기능을 재배치하려는 것임.

ⅱ) 주요내용(19부 4처 19청)

가. 대통령 경호수행 체계를 합리화하기 위하여 대통령경호실(장관급)을 대통령경호처(차관급)로 개편함(제16조).
나. 국가유공자 예우와 지원 등 보훈기능을 강화하기 위하여 국가보훈부장관을 국무위원으로 격상함(제22조의2).
다. 기술창업활성화 관련 창조경제 진흥 업무의 중소벤처기업부 이관 및 과학기술·정보통신 정책의 중요성을 고려하여 미래창조과학부의 명칭을 과학기술정보통신부로 변경하는 한편, 과학기술의 융합과 혁신을 가속화하고 연구개발의 전문성과 독립성을 보장하기 위하여 과학기술정보통신부에 과학기술혁신본부를 설치함(제29조 제1항, 제29조 제2항 신설).
라. 국가 재난에 대한 대응 역량을 강화하고 안전에 대한 국가와 지방자치단체 간 유기적 연계가 가능하도록 국민안전처와 행정자치부를 통합하여 행정안전부를 신설하고, 신설되는 행정안전부에 재난 및 안전 관리를 전담할 재난안전관리본부를 설치함(제34조 제1항, 제34조 제3항 신설).

마. 소방 정책과 구조구급 등 소방에 대한 현장 대응 역량을 강화하기 위하여 행정안전부장관 소속으로 소방청을 신설함(제34조 제7항 신설).

바. 보호무역주의 확산에 대응하기 위한 통상교섭 역량을 강화하기 위하여 산업통상자원부에 통상교섭본부를 설치함(제37조 제2항).

사. 해양경찰의 역할을 재정립하여 해양안전을 확보하고, 해양주권 수호 역량을 강화하기 위하여 해양수산부장관 소속으로 해양경찰청을 신설함(제43조 제2항 신설).

아. 중소기업 중심의 경제구조와 창업 생태계 조성을 위하여 중소기업청을 중소벤처기업부로 격상하여 창업·벤처기업의 지원 및 대·중소기업 간 협력 등에 관한 사무를 관장하도록 함(제44조 신설).

🔍 국가보훈처를 국가보훈부로 승격(재외동포청 신설)

| 제87조 | 국무위원

① 국무위원은 국무총리의 제청으로 대통령이 임명한다.
② 국무위원은 국정에 관하여 대통령을 보좌하며, 국무회의 구성원으로서 국정을 심의한다.
③ 국무총리는 국무위원의 해임을 대통령에게 건의할 수 있다.
④ 군인은 현역을 면한 후가 아니면 국무위원으로 임명될 수 없다.

❶ 국무위원(정부조직법상 국무위원수 : 19명)

임명	① 국무총리의 제청에 의해서 대통령이 임명하고 임기규정은 없음. ② 문민주의 원칙에 의해서 국무위원은 현역을 면한 후가 아니면 임명될 수 없음. ③ 국무위원은 국회의원직을 겸직할 수 있음.
구성	헌법 제88조 제2항의 규정에 의해서 15인 이상 30인 이하
해임	① 국무총리의 해임건의에 의해서 대통령이 자유로이 해임할 수 있음. ② 국회에서 재적과반수 이상이 해임을 대통령에게 건의할 수 있음. 　　대통령은 국회의 건의에 구속받지 아니함. ③ 헌법재판소의 탄핵결정에 의해서 파면될 수 있음.
권한	① 대통령 권한대행권　　② 부서권 ③ 국무회의 소집요구권　④ 국무회의 심의권, 참여권 ⑤ 국회출석 발언권

❷ 행정각부의 장

임명	지위	권한
① 국무위원 중에서 국무총리의 제청으로 대통령이 임명 ② 국무위원의 해임은 국무총리의 해임건의나 국회의 재적 과반수 이상의 해임건의에 의해서 대통령이 해임할 수 있음.	① 중요한 고유사무를 집행하는 행정관청 ② 행정각부의 장은 대통령이나 국무총리로부터 지휘, 감독을 받음. ③ 사무한계가 있음. 즉, 고유사무만 담당	① 소관사무 집행권을 가짐. ② 부령에 대한 권한을 가짐. ③ 소관사무에 대한 정책입안권을 가짐. ④ 국무회의 참석권을 가짐.

・ 제2관 》 국무회의

| 제88조 | 국무회의의 지위와 구성

① 국무회의는 정부의 권한에 속하는 중요한 정책을 심의한다.
② 국무회의는 대통령・국무총리와 15인 이상 30인 이하의 국무위원으로 구성한다.
③ 대통령은 국무회의의 의장이 되고, 국무총리는 부의장이 된다.

❶ 개설

(1) 미국과 영국의 유형

미국의 각료회의	영국의 각료회의
① 임의적 기구이며 대통령보좌를 위한 자문기관 ② 임명방식은 상원의 동의를 얻어서 대통령이 임명 ③ 각료회의 심의사항은 대통령의 자유재량에 의함.	① 필수적 기구이며 의결기관 ② 각료회의는 의회에 대하여 책임짐. ③ 각료회의 의결사항은 수상의 자유재량 사항이 아님.

(2) 우리나라 국무회의의 변천

의결기관이었던 시기	필수적 정책심의기관이었던 시기
제1·2공화국은 국무회의의 결정에 구속력이 있었음.	제3·4·5·6공화국은 국무회의의 결정에 구속력이 없는 심의기관

(3) 국무회의의 구성

구성	국무회의는 대통령, 국무총리와 15인 이상 30인 이하로 구성
의장	대통령은 국무회의의 의장으로 국무회의를 주재하며 이는 행정부 수반으로서의 권한에 해당, 부의장은 국무총리

❷ 국무회의의 헌법상 지위

헌법 필수기관	최고정책심의기관 주의 의결기관 ×, 자문기관 ×	합의제기관
헌법 제88조에 의해서 규정된 헌법상 필수기관	헌법 제89조에 열거된 내용의 심의는 국무회의에서 최종적으로 심의. 그러므로 국무회의는 행정부 내에서 최고의 정책심의 기관	국무회의는 국무위원 구성원 개인이 독립된 지위를 가짐. 국무회의는 대외적으로 자기의 명의로 권한을 외부에 표시할 수 있는 합의제관청은 아님.

❸ 국무회의의 심의절차

국무회의의 유형	개의정족수	의결정족수
① 매주 1회 소집하는 정례회의 ② 임시국무회의로 나누어짐	구성원 과반수의 출석으로 개의함.	출석위원 2/3 이상의 찬성으로 의결

제89조 | 국무회의의 심의사항

다음 사항은 국무회의의 심의를 거쳐야 한다.
1. 국정의 기본계획과 정부의 일반정책
2. 선전·강화 기타 중요한 대외정책
3. 헌법개정안·국민투표안·조약안·법률안 및 대통령령안
   🔍 총리령·부령 : 심의사항 아님
4. 예산안·결산·국유재산처분의 기본계획·국가의 부담이 될 계약 기타 재정에 관한 중요사항
5. 대통령의 긴급명령·긴급재정경제처분 및 명령 또는 계엄과 그 해제
6. 군사에 관한 중요사항
7. 국회의 임시회 집회의 요구
8. 영전수여
9. 사면·감형과 복권
10. 행정각부간의 권한의 획정
11. 정부안의 권한의 위임 또는 배정에 관한 기본계획
12. 국정처리상황의 평가·분석
13. 행정각부의 중요한 정책의 수립과 조정
14. 정당해산의 제소
15. 정부에 제출 또는 회부된 정부의 정책에 관계되는 청원의 심사
16. 검찰총장·합동참모의장·각군참모총장·국립대학교총장·대사 기타 법률이 정한 공무원과 국영기업체관리자의 임명 (※ 경찰청장 임명시 : 심의사항 아님)
17. 기타 대통령·국무총리 또는 국무위원이 제출한 사항

| 제90조 | 국가원로자문회의

> ① 국정의 중요한 사항에 관한 대통령의 자문에 응하기 위하여 국가원로로 구성되는 국가원로자문회의를 둘 수 있다.
> ② 국가원로자문회의의 의장은 직전대통령이 된다. 다만, 직전대통령이 없을 때에는 대통령이 지명한다.
> ③ 국가원로자문회의의 조직·직무범위 기타 필요한 사항은 법률로 정한다.

1 국가원로자문회의

(1) 국정의 중요한 사항에 관한 대통령의 자문에 응하기 위하여 국가원로로 구성되는 국가원로자문회의를 둘 수 있음.

(2) 국가원로자문회의의 의장은 직전대통령이 된다. 다만, 직전대통령이 없을 때에는 대통령이 지명

(3) 국가원로자문회의의 조직·직무범위 기타 필요한 사항은 법률로 정함.

| 제91조 | 국가안전보장회의

> ① 국가안전보장에 관련되는 대외정책·군사정책과 국내정책의 수립에 관하여 국무회의의 심의에 앞서 대통령의 자문에 응하기 위하여 국가안전보장회의를 둔다.
> ② 국가안전보장회의는 대통령이 주재한다.
> ③ 국가안전보장회의의 조직·직무범위 기타 필요한 사항은 법률로 정한다.

1 국가안전보장회의

(1) 국가안전보장에 관련되는 대외정책·군사정책과 국내정책의 수립에 관하여 국무회의의 심의에 앞서 대통령의 자문에 응하기 위하여 국가안전보장회의를 둠.

(2) 국가안전보장회의는 대통령이 주재

(3) 국가안전보장회의의 조직·직무범위 기타 필요한 사항은 법률로 정함.

| 제92조 | 민주평화통일자문회의

① 평화통일정책의 수립에 관한 대통령의 자문에 응하기 위하여 민주평화통일자문회의를 둘 수 있다.
② 민주평화통일자문회의의 조직·직무범위 기타 필요한 사항은 법률로 정한다.

❶ 민주평화통일자문회의

(1) 평화통일정책의 수립에 관한 대통령의 자문에 응하기 위하여 민주평화통일자문회의를 둘 수 있음.

(2) 민주평화통일자문회의의 조직·직무범위 기타 필요한 사항은 법률로 정함.

| 제93조 | 국민경제자문회의

① 국민경제의 발전을 위한 중요정책의 수립에 관하여 대통령의 자문에 응하기 위하여 국민경제자문회의를 둘 수 있다.
② 국민경제자문회의의 조직·직무범위 기타 필요한 사항은 법률로 정한다.

❶ 국민경제자문회의

(1) 국민경제자문회의는 9차 개헌에서 신설

(2) 임의적 자문기구

• 제3관 ▶ 행정각부

| 제94조 | 행정각부의 장

> 행정각부의 장은 국무위원 중에서 국무총리의 제청으로 대통령이 임명한다.

❶ **중앙행정조직의 편제** : 18부 5처 18청(정부조직법상)

❷ 행정각부의 장은 모두 국무위원이며 부령을 발할 수 있음.

| 제95조 | 총리령, 부령

> 국무총리 또는 행정각부의 장은 소관사무에 관하여 법률이나 대통령령의 위임 또는 직권으로 총리령 또는 부령을 발할 수 있다.

❶ 총리령과 부령은 총리령 우위설과 동위설이 대립하고 있으나 다수설은 동위설

❷ 총리령 · 부령은 국무회의의 심의를 요하지 아니함.

| 제96조 | 행정각부의 설치, 조직, 직무범위

> 행정각부의 설치 · 조직과 직무범위는 법률로 정한다.

❶ **행정기관 법정주의**

  (1) 행정각부의 설치 · 조직과 직무범위는 법률로써 정함.

  (2) **취지**
    ① 월권행위방지
    ② 국민의 조세부담경감을 위해서

• 제4관 》 감사원

|제97조| 감사원의 직무 · 지위

> 국가의 세입 · 세출의 결산, 국가 및 법률이 정한 단체의 회계검사와 행정기관 및 공무원의 직무에 관한 감찰을 하기 위하여 대통령 소속하에 감사원을 둔다.

❶ 감사제도의 유형

입법부형	집행부형	독립형
감사기관을 의회소속하에 두는 유형을 의미(영국, 미국)	감사기관을 행정부에 소속시키는 것(우리나라)	입법 · 사법 · 행정에 설치하는 것이 아니라 독립된 기구로 설치하는 것(독일 · 프랑스 · 일본 등)

❷ 우리나라 감사제도의 발달과정

제1공화국	심계원에서 결산과 회계검사를 담당
제2공화국	감찰위원회에서 행정기관과 공무원의 직무를 감찰하였으며, 국무총리직속기구(비헌법기관)
제3공화국	감사원에서 회계검사, 결산감찰권을 행사하였으며 대통령 직속기구
제4 · 5공화국	감사원에서 국정감사기능을 담당
제6공화국	감사원에서 결산, 회계검사, 직무감찰권을 행사하고 있음.

| 제98조 | 감사원의 구성

① 감사원은 원장을 포함한 5인 이상 11인 이하의 감사위원으로 구성한다.
② 원장은 국회의 동의를 얻어 대통령이 임명하고, 그 임기는 4년으로 하며, 1차에 한하여 중임할 수 있다.
③ 감사위원은 원장의 제청으로 대통령이 임명하고, 그 임기는 4년으로 하며, 1차에 한하여 중임할 수 있다.

보충정리 중임과 연임

중임금지	중임가능	연임가능
• 대통령 • 대법원장 • 검찰총장(검찰청법)	• 감사원장(1차에 한해) • 감사위원	헌재소장, 헌재재판관, 중앙선관위원장, 중앙선관위원, 대법관, 일반법관

❶ 구성

감사원장을 포함하여 5인 이상 11인 이하로 구성(현재 감사위원은 7인)

① 감사원장은 국회의 동의를 얻어서 대통령이 임명
② 감사위원은 감사원장의 제청에 의해서 대통령이 임명
③ 감사원장과 감사위원의 임기는 4년이고 1차에 한하여 중임할 수 있음.
④ 감사원장의 직무대행은 감사위원으로 최장기간 재직한 선임감사위원이 직무를 대행. 다만, 재직기간이 동일한 감사위원이 2인 이상일 때에는 연장자가 그 직무를 대행
⑤ 감사위원은 탄핵·금고 이상의 형의 선고를 받은 경우 및 장기의 심신쇠약으로 직무를 수행할 수 없게 된 때를 제외하고는 그 의사에 반하여 면직되지 아니함.

❷ 감사원의 지위

대통령 소속기관	독립된 기관	합의제기관	헌법상 필수기관
헌법 제97조 규정에 의해서 대통령 소속하에 감사원을 둠.	감사원은 대통령 직속기구이지만 직무상 독립된 기구	감사원장과 감사위원은 법적으로 동등한 위치에서 감사위원회의 업무를 처리하는 합의제기관	헌법 제97조 규정에 의한 필수적인 헌법기관

| 제99조 | 결산

> 감사원은 세입·세출의 결산을 매년 검사하여 대통령과 차년도 국회에 그 결과를 보고하여야 한다. 🔍 결과보고 : 대통령과 차년도 국회에 보고

| 제100조 | 감사원의 조직, 직무범위

> 감사원의 조직·직무범위·감사위원의 자격·감사대상공무원의 범위 기타 필요한 사항은 법률로 정한다.

❶ 감사원의 권한

회계검사권	① 국가의 회계 ② 지방자치단체의 회계 ③ 한국은행의 회계와 국가 또는 지방자치단체가 자본금의 1/2 이상을 출자한 법인의 회계 ④ 다른 법률에 의하여 감사원의 회계검사를 받도록 규정된 단체 등의 회계에 대한 검사권을 가짐.
결산검사권	세입과 세출을 검사하여 대통령과 차년도 국회에 보고하여야 함.
직무감찰권	① 정부조직법 기타 법률에 의하여 설치된 행정기관의 사무와 그에 소속한 공무원의 직무 ② 지방자치단체의 사무와 그에 소속한 지방공무원의 직무 등의 비위감찰과 행정감찰을 할 수 있는 권한을 가짐. ③ 국회·법원·헌법재판소 직원에 대한 감찰은 불인정
감사결과처리권	① 변상책임의 심리·판정권 ② 징계처분 및 문책요구, 시정·주의요구 ③ 제도개선요구 ④ 수사기관에의 고발권 ⑤ 재심의 청구에 관한 권한을 가짐.
규칙제정권	감사원법에 의해서 규칙을 제정할 수 있으며, 감사원의 규칙제정권은 행정규칙의 성질을 가짐(다수설).

❷ 관련 헌법재판소 판례

국민감사청구기각결정 사건관련규정(헌재 2006.2.23, 2004헌마414)

국민감사청구에 대한 기각결정은 공권력주체의 고권적 처분이라는 점에서 헌법소원의 대상이 될 수 있는 공권력행사라고 보아야 할 것임.

제5장 법원

> **│제101조│ 사법권 · 법원 · 법관의 자격**
>
> ① 사법권은 법관으로 구성된 법원에 속한다.
> ② 법원은 최고법원인 대법원과 각급법원으로 조직된다.
> ③ 법관의 자격은 법률로 정한다.

❶ 헌법 제101조 제1항의 의미

① 법원사법의 원칙
② 권력분립의 원칙
③ 민주사법의 원칙
④ 사법권 독립의 원칙

> **📖 참고   사법권 독립의 연혁**
>
> ㉠ 몽테스키외에서 유래
> ㉡ 최초 명문화-미국 버지니아 권리장전

❷ 사법의 개념

사법의 의의		사법권의 범주	사법의 특징
형식설	실질설		
법원의 관할에 속하는 것은 모든 것이 사법에 해당한다는 견해	사법이란 법을 선언하는 모든 작용은 사법에 해당한다는 견해	① 헌법소송 ② 형사소송 ③ 민사소송 ④ 행정소송	① 수동성이 있을 것 : 소송제기가 있어야 함. ② 사건성이 있을 것 : 구체적인 법률적 분쟁이 있어야 함. ③ 법판단성이 있을 것 : 법판단작용 ④ 소극성 : 현재의 법질서를 유지하기 위한 작용

❸ 사법권의 한계

실정법상의 한계	국제법상의 한계	권력분립상의 한계	사법 본질적인 한계
① 헌법재판소의 권한에 해당하는 사항(헌법 §111①) ② 국회의원의 징계처분(헌법 §64④) ③ 비상계엄하의 군사재판(헌법 §110④)	🔍 치외법권자 ① 외국의 국가원수 ② 외교사절 및 그 수행원, 가족 ③ 국제기구의 직원 등은 사법부 심사 대상에서 제외	① 통치행위 ② 자유재량행위 ③ 특별권력관계에서의 행위	① 당사자적격 ② 소의 이익 ③ 사건의 성숙성 ④ 구체적 사건성이 있어야 함.

❹ 법원의 헌법상 지위

사법기관	중립적인 기관	헌법 수호기관	기본권 보장기관
법관으로 구성된 법원에 속하며 가장 본질적인 법원의 지위	헌법 제103조의 규정에 의해서 법관은 헌법과 법률, 양심에 의해서 재판	선거에 관한 재판을 통해서 헌법을 수호	국민의 기본권을 재판을 통해서 보장하는 기관

| 제102조 | 법원의 조직

① 대법원에 부를 둘 수 있다.
② 대법원에 대법관을 둔다. 다만, 법률이 정하는 바에 의하여 대법관이 아닌 법관을 둘 수 있다.
③ 대법원과 각급법원의 조직은 법률로 정한다.
　🔍 회생법원설치 시행(2017.3.1.)

❶ 법원의 조직

(1) **헌법상** – 심급제 규정

(2) **법률상** – 3심제(대법원 – 고등법원 – 지방법원)

❷ 대법원

(1) 구성

구성	대법원 합의체	대법원의 部
① 대법원장과 대법관으로 구성. 법률이 정하는 바에 따라 대법관이 아닌 법관을 둘 수 있음. ② 대법관의 수는 대법원장을 포함하여 14인으로 함.	① 대법원에는 대법원 합의체를 둠. ② 대법원 합의체는 대법관 전원의 2/3 이상으로 구성되며 대법원장이 재판장이 됨.	① 일반부와 특별부가 있음. ② 일반부에는 민사 · 형사부가 있음. ③ 특별부에는 행정 · 조세 · 노동 · 군사 · 특허부가 있음.

(2) 대법원장과 대법관

대법원장	대법관	대법관회의
① 지위 : 대법원장은 20년 이상의 법조경력을 가진 자로서 만 45세 이상이어야 하며 국회동의를 얻어서 대통령이 임명 ② 임기는 6년, 중임이 금지되고 정년은 70세 ③ 권한 • 법원 대표권 • 대법관 임명제청권 • 중앙선거관리위원회 위원 3인 지명권 • 법관 임명 및 보직권 • 사법 · 행정사무 총괄권 • 대법관 전원합의체의 재판권 등을 가짐.	① 지위 : 대법관은 20년 이상의 법조경력을 가진 45세 이상의 자 중에서 대법원장의 제청으로 국회동의를 얻어서 대통령이 임명 ② 임기는 6년, 연임 가능, 정년은 70세 ③ 일반법관은 대법관회의의 동의를 얻어서 대법원장이 임명하며 임기는 10년이고 연임 가능. 정년은 65세	① 대법관 전원으로 구성되며 대법원장이 의장이 됨. ② 의결 : 대법관 2/3 이상의 출석과 출석인원 과반수의 찬성으로 의결하며 가부동수인 경우에는 의장이 결정권을 갖음.

(3) 대법원의 권한

① 대법원은 각종 상고사건 및 재항고사건, 명령 · 규칙의 위헌여부의 최종 심사, 위헌법률심사의 제청, 선거소송과 규칙제정권을 가짐.

② 대법원의 규칙제정권은 국회입법주의의 예외이며, 대법원규칙의 제정은 대법관회의의

의결을 거쳐야 하며 의결된 규칙은 의결된 후 15일 이내에 법원행정처장(법원행정처장은 대법관으로 한다)이 공포하고 관보에 게재하면 그 효력이 발생

③ 대법원 규칙 제정의 대상과 범위는 헌법 제108조의 규정에 의해서 법률에 저촉되지 아니하는 범위 안에서 소송에 관한 절차, 법원의 내부규율과 사무처리에 관한 사항을 규정

④ 이 규정은 예시적 규정에 불과하다는 것이 통설의 견해이다. 대법원의 규칙은 법규명령으로서 법률보다는 하위에 있음.

3 고등법원

① 고등법원은 부를 두고, 부장판사가 그 부의 재판장이 됨.
② 고등법원의 재판은 판사 3인으로 구성되는 합의부에서 행함.
③ 법원조직법 제28조에 의해서 고등법원은 다음의 사건을 심판(지방법원 합의부·가정법원 합의부 또는 행정법원의 제1심 판결에 대한 허가사건, 지방법원 합의부·가정법원 합의부 또는 행정법원의 제1심 심판·결정·명령에 대한 항고사건 및 다른 법률에 의하여 고등법원의 권한에 속하는 사건)
④ 고등법원은 구·시·군의 장 및 지방의회의원의 선거소송과 당선소송을 담당

4 지방법원

① 지방법원에 판사를 두며 지방법원에 배치하는 판사의 수는 대법원 규칙으로 정함.
② 사무관할은 지방법원 또는 지원의 단독판사 또는 합의부에 속함.

5 지방법원지원과 지방법원 소년부지원

① 법원조직법 제31조 규정에 의해서 지방법원의 지원과 지방법원의 소년부지원에서는 지원장을 두며 법관으로 보좌
② 지원장은 관할구역 안에 위치한 시·군 법원의 사법행정사무를 관장하고, 소속공무원의 지휘를 감독
③ 지방법원지원의 심판과 관할사항은 지방법원과 동일

❻ 시·군 법원

① 시·군 법원은 순회재판소를 폐지하고 설치된 법원
② 법원조직법 제34조 규정에 의해서 시·군 법원은 소액사건심판의 적용을 받는 민사사건, 화해·독촉 및 조정에 관한 사건, 20만원 이하의 벌금 또는 구류나 과료에 처할 범죄사건, 가족관계등록 등에 관한 법률 제75조에 의한 협의상 이혼확인사건을 관할

❼ 특별법원

(1) 의의

① 헌법 제110조에 특별법원으로 군사법원을 설치할 수 있다고 규정하여 특별법원의 설치근거를 인정하고 있음.
② 특별법원의 개념에 관해서는 관할 대상이 특수한 사항에 한정된 특수법원설로 보는 견해와 법관의 자격 없는 자가 재판하거나 최종심을 대법원으로 하지 않는 예외법원설로 보는 견해가 대립하고 있으나, 다수설은 예외법원설

(2) 종류

① 군사법원

㉠ 개설
ⓐ 헌법 제110조에 규정된 헌법상 유일한 예외법원으로서 특별법원
ⓑ 군사법원의 재판관은 군판사로 구성
ⓒ 군판사는 군판사인사위원회의 심의를 거치고 군사법원운영위원회의 동의를 받아 국방부장관이 임명
ⓓ 군사법원의 조직은 보통군사법원과 고등군사법원으로 조직되며 최종심은 대법원

㉡ 군사법원의 관할

헌법 제110조 제2·4항의 규정에 의해서 군사법원의 재판은 원칙적으로 대법원에 의 상고가 인정되지만 비상계엄하에서의 군인·군무원의 범죄, 군사에 관한 간첩죄의 경우와 초병·초소·유독음식물공급·포로에 관한 죄 중 법률이 정한 경우에는 단심으로 할 수 있음(단, 위의 경우에 있어서도 사형을 선고한 경우에는 대법원에 상고할 수 있음).

② 특수법원
  ㉠ 특수한 사건을 담당하고 그 대상이 특수한 법원을 의미하는 것(가정법원, 행정법원, 특허법원)
  ㉡ 1998년 3월 1일부터는 행정법원이 신설되고 행정소송을 2심제에서 3심제로 심급을 확대하고 행정심판전치주의를 임의적 심판전치주의로 개정(현행 헌법 제107조 제3항에서는 행정심판의 근거를 규정)

| 제103조 | 법관의 독립

> 법관은 헌법과 법률에 의하여 그 양심에 따라 독립하여 심판한다.

[사법권의 독립]

❶ 개설

최초로 정립한 자	궁극적인 목표
프랑스의 몽테스키외가 최초로 정립	① 재판의 독립 ② 판결의 자유

❷ 내용

인적인 독립	물적인 독립
① 법관인사의 독립 ② 법관자격의 법정주의 ③ 법관의 정년제 ④ 법관의 연임제(반대견해 있음) ⑤ 법관의 신분보장 ⑥ 법관의 겸직금지 ⑦ 법관의 정치적 중립성 보장 ⑧ 법관의 파견근무 제한	① 헌법·법률·양심에 의한 재판 : 양심이란 법조적인 양심, 객관적 양심, 직업적인 양심을 의미 ② 소송당사자로부터의 독립 ③ 정치적·사회적 세력으로부터의 독립 ④ 입법부로부터의 독립 ⑤ 행정부로부터의 독립 ⑥ 상급법원으로부터의 독립

(1) 법원의 독립
① 행정부로부터의 독립
㉠ 법관은 행정부의 직을 겸할 수 없으며, 행정부는 재판과정에 관여할 수 없음.
㉡ 법관과 행정부는 상호견제의 원리가 적용
㉢ 행정부는 대법원장과 대법관 임명권, 계엄선포권, 사면권, 예산편성권 등을 가지며, 법원은 행정부를 견제하기 위해서 명령·규칙·처분의 심사권, 행정심판권을 가짐.
② 입법부로부터의 독립
㉠ 법관은 국회의원직을 겸직할 수 없음.
㉡ 국회는 재판을 할 수 없고 법원은 입법권을 가질 수 없음.
㉢ 헌법상 국회는 법관탄핵소추권, 국정감사·조사권, 대법원장·대법관 임명동의권 등을 가지고 있으나, 법원은 위헌법률심사제청권, 국회규칙심사권 등을 가진다. 법원과 국회는 상호 견제와 균형의 원리를 통해서 독립성을 확보하고 있음.
③ 법원의 자율성
헌법 제108조 규정에 의해서 법원의 자치와 자율성을 보장하기 위해서 소송 절차 및 법원의 내부규율과 사무처리에 관한 규칙제정권을 인정

(2) 법관의 독립
① 법관의 독립은 법관의 신분보장과 같은 인적 독립과 물적 독립인 법관의 직무상의 독립을 들 수 있음.
② 법관의 직무상의 독립은 핵심적인 요소이다. 법관의 신분상의 독립은 법관의 직무상의 독립을 위해 필요한 것
③ 법관의 신분상의 독립
㉠ 의의 : 법관인사의 독립, 법관의 자격제, 법관의 임기제·연임제·정년제, 법관의 신분보장, 법관의 겸직금지, 정치적 중립성 보장 등을 법관의 신분상 독립 또는 인적 독립이라 함.
㉡ 법관인사의 독립
ⓐ 일반 법관과 대법관회의의 동의를 얻어서 대법원장이 임명하는 것으로, 법관인사의 자율성을 보장하는 것을 말함.
ⓑ 대법원장은 국회의 동의를 얻어 대통령이 임명하고 민주적 정당성을 확보하기 위한 것이라 할 수 있음.

ⓒ 법관의 자격제
- ⓐ 법률로 정하고 법원조직법 제42조 규정에 의해서 일반 법관은 사법시험에 합격하여 사법연수원의 소정의 과정을 마친 자나 변호사의 자격이 있는 자를 임용
- ⓑ 대법원장과 대법관은 20년 이상 판사·검사·변호사의 자격이 있는 자로서 국가기관, 지방자치단체, 국·공영기업체, 정부투자기관 기타 법인에서 법률에 관한 사무에 종사한 자, 변호사의 자격이 있는 자로서 공인된 대학의 법률학 조교수 이상의 직에 있던 자로 45세 이상인 자 중에서 임용

ⓔ 법관의 임기제·연임제·정년제 : 법관의 연임제는 법관의 전문성과 숙련성을 확보하기 위한 제도이지만, 사법권의 독립성을 저해하는 요소이기도 함.

ⓜ 법관의 신분보장
- ⓐ 헌법 제106조 제1항에 의해서 법관은 탄핵 또는 금고 이상의 형의 선고에 의하지 아니하고는 파면되지 아니하며 징계처분에 의하지 아니하고는 정직, 감봉, 기타 불리한 처분을 받지 아니함.
- ⓑ 법관징계법 제2조에 의해서 법관의 징계는 법관으로서 직무상의 의무를 위배하거나, 직무를 태만하거나, 법원 또는 법관으로서의 위신을 실추하게 하는 소행이 있는 경우에 이를 시행
- ⓒ 법관의 징계처분은 견책·감봉과 정직의 3종이 있다.

ⓗ 법관의 겸직 금지와 정치적 중립성 보장
- ⓐ 법관은 법률이 정하는 직을 겸직할 수 없고 정치운동에 관여하거나 영리활동에 종사할 수 없음.
- ⓑ 법관의 영리활동을 금지하는 대신에 법관의 보수는 직위와 품위에 상응할 수 있도록 법률로 정하도록 하고 있음.

④ 법관의 직무상 독립
ⓞ 의의
- ⓐ 법관의 직무상의 독립은 사법부 독립의 핵심적인 요소로 법관의 양심에 따라 재판을 행하는 것을 말함.
- ⓑ 현행 헌법 제103조「법관은 헌법과 법률에 의하여 그 양심에 따라 독립하여 심판한다」는 규정은 법관의 직무상의 독립을 규정하고 있는 것

ⓛ 헌법·법률·양심에 의한 재판
- ⓐ 법관은 헌법과 법률에 구속

ⓑ 법관은 성문법·불문법을 막론하고 모든 법률에 의해서 구속되는 것을 말함.

ⓒ 법관은 양심에 의해서 독립하여 심판을 한다. 이 경우 「양심」이란 사회적 양심, 직업적 양심, 객관적 법관의 법조적인 양심을 말하고 「독립하여 심판한다」고 함은 법관을 구체적인 사건의 심판에서 사회적 여론, 송송당사자, 입법부, 행정부와 같은 어떠한 세력으로부터도 간섭이나 지시 등을 받지 아니하는 것을 말함.

❸ 사법부 독립의 한계

① 사법부 독립을 제한하는 것은 대통령의 대법원장·대법관임명권, 정부에 의한 법원의 예산편성권, 대통령의 사면권 및 국회의 국정감사·조사권 등

② 이러한 제한은 사법부 독립의 한계라고 할 수 있음.

|제104조| 법관의 임명

① 대법원장은 국회의 동의를 얻어 대통령이 임명한다.
② 대법관은 대법원장의 제청으로 국회의 동의를 얻어 대통령이 임명한다.
③ 대법원장과 대법관이 아닌 법관은 대법관회의의 동의를 얻어 대법원장이 임명한다.

❶ 대법관회의

(1) 대법원장을 포함하여 14인으로 구성

(2) 법원조직법에 규정되어 있음.

(3) 회의는 대법관 전원으로 구성되며 대법관 2/3 이상의 출석과 출석인원 과반수의 찬성으로 의결

(4) Casting Vote(가부동수인 경우 의장의 투표권) : 인정

| 제105조 | 법관의 임기

① 대법원장의 임기는 6년으로 하며, 중임할 수 없다.
② 대법관의 임기는 6년으로 하며, 법률이 정하는 바에 의하여 연임할 수 있다.
③ 대법원장과 대법관이 아닌 법관의 임기는 10년으로 하며, 법률이 정하는 바에 의하여 연임할 수 있다.
④ 법관의 정년은 법률로 정한다.

❶ 각 법관의 임기

구분	대법원장	대법관	일반 법관
선임방법	국회동의 얻어서 대통령이 임명	국회동의 얻어서 대통령이 임명	대법관회의의 동의를 얻어서 대법원장이 임명
임기	6년, 중임금지	6년, 연임가능	10년, 연임가능
정년	70세	70세	65세

❷ 관련 헌법재판소 판례

법원조직법 제45조 제4항 위헌확인(헌재 2002.10.31, 2001헌마557)

법률조항이 규정한 법관의 정년은 60세 내지 65세로 되어 있는 다른 국가공무원의 정년보다 오히려 다소 높고, 정년제를 두고 있는 외국의 법관 정년연령(65세 내지 70세)을 비교하여 보아도 일반법관의 정년이 지나치게 낮다고 볼 수도 없으므로 이 사건 법률조항은 직업선택의 자유 내지 공무담임권을 침해하고 있다고 할 수 없음.

법원조직법 부칙 제2조 위헌확인(헌재 2016.5.26, 2014헌마427) : 기각

10년 미만의 법조경력을 가진 사람의 판사임용을 위한 최소 법조경력요건을 2013년부터 2017년까지는 3년, 2018년부터 2021년까지는 5년, 2022년부터 2025년까지는 7년으로 정하여 단계적으로 법조일원화가 진행되도록 하는 법원조직법 부칙 제2조는 공무담임권을 침해하지 않는다.

| 제106조 | 법관의 신분보장

> ① 법관은 탄핵 또는 금고 이상의 형의 선고에 의하지 아니하고는 파면되지 아니하며, 징계처분에 의하지 아니하고는 정직·감봉 기타 불리한 처분을 받지 아니한다.
> ② 법관이 중대한 심신상의 장해로 직무를 수행할 수 없을 때에는 법률이 정하는 바에 의하여 퇴직하게 할 수 있다.

❶ 법관의 신분보장

(1) 법관은 탄핵 또는 금고 이상의 형의 선고에 의하지 아니하고는 파면되지 아니하며, 징계처분에 의하지 아니하고는 정직·감봉 기타 불리한 처분을 받지 아니함.

(2) 법관이 중대한 심신상의 장해로 직무를 수행할 수 없을 때에는 법률이 정하는 바에 의하여 퇴직하게 할 수 있음.

| 제107조 | 위헌법률심사제청권, 명령·규칙·처분심사권, 행정심판

> ① 법률이 헌법에 위반되는 여부가 재판의 전제가 된 경우에는 법원은 헌법재판소에 제청하여 그 심판에 의하여 재판한다.
> ② 명령·규칙 또는 처분이 헌법이나 법률에 위반되는 여부가 재판의 전제가 된 경우에는 대법원은 이를 최종적으로 심사할 권한을 가진다.
> ③ 재판의 전심절차로서 행정심판을 할 수 있다. 행정심판의 절차는 법률로 정하되, 사법절차가 준용되어야 한다.

[법원의 권한]

❶ 의의

① 법원의 고유한 권한은 법원조직법 제2조 제1항의 규정에 의할 때 재판권임.
② 재판권 이외에 법원은 명령·규칙·처분심사권, 위헌법률심사제청권, 법정질서유지권, 사법행정권 등을 가짐.

❷ 내용

(1) 재판권
① 형사소송, 민사소송, 행정소송, 선거소송, 가사소송과 같은 법적인 쟁송에 관한 권한을 가지는 것
② 특허법원과 대법원은 특허소송에 관한 재판권을 가지며, 선거쟁송재판권은 법원이 선거쟁송을 심리하는 것
③ 선거소송과 당선소송은 심급절차를 거칠 필요 없이 직접 대법원에 소를 제기하여야 함.

(2) 명령 · 규칙 · 처분심사권
① 헌법 제107조 제2항의 규정에 의하여 법원은 명령 · 규칙 · 처분이 헌법에 위반되는 여부가 재판의 전제가 되는 경우에는 모든 법원이 심사할 수 있으며, 대법원은 이를 최종적으로 심사할 권리를 가짐.

요건	최종심사	모든 법원
재판의 전제성	대법원	심사할 수 있음.

② 절차
㉠ 구체적 규범 통제 : 법원의 명령 · 규칙을 심사하기 위해서는 명령 · 규칙이 헌법이나 법률에 위반되는 여부가 재판의 전제가 되어야 한다는 것을 말하고 그 법률의 위헌 여부가 재판 주문과 이유에 특정한 영향을 주는 것을 말함.
㉡ 명령 · 규칙 · 처분심사의 기준 : 헌법과 법률이며, 헌법적 관습 또는 법률의 효력을 가지는 조약이나 긴급명령권 등도 포함한다고 볼 수 있음.
㉢ 위헌 · 위법으로 결정된 명령 · 규칙 · 처분심사의 효력
ⓐ 명령 · 규칙 · 처분심사는 모든 법원이 할 수 있으며, 대법원이 심사하는 경우에는 대법관 3분의 2 이상의 합의체에서 과반수로 의결
ⓑ 위헌 · 위법으로 결정되면 당해사건에 대해서만 적용이 거부되고, 그 자체의 무효를 선언할 수 없음.

구분	위헌법률심사	명령규칙심사
주체	헌법재판소	각급법원
대상	법률	명령 · 규칙

심사기준	헌법	헌법 · 법률
방법	구체적 규범통제	구체적 규범통제
효력	일반적 효력	개별적 효력

(3) 위헌법률심판제청권

① 의의
  ㉠ 법원은 법률이 헌법에 위반되는지 여부가 재판의 전제가 된 경우에 법원은 헌법재판소에 제청하여 그 심판에 의하여 재판함.
  ㉡ 헌법 제107조 제1항에 규정된 위헌법률심판제청권은 법원의 권한인 동시에 의무이므로 법원은 헌법재판소에 제기하여야 함.

② 내용
  ㉠ 위헌법률심판제청권은 모든 법원이 제기할 수 있음.
  ㉡ 헌법재판소법 제41조의 규정에 의해서 군사법원도 제기 가능
  ㉢ 그 제청은 당사자의 신청 또는 직권에 의하여 행할 수 있으나, 당사자의 신청이 있는 경우라도 위헌법률심판청구의 주체는 법원
  ㉣ 위헌법률심판제청의 대상에는 형식적 의미의 법률뿐만 아니라 법률과 동일한 효력을 가지는 조약과 긴급명령, 긴급재정 · 경제명령도 당연히 포함된다고 볼 수 있음.

③ 행사의 요건
  ㉠ 위헌법률심판의 제청을 위해서는 법률의 위헌 여부가 재판의 전제가 되어야 함.
  ㉡ 이 경우의 재판은 종국판결뿐만 아니라 구속영장발부에 관한 재판도 포함
  ㉢ 또한 구체적인 사건성, 당사자적격, 소의 이익 등의 요건도 구비해야 함.

④ 행사의 절차
  ㉠ 헌법재판소법 제41조 제1항에 의해서 법원은 직권 또는 당사자의 신청이 있을 때 제청할 수 있음.
  ㉡ 대법원 외의 법원이 제청할 때에는 대법원을 경유해야 함.
  ㉢ 대법원은 반드시 헌법재판소에 송부해야 하고 헌법재판소는 소의 이익이 없는 경우에는 각하하게 됨.

⑤ 행사의 효과
  ㉠ 법원이 법률의 위헌 여부를 헌법재판소에 제청한 경우에는 당해 사건의 재판은 헌법재판소의 위헌 여부의 결정이 있을 때까지는 정지된다. 단, 법원이 긴급하다고 인정

하는 경우에는 종국재판 외의 소송절차를 진행할 수 있다. 헌법재판소는 제청된 법률의 위헌 여부를 결정
ⓒ 법률조항의 위헌결정으로 인하여 당해 법률 전부를 시행할 수 없다고 인정될 때에는 헌법재판소법 제45조 규정에 의해서 그 전부에 대하여 위헌결정을 할 수 있음.
ⓒ 위헌으로 결정된 법률 또는 법률의 조항은 그 결정이 있은 날로부터 효력이 상실되고 형벌에 관한 법률의 조항은 소급하여 그 효력이 상실

(4) 행정심판전치주의
① 행정심판의 헌법상 근거규정은 8차 개헌
② 1998년 3월 1일부터 선택형으로 개정

| 제108조 | 대법원의 규칙제정권

> 대법원은 법률에 저촉되지 아니하는 범위 안에서 소송에 관한 절차, 법원의 내부규율과 사무처리에 관한 규칙을 제정할 수 있다.

[대법원의 규칙제정권]

❶ 성격 : 법규명령의 성격을 가짐.

❷ 인정취지

(1) 사법부의 독립성을 보장하기 위해서

(2) 법원의 내부사항을 자율적으로 규정하기 위해서

❸ 한계

(1) 헌법이나 법률을 위배해서는 안 됨.

(2) 벌칙규정은 제정할 수 없음.

| 제109조 | 재판공개의 원칙

> 재판의 심리와 판결은 공개한다. 다만, 심리는 국가의 안전보장 또는 안녕질서를 방해하거나 선량한 풍속을 해할 염려가 있을 때에는 법원의 결정으로 공개하지 아니할 수 있다.

[공개재판주의]

❶ 의의
① 재판의 심리와 판결을 일반인에게 공개하는 것
② 심리는 민사사건인 경우에 구두변론, 형사사건에서는 공판절차를 의미
③ 판결이란 사건의 실체에 대하여 법관이 내리는 판단을 의미하고, 판결은 반드시 공개해야 함.
④ 재판공개의 취지는 재판의 공정성 확보와 국민의 신뢰보호를 확보하기 위해서

❷ 공개원칙의 예외
① 공개대상은 재판의 심리와 판결이므로, 공판준비절차는 비공개로 할 수 있음.
② 비송사건절차나 소년사건, 가사소송절차에서의 재판의 합의는 법원의 결정으로 비공개로 함.

❸ 예외적인 심리의 비공개
① 법원의 결정으로 예외적으로 국가의 안전보장 또는 안녕질서를 방해하거나 선량한 풍속을 해할 염려가 있을 때에는 그 심리과정을 공개하지 않을 수 있음. (단, 심리만 비공개로 하고 판결은 반드시 공개해야 함)
② 재판공개규정을 위반한 경우에는 당연히 무효가 되는 것이 아니라 절대적 상고이유가 된다는 것이 다수적 견해

| 제110조 | **군사재판**

> ① 군사재판을 관할하기 위하여 특별법원으로서 군사법원을 둘 수 있다.
> ② 군사법원의 상고심은 대법원에서 관할한다.
> ③ 군사법원의 조직·권한 및 재판관의 자격은 법률로 정한다.
> ④ 비상계엄하의 군사재판은 군인·군무원의 범죄나 군사에 관한 간첩죄의 경우와 초병·초소·유독음식물공급·포로에 관한 죄 중 법률이 정한 경우에 한하여 단심으로 할 수 있다. 다만, 사형을 선고한 경우에는 그러하지 아니하다.

[군사법원]

❶ 개설
① 헌법 제110조에 규정된 헌법상의 유일한 예외법원으로서 특별법원
② 군사법원에 군사법원장을 둔다.
③ 재판관 및 주심군판사는 관할관이 임명
④ 군사법원의 조직은 보통군사법원과 고등군사법원으로 조직되며 최종심은 대법원

❷ 군사법원의 관할
헌법 제110조 제2·4항의 규정에 의해서 군사법원의 재판은 원칙적으로 대법원의 상고가 인정되지만 비상계엄 하에서의 군인·군무원의 범죄, 군사에 관한 간첩죄의 경우와 초병·초소·유독음식물공급·포로에 관한 죄 중 법률이 정하는 경우에는 단심으로 할 수 있음(단, 위의 경우에 있어서도 사형을 선고한 경우에는 대법원에 상고할 수 있음).

> **보충정리** 군사법원의 관할이 아닌 것
>
> ① 군사시설물에 관한 죄
> ② 유해음식물공급에 관한 죄는 일반법원에서 재판

제6장 헌법재판소

| 제111조 | 헌법재판소의 권한과 구성

① 헌법재판소는 다음 사항을 관장한다.
  1. 법원의 제청에 의한 법률의 위헌여부 심판
  2. 탄핵의 심판
  3. 정당의 해산 심판
  4. 국가기관 상호간, 국가기관과 지방자치단체간 및 지방자치단체 상호간의 권한쟁의에 관한 심판
  5. 법률이 정하는 헌법소원에 관한 심판
② 헌법재판소는 법관의 자격을 가진 9인의 재판관으로 구성하며, 재판관은 대통령이 임명한다.
③ 제2항의 재판관 중 3인은 국회에서 선출하는 자를, 3인은 대법원장이 지명하는 자를 임명한다.
④ 헌법재판소의 장은 국회의 동의를 얻어 재판관 중에서 대통령이 임명한다.

1 개설

① 헌법재판이라고 함은 헌법의 내용과 효력에 관하여 분쟁이 있는 경우에 최종적으로 권한이 있는 기관에서 심판하는 것을 말함.
② 헌법재판의 유형은 헌법에 관한 쟁의를 행하는 일체의 작용인 광의의 헌법재판과 국회에서 제정한 법률의 위헌심사만을 재판하는 협의의 헌법재판이 있음.

헌법재판의 기능	헌법재판의 특성
① 기본권 보장 ② 헌법보전 ③ 권력통제 ④ 소수자의 인권보장 ⑤ 정치적 평화보장 ⑥ 자유민주적 기본질서보장	① 정치형성적 ② 비강제집행성 ③ 미완성성

❷ 헌법재판소의 헌법상 지위

헌법재판소는 헌법질서를 유지하고 수호하는 헌법의 보장기관의 지위, 국민의 기본권을 보장해 주는 기본권 보장기관, 헌법관련 분쟁을 최종적으로 심판하는 최종적 헌법재판기관, 권력을 통제하는 권력통제 기관, 입법・사법・행정부와 더불어 주권을 행사하는 주권행사기관으로서 헌법상의 기관임.

❸ 헌법재판소의 권한

(1) 위헌법률심판권

① 의의
  ㉠ 국회에서 제정한 법률의 위헌 여부를 심사하여 헌법에 위반되는 경우 그 적용을 거부하거나 효력을 상실시키는 제도
  ㉡ 위헌법률심사제의 취지는 소수자 보호 및 헌법의 최고 규범성 확보

② 연혁

위헌법률심사제는 1803년 미국의 Marbury vs. Madison 사건에서 마샬 대법원장이 확립한 것으로, 법원은 헌법에 구속되고 헌법에 위배되는 법률은 무효라는 논리를 제시하여 성립하였음.

③ 유형

심사기관 성격에 따른 분류			현행헌법재판소법에 의한 분류
헌법법원형	일반법원형	정치기관형	① 제청형 규범통제심판(법률의 위헌여부가 재판의 전제가 된 경우) ② 규범통제형심판(입법권의 행사로 기본권의 침해를 받은 자의 헌법소원에 의하는 경우) ③ 불복형규범통제심판(위헌제청심판이 기각되자 헌법소원심판을 제기하는 경우) ④ 부수형규범통제(준용규칙에 관하여 위헌여부를 심사) ⑤ 권한쟁의 심판 청구에 의한 위헌법률심판
• 일반법원으로부터 독립된 헌법재판소에서 심리 • 구체적 규범 통제와 추상적 규범통제 인정(독일식)	일반 법원에서 심리하며 구체적 규범통제를 기초로 함.	특수한 성격을 가진 정치기관에 위헌심사권을 부여(프랑스 제5공화국)	

④ 위헌법률심사의 대상
　형식적 의미의 법률 및 법률과 동일한 효력을 가진 긴급명령, 긴급재정·경제 명령, 조약 등을 포함(예외적으로 이미 폐지·개정된 법률이라도 소송사건의 재판에 전제가 된 경우에는 심사의 대상이 됨)

⑤ 제기요건
　㉠ 재판의 전제성, 심판의 필요성 및 당해 법률의 위헌성을 구비해야만 헌법재판소가 법원의 제청으로 법률에 대하여 심사할 수 있음.
　㉡ 이 경우의 전제성이라고 함은 구체적 사건이 법원에 계속되어 있거나 계속 중이어야 하고, 위헌 여부가 문제되는 법률이 당해 소송사건의 재판에 적용되는 것이어야 함.
　㉢ 그 법률이 헌법에 위반되는지의 여부에 따라 당해 사건을 담당한 법원이 다른 내용의 재판을 하게 되는 것

⑥ 위헌결정의 효력
　㉠ 헌법재판소에서 위헌결정된 법률은 기타 국가기관 및 지방자치단체에 기속함.
　㉡ 헌법재판소법 제42조 제2항에 따라 위헌으로 결정된 법률 또는 법률의 조항은 그 결정이 있은 날로부터 효력을 상실
　㉢ 이를 객관적 규범통제라고 함. 다만 형벌에 관한 법률의 조항은 소급하여 그 효력이 상실됨.
　㉣ 위헌으로 결정된 법률에 의하여 유죄확정판결을 받은 경우에는 재심을 청구하여 구제 받을 수 있음.

(2) 탄핵심판권

(3) 정당해산심판권

(4) 권한쟁의심판권
　① 의의
　　㉠ 국가기간 상호간, 국가기관 및 지방자치단체간 및 지방자치단체 상호간의 권한의 존부 혹은 범위에 관하여 다툼이 있을 때에 당해 국가기관과 지방자치단체는 권한쟁의심판을 청구할 수 있음.
　　㉡ 심판청구는 피청구인의 처분 또는 부작위가 헌법 또는 법률에 의해 부여받은 청구인의 권한을 침해하였거나 침해할 현저한 위험이 있는 때에 한하여 이를 할 수 있음.
　　㉢ 권한쟁의심판권의 목적은 국가기관의 원활한 수행과 국가기관 상호간의 견제와 균형을 통한 헌법의 규범력을 확보하는 것

② 종류

국가기관 상호간의 권한쟁의	국가기관과 지방단체간의 권한쟁의	지방자치단체 상호간의 권한쟁의
국회, 정부, 법원 및 중앙선거관리위원회 상호간의 권한쟁의심판	① 정부와 특별시·광역시·도 또는 특별자치도 간의 권한쟁의심판 ② 정부와 시·군 또는 지방자치단체인 구(이하 "자치구"라 한다) 간의 권한쟁의심판	① 특별시·광역시·도 또는 특별자치도 상호간의 권한쟁의심판 ② 시·군 또는 자치구 상호간의 권한쟁의심판 ③ 특별시·광역시·도 또는 특별자치도와 시·군 또는 자치구 간의 권한쟁의심판 ④ 권한쟁의가 지방교육자치에관한법률 제2조의 규정에 의해 교육·학예에 관한 지방자치단체의 사무에 관한 것일 때에는 교육감이 제1항 제2호 및 제3호의 당사자가 됨.

③ 청구사유 및 기간

구체적인 권리보호의 이익이 있을 경우에 청구할 수 있으며, 권한쟁의의 심판은 그 사유가 있음을 안 날부터 60일 이내에, 그 사유가 있은 날부터 180일 이내에 청구하여야 함.

④ 결정의 효력

㉠ 재판관 7명 이상의 참석과 참석재판관 중 과반수의 찬성으로 결정함.
㉡ 헌법재판소의 권한쟁의심판의 결정은 모든 국가기관과 지방자치단체를 기속함.
㉢ 국가기관 또는 지방자치단체의 처분을 취소하는 결정은 그 처분의 상대방에 대하여 이미 생긴 효력에 영향을 미치지 아니함.

🔎 국가인권위원회는 헌법상 기관이 아니기 때문에 권한쟁의 당사자적격이 없다(헌재 2010.10.28, 2009헌라6).
🔎 국가경찰위원회는 헌법상 기관이 아니기 때문에 권한쟁의 당사자적격이 없다(헌재 2022.12.22, 2022헌라5).

(5) 헌법소원심판권

① 의의

㉠ 헌법소원이라 함은 공권력의 행사나 불행사(不行使)로 인하여 헌법상의 보장된 기본권을 침해당한 경우에 그 구제를 헌법재판소에 청구하는 것을 말함.
㉡ 공권력의 행사 또는 불행사로 인하여 헌법상에 보장된 기본권을 침해받은 자는 법원의 재판을 제외하고는 헌법재판소에 헌법소원심판을 청구할 수 있음.
㉢ 다른 법률에 구제절차가 있는 경우에는 그 절차를 모두 거친 후가 아니면 청구할 수 없음.

ⓐ 법률의 위헌여부심판의 제청신청이 기각된 때에는 그 신청을 한 당사자는 헌법재판소에 헌법소원을 청구할 수 있음.

ⓑ 이 경우 그 당사자는 당해 사건의 소송절차에서 동일한 사유를 이유로 다시 위헌여부심판의 제청을 신청할 수 없음.

② **종류**

권리구제형 헌법소원	위헌심사형 헌법소원
헌법재판소법 제68조 제1항	헌법재판소법 제68조 제2항
• 공권력의 행사나 불행사로 기본권 침해 시 제기 • 행사 또는 불행사가 입법행위 · 사실행위 · 작위행위든 부작위행위든 불문하고 그 대상이 됨.	위헌법률심판 제청 시 신청이 기각된 경우에 제기

🔎 헌법재판소법 제68조 제2항의 위헌심사형 헌법소원의 성격은 헌법소원이라는 명칭에도 불구하고 위헌법률심판에 불과한 것임.(헌재결)

③ **헌법소원의 대상**
  ㉠ 입법작용에 대한 헌법소원 대상
    ⓐ 일반적으로 법률은 그 위헌여부가 법원에서 기각된 경우 위헌법률심사청구가 가능
    ⓑ 폐지된 법률이라 하더라도 그 법률로 인한 법익 침해가 있는 경우에는 헌법소원 심판청구가 가능
    ⓒ 입법자가 입법의무가 있음에도 입법하지 않는 경우인 진정입법부작위는 헌법소원제기의 대상이 됨.
    ⓓ 입법자가 입법의무가 없으므로 단순히 입법하지 않은 단순입법부작위와 입법자가 입법을 했으나 불완전한 경우인 부진정입법부작위는 인정하지 아니함.
  ㉡ 행정작용에 대한 헌법소원의 대상
    ⓐ 검사의 불기소처분이 자의적으로 행사된 경우 종전에는 형사피해자는 헌법소원의 제기를 인정하였으나 개정되어 고등법원에 재정신청을 통하여 구제함.
    ⓑ 검사의 기소처분이나 진정사건에 대한 수사기관의 내사종결처리는 헌법소원의 대상이 될 수 없음.
    ⓒ 권력적 사실행위나 행정의 부진정입법부작위는 인정하지 아니함.
④ **헌법소원의 제기요건**
  ㉠ 헌법소원제기의 청구적격은 헌법소원의 청구능력이 있어야 하고 자기관련 성, 직접

성, 현재성, 보충성. 권리보호이익이 있어야 함.
ⓛ 청구인적격은 자연인뿐만 아니라 법인도 인정
ⓒ 권리능력이 없는 사단도 일정한 범위 내에서는 인정

> **보충정리** 헌법소원의 청구인적격

자기 관련성	• 공권력 행사·불행사의 직접적 상대방일 것 • 판례는 원칙적으로 단체자신의 기본권 침해의 경우에만 인정
직접성	• 법률 또는 법률조항에 의해 구체적 집행행위의 매개 없이 기본권을 침해할 것 • 제재적 수단으로서의 행정벌·형벌의 부과는 직접적인 집행행위라 할 수 없다고 봄.
현재성	• 원칙적으로 기본권이 현재 침해되고 있는 상황이어야만 함. • 장래에 기본권의 침해가 있을 것으로 막연히 예상된다는 이유만으로 헌법소원을 청구하는 것은 불가능함. 그러나 현재의 시점에 장래의 기본권 침해가 확실히 예상되는 때에는 현재성요건을 충족하는 것으로 봄(상황의 성숙성 이론, 현재도 인정).
보충성	• 공권력의 행사·불행사를 직접 대상으로 하여 효력을 다투는 권리구제를 거쳐야 함. • 사후적·보충적 수단인 손해배상·손실보상은 보충성의 요건을 배제하는 다른 권리구제절차에 해당하지 않음.
소의 이익	헌법소원심판을 청구한 뒤 기본권 침해의 원인이 된 공권력의 행사를 취소하거나 새로운 공권력의 행사 등으로 인해 기본권 침해행위가 이미 배제되어 기본권의 침해가 더 이상 이루어지지 않고 있다면 헌법소원은 각하됨.

⑤ 청구기간
  ㉠ 헌법 제68조 제1항의 규정에 의한 헌법소원심판은 그 사유가 있음을 안 날부터 90일 이내에, 그 사유가 있는 날부터 1년 이내에 청구해야 함.
  ㉡ 다만, 다른 법률에 의한 구제절차를 거친 헌법소원의 심판은 그 최종결정을 통지받은 날부터 30일 이내에 청구하여야 함.
  ㉢ 헌법 제68조 제2항의 규정에 의한 헌법소원심판은 위헌법률심판의 제청신청이 기각된 날부터 30일 이내에 청구하여야 함.

⑥ 사전심사
  헌법재판소장은 헌법재판소에 재판관 3명으로 구성되는 지정재판부를 두어 헌법소원심판의 사전심사를 담당하게 할 수 있음.

⑦ 헌법소원심판의 결정유형과 효력
  ㉠ 각하결정 : 지정재판부의 재판관 전원이 일치된 의견에 의한 결정으로 다음의 경우에 심판청구를 각하할 수 있음.
    ⓐ 다른 구제절차를 경유하지 않은 경우
    ⓑ 청구기간이 경과한 경우
    ⓒ 대리인의 선임이 없는 경우
    ⓓ 심판청구가 부적법하고 그 흠결을 보정할 수 없는 경우 등
  ㉡ 기각결정과 인용결정
    ⓐ 기각결정은 헌법소원청구가 이유없다고 인정하는 경우에 행하는 것
    ⓑ 인용결정은 헌법소원청구가 이유있다고 인정하는 경우이다. 헌법소원의 인용결정은 모든 국가기관과 지방자치단체를 기속

4 관련 헌법재판소 판례

사법시행령 제4조 제3항 효력정지 가처분신청(헌재 2000.12.8, 2000헌사471)

헌법소원 심판절차에서도 가처분의 필요성이 있고 또 이를 허용하지 아니할 상당한 이유를 찾아볼 수 없으므로 가처분이 허용

헌법재판소법 제68조 제1항 위헌확인등(헌재 1994.12.24, 96헌마172 · 173)

행정소송으로 행정처분의 취소를 구한 청구인의 청구를 받아들이지 아니한 법원의 판결에 대한 헌법소원심판의 청구가 예외적으로 허용되어 그 재판이 헌법재판소법 제75조 제3항에 따라 취소되는 경우에는 원래 행정처분에 대한 헌법소원 심판의 청구도 이를 인용하는 것이 상당함.

형사소송법 제482조 제1항 위헌제청(상소제기기간을 법정산입대상에 불포함 : 헌재 2000.7.20, 99헌가7)

① 심리기중 소의 이익이 소멸되었더라도 제청당시의 전제성이 인정되는 경우에는 예외적으로 위헌여부에 대한 판단을 할 수 있음.
② 위헌결정으로 법률조항의 효력을 상실시키거나 그 적용을 중지할 경우에는 형사사건에 적용할 법정통산의 근거조항이 없어지게 되어 법적 공백이 발생하게 됨.

국회의원과 국회의장간의 권한쟁의(헌재 1997.7.16, 96헌라2 - 기각)

헌법 제111조 제1항 제4호 소정의 "국가기관"에 해당하는지 여부는 그 국가기관이 헌법에 의하여 설치되고 헌법과 법률에 의하여 독자적인 권한을 부여받고 있는지, 헌법에 의하여 설치된 국가기관 상호간의 권한쟁의를 해결할 수 있는 적당한 기관이나 방법이 있는지 등을 종합적으로 고려하여야 할 것인 바, 이러한 의미에서 국회의원과 국회의장은 위 헌법조항 소정의 "국가기관"에 해당하므로 권한쟁의심판의 당사자가 될 수 있음.

국회의장과 국회의원간의 권한쟁의(헌재 1998.7.14, 98헌라3 - 각하)

투표가 정상적으로 종결되었는지에 관하여 헌법재판소가 독자적으로 판단하는 것은 바람직하지 않으며, 그 결과 피청구인에게 개표절차를 진행하여 표결결과를 선포할 의무가 있음을 인정할 수 없고, 그러한 작위의무가 인정되지 않는 이상 피청구인의 부작위에 의한 권한침해를 다투는 권한쟁의심판은 허용되지 않음.

방송법 제78조 제1항등 위헌확인(헌재 2005.5.26, 2002헌마356 · 408 병합)

이 사건 법률조항은 방송위원회의 승인 또는 승인거부의 근거가 될 수 있을 뿐 그 자체의 효력으로써 청구인들의 기본권에 직접 영향을 미치는 것은 아니라서 이 사건 법률조항에 대한 심판청구는 기본권침해의 직접성 요건을 흠결하여 부적법함.

| 제112조 | 재판관의 임기·자격

① 헌법재판소 재판관의 임기는 6년으로 하며, 법률이 정하는 바에 의하여 연임할 수 있다.
② 헌법재판소 재판관은 정당에 가입하거나 정치에 관여할 수 없다.
③ 헌법재판소 재판관은 탄핵 또는 금고 이상의 형의 선고에 의하지 아니하고는 파면되지 아니한다.

❶ 구성

구성	재판관의 자격	재판관의 신분	재판관회의
① 9명의 재판관으로 구성되며 재판관은 대통령이 임명(임기 6년, 연임 가능). 3명은 국회에서 선출, 3명은 대법원장이 지명, 3명은 대통령이 임명 ② 헌법재판소장은 국회 동의를 얻어서 대통령이 임명(임기 6년, 연임 가능)	① 법관의 자격을 가져야 함. ② 15년 이상 법률이 정한 일정한 직에 있었던 자이어야 함. ③ 40세 이상이 되어야 함. ④ 재판관의 정년은 70세이고, 재판소장의 정년은 70세	① 직무상 독립 ② **신분보장** : 탄핵·금고 이상의 형의 선고에 의하지 아니하고는 파면되지 아니함. ③ 정치적 중립성이 보장됨. ④ 겸직금지	① 헌법재판소 재판관 전원으로 구성되는 합의제기관 ② 재판관 전원의 3분의 2를 초과하는 인원의 출석과 출석인원 과반수 찬성 의결함.

❷ 재판관의 신분보장

① 헌법재판소의 재판관은 탄핵 또는 금고 이상의 형의 선고에 의하지 않고는 파면되지 아니함.
② 헌법재판소의 재판관은 헌법 제112조 제2항에 의해서 정당에 가입하거나 정치에 관여할 수 없음.
③ 헌법재판소의 재판관은 헌법재판소법 제14조 규정에 의해서 의회의 의원직, 공무원직, 법인과 단체의 고문·임원 등의 직을 겸하거나 영리를 목적으로 하는 사업을 영위할 수 없음.

| 제113조 | 결정정족수, 조직과 운영

> ① 헌법재판소에서 법률의 위헌결정, 탄핵의 결정, 정당해산의 결정 또는 헌법소원에 관한 인용결정을 할 때에는 재판관 6인 이상의 찬성이 있어야 한다.
> ② 헌법재판소는 법률에 저촉되지 아니하는 범위 안에서 심판에 관한 절차, 내부규율과 사무처리에 관한 규칙을 제정할 수 있다.
> ③ 헌법재판소의 조직과 운영 기타 필요한 사항은 법률로 정한다.

❶ 심판의 주체와 당사자

심판의 주체	심판의 당사자
① 재판부는 전원의 재판관으로 구성 ② 지정재판부는 헌법소원의 사전심사를 위해서 재판관 3명으로 구성	① 정부당사자는 법무부장관이 정부를 대표 ② 국가기관이나 지방자치단체는 변호사나 변호사 자격이 있는 소송대리인을 선임하여 소송을 행함. ③ 사인인 경우는 변호사 강제주의를 채택하며 헌법재판소에서 1990년 9월 3일 합헌결정을 내린 바 있음.

❷ 심리

심리방식	심판의 원칙	심판기간	재판부의 권한
① 구두변론 ② 서면심리는 위헌법률심사와 헌법소원심리에만 서면으로 행함. ③ 직권심리	① 심판공개원칙 ② 일사부재리원칙 ③ 심판비용의 국가부담원칙	① 위헌법률 심판제청권 ② 탄핵소추의결서 ③ 정당해산 ④ 권한쟁의 ⑤ 헌법소원을 접수한 날부터 18일 이내에 종국결정을 선고하여야 함.	① 증거조사 ② 조회 ③ 기록의 송부나 자료 제출을 요구할 수 있음.

❸ 종국결정

헌법재판소는 심판사건을 접수한 날부터 180일 이내에 종국결정 선고를 해야 함.

종국결정 정족수	적용 사항
재판관 7명 이상의 출석 6명 이상이 찬성	① 법률의 위헌결정 ② 탄핵결정 ③ 정당해산결정 ④ 헌법소원에 관한 인용결정 ⑤ 종전에 헌법재판소가 판시한 헌법 또는 법률의 해석 · 적용의 변경
재판관 7명 이상의 출석 과반수 찬성	권한쟁의조정권 등 그 외 나머지

제7장 선거관리

제114조 선거관리위원회

① 선거와 국민투표의 공정한 관리 및 정당에 관한 사무를 처리하기 위하여 선거관리위원회를 둔다.
② 중앙선거관리위원회는 대통령이 임명하는 3인, 국회에서 선출하는 3인과 대법원장이 지명하는 3인의 위원으로 구성한다. 위원장은 위원 중에서 호선한다.
③ 위원의 임기는 6년으로 한다.
④ 위원은 정당에 가입하거나 정치에 관여할 수 없다.
⑤ 위원은 탄핵 또는 금고 이상의 형의 선고에 의하지 아니하고는 파면되지 아니한다.
⑥ 중앙선거관리위원회는 법령의 범위 안에서 선거관리·국민투표관리 또는 정당사무에 관한 규칙을 제정할 수 있으며, 법률에 저촉되지 아니하는 범위 안에서 내부규율에 관한 규칙을 제정할 수 있다.
⑦ 각급 선거관리위원회의 조직·직무범위 기타 필요한 사항은 법률로 정한다.

❶ 선거관리위원회

최초 규정	① 헌법에서 중앙선거관리위원회를 최초로 설치한 것은 3차 개헌 ② 각급 선거관리위원회를 최초로 규정한 것은 5차 개헌
중앙선거관리위원회	① 9인의 위원으로 구성되며 대통령이 3인을 임명, 국회에서 3인을 선출, 대법원장이 3인을 지명 ② 위원의 임기는 6년으로 하며 연임 가능 ③ 위원장은 위원 중에서 호선 ④ 위원은 정당가입이 금지되고 정치활동도 금지 ⑤ 위원은 탄핵, 금고 이상의 형의 선고에 의하지 아니하고는 파면되지 아니함.
선거관리위원회법	① 중앙선거관리위원회 9인 ② 서울특별시·광역시·도 선거관리위원회 9인 ③ 구·시·군 선거관리위원회 9인 ④ 투표구 선거관리위원회 7인 ⑤ 각급 선거관리위원회 위원의 임기는 6년으로 함.(단, 구 시군 선거관리위원회는 임기 3년 1차에 한하여 연임 가능)

| 제115조 | 행정기관 지시권

> ① 각급 선거관리위원회는 선거인명부의 작성 등 선거사무와 국민투표사무에 관하여 관계 행정기관에 필요한 지시를 할 수 있다.
> ② 제1항의 지시를 받은 당해 행정기관은 이에 응하여야 한다.

❶ 국민투표사무 : 9차 개헌에서 신설

❷ 선거사무

❸ 행정기관에 대한 선거, 국민투표사무 지시권을 가짐

❹ 선거사범조사권을 가짐

| 제116조 | 선거공영제

> ① 선거운동은 각급 선거관리위원회의 관리하에 법률이 정하는 범위 안에서 하되, 균등한 기회가 보장되어야 한다.
> ② 선거에 관한 경비는 법률이 정하는 경우를 제외하고는 정당 또는 후보자에게 부담시킬 수 없다.

❶ 선거공영제의 내용

　(1) 선거비용의 국가부담원칙

　(2) 기회균등보장

❷ 취지
공정한 선거를 통한 유능한 후보자 선출을 위해서

공직선거법 제65조 제4항 위헌확인(헌재 2014.5.29, 2012헌마913) : 기각

점자형 선거공보의 작성 여부를 후보자의 임의사항으로 규정하고 그 면수를 책자형 선거공보의 면수 이내로 한정하고 있다고 하더라도, 이와 같은 입법자의 선거제도 형성이 현저하게 불합리하고 불공정하여 시각장애인의 선거권을 침해한 것이라고 볼 수 없다.

🔍 공직선거법 개정(2017.3.9) : 지방의회의원선거를 제외하고 점자형 선거공보작성은 강행규정으로 개정되었다.

공직선거법 제47조 등 위헌확인(헌재 2014.11.27, 2013헌마814) : 각하

① 헌법 제25조가 보장하는 공무담임권은 입법부, 행정부, 사법부는 물론 지방자치단체 등 국가, 공공단체의 구성원으로서 그 직무를 담당할 수 있는 권리를 말한다.
② 정당의 내부경선에 참여할 권리는 헌법상 보장되는 공무담임권의 내용에 포함되지 않는다.

공직선거법 제56조 제1항 제2호 등 위헌확인(헌재 2016.12.29, 2015헌마1160) : 헌법불합치

비례대표국회의원선거 기탁금조항은 그 입법목적이 정당하고, 기탁금 요건을 마련하는 것은 그 입법목적을 달성하기 위한 적합한 수단에 해당된다. 그러나 정당에 대한 선거로서의 성격을 가지는 비례대표국회의원선거는 인물에 대한 선거로서의 성격을 가지는 지역구국회의원선거와 근본적으로 그 성격이 다르고, 비례대표 기탁금조항은 공직선거법상 허용된 선거운동을 통하여 선거의 혼탁이나 과열을 초래할 여지가 지역구국회의원선거보다 훨씬 적다고 볼 수 있음에도 지역구국회의원선거에서의 기탁금과 동일한 고액의 기탁금을 설정하고 있어 최소성원칙과 법익균형성원칙에도 위반되어 공무담임권을 침해한다.

공직선거법 제251조 제2항 등 위헌소원(헌재 2024.6.27, 2023헌바78): 위헌

공직선거법 제251조 후보자비방죄 중 '후보자가 되고자 하는 자'에 관한 부분은 과잉금지원칙과 정치적 표현의 자유를 침해하는 것이다.

제8장 지방자치

| 제117조 | 지방자치단체의 자치권, 단체의 종류

① 지방자치단체는 주민의 복리에 관한 사무를 처리하고 재산을 관리하며, 법령의 범위 안에서 자치에 관한 규정을 제정할 수 있다.
② 지방자치단체의 종류는 법률로 정한다.

1 지방자치제의 개설

(1) 지방자치제의 개념
① 지역민 스스로 대표자를 선출하여 정책을 결정·집행하는 제도
② 브라이스(J. Bryce)는 지방자치를 민주주의 원천일 뿐만 아니라 학교라고 하였으며 칼 슈미트(C. Schmitt)는 지방자치를 제도적 보장이라고 주장하여 지방자치의 중요성을 강조함.

(2) 지방자치제의 기능
① 독재를 예방할 수 있음(기능적 권력통제).
② 지역민의 권익을 보장할 수 있음.
③ 지역의 실정에 부응하는 행정을 구현할 수 있음.
④ 민주시민으로서의 덕성을 함양할 수 있음.
⑤ 정치적 다원주의를 구현할 수 있음.
⑥ 권력의 분권화를 통한 정치적 일체감을 제고함.

(3) 지방자치제의 본질
① 자치권위임설 : 지방자치는 헌법과 법률의 위임된 범위 안에서만 인정된다는 학설로서 우리나라의 통설
② 자치고유권설 : 지방자치는 국가가 형성되기 이전부터 주민들이 향유하고 있는 고유한 권능이라고 주장하는 학설

❷ 지방자치단체의 구성요소

(1) 구역
① 지방자치단체의 자치권이 행해지는 지역적인 범위를 의미
② 특별시·광역시가 아닌 50만 이상의 시에는 자치구가 아닌 구를 둘 수 있음.
③ 군에는 읍·면을 두며, 시와 구에는 동을, 읍·면에는 리를 둠.
④ 지방자치단체의 구역변경이나 폐치·분합이 있는 때에는 새로 그 지역을 관할하게 된 지방자치단체가 그 사무와 재산을 승계
⑤ 지방자치단체의 명칭과 구역은 종전에 의하고 이를 변경하거나 지방자치단체를 폐치·분합 할 때에는 법률로써 정하되, 시·군 및 자치구의 관할구역 경계 변경은 대통령령으로 정함.

(2) 주민
① 주민의 자격
　㉠ 지방자치단체의 구역 안에 주소를 가진 자는 지방자치단체의 주민이 됨.
　㉡ 이때의 주민은 성별·연령·국적 등을 불문하고 주소가 주민등록지에 있는 자를 의미
② 주민의 권리와 의무
　㉠ 주민의 권리
　　ⓐ 소속지방자치단체의 재산이용권 및 공공시설이용권
　　ⓑ 균등하게 행정의 혜택을 받을 권리
　　ⓒ 선거권
　　ⓓ 피선거권 : 선거일 현재 계속하여 60일 이상 당해 지방자치단체의 관할 구역 안에 주민등록이 되어 있는 주민으로서 만 25세 이상인 자는 지방의원 및 지방자치단체의 지방의원·지방자치단체의 장의 피선거권이 있음.
　　ⓔ 청원권
　　ⓕ 주민투표권
　㉡ 주민의 의무 : 비용분담의무(지방자치법 제21조)
　　ⓐ 지방세
　　ⓑ 사용료
　　ⓒ 수수료
　　ⓓ 분담금 등의 비용분담의무를 가짐.

❸ 관련 헌법재판소 판례

> 제주시등과 행정자치부(현.행정안전부)장관등간의 권한쟁의(헌재 2005.12.22, 2005헌라5)
>
> 지방자치단체의 폐치는 국회의 입법에 의해 이루어지므로 앞으로 청구인들 시, 군이 필연적으로 폐치됨을 전제로 하는 자치권한 침해에 관한 청구는 아직 존재하지 않고, 피청구인들에 의해 이루어질 수도 없는 행위를 대상으로 함.

| 제118조 | 지방자치단체의 조직과 운영

① 지방자치단체에 의회를 둔다.
② 지방의회의 조직·권한·의원선거와 지방자치단체의 장의 선임방법 기타 지방자치단체의 조직과 운영에 관한 사항은 법률로 정한다.

❶ 지방자치단체의 권한

(1) 자치입법권

① 조례
  ㉠ 의의 : 지방의회의 의결을 거쳐서 제정하는 자치법규를 의미하며 조례는 대외적 효력을 가지는 법규명령과 대내적 효력을 가지는 행정규칙이 있음.
  ㉡ 조례의 제정 범위 : 지방자치단체는 법령의 범위 안에서 그 사무에 관하여 조례를 제정할 수 있으나 주민의 권리제한 또는 의무부과에 관한 사항이나 벌칙을 정할 때에는 법률의 위임이 있어야 함.
  ㉢ 제정권자 : 지방의회
  ㉣ 조례제정근거 : 원칙적으로 법령의 개별적·구체적 위임이 필요 없음(단, 주민의 권리제한 또는 의무부과에 관한 사항이나 벌칙을 정할 때는 개별적 법령위임이 필요함).

② 규칙
  ㉠ 지방자치단체의 장 또는 교육감은 법령 또는 조례가 위임한 사항에 관한 자치법규를 제정할 수 있음.

ⓒ 법체계상 규칙은 법률·명령·조례보다는 하위의 법이며 기초자치단체의 규칙은 광역자치단체의 규칙을 위배해서는 아니됨.

(2) 자치행정권

지방자치단체는 공권력을 행사하는 권력행정과 주민들의 공공복리를 위한 비권력행정을 행사할 수 있음.

(3) 자치재정권

지방자치단체는 자치사무의 수행에 필요한 경비와 위임된 사무에 관한 경비를 충당하기 위해서 세입을 확보하고 지출하는 권한을 가짐.

(4) 자치조직권

지방자치단체는 자치입법권·조례·규칙 등에 근거하여 지방자치단체의 조직을 스스로 결정할 수 있는 권한을 가짐.

❷ 지방자치단체의 기관

(1) 지방의회

① 지방자치단체에 의회를 둠.

② 지방의회의원

ⓐ 지방의회의원은 주민의 보통·평등·직접·비밀선거에 의하여 선출

ⓑ 피선거권은 선거일 현재 계속하여 60일 이상 그 지방자치단체의 관할구역 안에 주민등록이 되어 있는 자이어야 함.

ⓒ 지방의회의원의 임기는 4년

③ 지방의회의 의장과 부의장

ⓐ 지방의회는 의원 중에서 시·도의 경우 의장 1인과 부의장 2인을, 시·군 및 자치구의 경우 의장과 부의장 각 1인을 무기명투표로 선거하여야 함(지방자치법 제48조 제1항).

ⓑ 의장과 부의장의 임기는 2년으로 하며 의장은 의회를 대표하고 의사를 정리하며 회의장 내의 질서를 유지하고 의회의 사무를 감독함. 부의장은 의장의 사고가 있을 때에는 그 직무를 대리함.

④ 지방의회의 권한
  ㉠ 의결권 : 지방의회는 의결기관으로서 의결권은 지방의회의 가장 고유한 권한이며 의결사항은 다음과 같음.
    ⓐ 조례의 제정·개정 및 폐지
    ⓑ 예산의 심의·확정
    ⓒ 결산의 승인
    ⓓ 법령에 규정된 것을 제외한 사용료·수수료·분담금·지방세 또는 가입금의 부과와 징수
    ⓔ 기금의 설치·운용
    ⓕ 대통령령으로 정하는 중요 재산의 취득·처분
    ⓖ 대통령령으로 정하는 공공시설의 설치·처분
    ⓗ 법령과 조례에 규정된 것을 제외한 예산 외의 의무부담이나 권리의 포기
    ⓘ 청원의 수리와 처리
    ⓙ 외국 지방자치단체와의 교류협력에 관한 사항
    ⓚ 그 밖에 법령에 따라 그 권한에 속하는 사항
  ㉡ 서류제출요구권
  ㉢ 행정사무감사 및 조사권
  ㉣ 검사권 : 출납과 회계검사를 실시할 수 있음.
  ㉤ 의장, 부의장 등의 선출권
  ㉥ 공무원 등의 출석·답변요구권 : 지방자치단체의 장이나 관계 공무원에 대하여 의회에 출석하게 하여 답변할 것을 요구할 수 있음.
  ㉦ 청원심사·처리권
  ㉧ 의회규칙의 제정권
  ㉨ 자율권 : 의원의 자격심사 및 징계권 등을 자율적으로 행사할 수 있는 권리를 지방의회는 가짐.

(2) **지방자치단체의 장**
  ① 지방자치단체의 장의 지위
    ㉠ 의사기관 : 지방자치단체의 의사를 집행하는 기관으로서 지방자치단체를 대표하는 지위를 가짐.

ⓒ 국가기관 : 국가사무를 수임처리하는 범위 안에는 국가기관으로서의 지위를 가짐.
② **지방자치단체의 장의 선임**
  ㉠ 주민들의 보통 · 평등 · 직접 · 비밀선거에 의해서 선출
  ㉡ 임기는 4년으로 하며 계속재임은 3기에 한함(합헌결정 : 헌재 2006.2.23, 2005헌마403).
③ **지방자치단체의 장의 권한**
  ㉠ 통할대표권
  ㉡ 자치사무의 관리 · 집행권
  ㉢ 자치사무의 감시 · 감독권
  ㉣ 소속직원의 임면 및 지휘 · 감독권
  ㉤ 규칙제정권 및 조례공포권
  ㉥ **선결처리권** : 지방자치단체의 장은 지방의회가 성립되지 아니한 때(의원이 구속되는 등의 사유로 제64조에 따른 의결정족수에 미달하게 될 때를 말한다)와 지방의회의 의결사항 중 주민의 생명과 재산보호를 위하여 긴급하게 필요한 사항으로서 지방의회를 소집할 시간적 여유가 없거나 지방의회에서 의결이 지체되어 의결되지 아니할 때에는 선결처분(先決處分)을 하고 사후에 지방의회의 승인을 받아야 함. 선결처분을 행한 후 승인을 받지 못하면 그 선결처분은 그때부터 효력을 상실함(지방자치법 제109조).
  ㉦ **지방의회의 의결에 대한 재의요구권** : 지방자치단체의 장은 지방의회의 의결이 월권이거나 법령에 위반되거나 공익을 현저히 해친다고 인정되면 그 의결사항을 이송받은 날부터 20일 이내에 이유를 붙여 재의를 요구할 수 있음. 재의한 결과 재적의원 과반수의 출석과 출석의원 2/3 이상의 찬성을 얻은 때에는 그 의결사항이 확정됨.
  ㉧ 기관 또는 시설 설치권

❸ 지방자치단체에 대한 국가의 지도 · 감독

(1) 국가의 지도
임의적 비권력적인 성질을 내재한 국가의 지방자치단체에 대한 행정지도를 통하여 사무의 효율성과 행정체계를 확보할 수 있음.

(2) **국가의 감독**
① **입법적인 감독** : 국회에서 지방자치단체와 관련된 법률 제정과 국정조사나 국정감사를 통해서 감독할 수 있음.
② **행정적인 감독** : 중앙행정기관이나 상급기관에서 사전적・사후적 감독을 행사할 수 있음.
③ **사법적인 감독** : 법원에서 자치단체에 대한 쟁송을 재판할 수 있음.

❹ 지방자치제의 위기요인과 그 대책

(1) **위기요인**
① 지역적 이기주의
② 역사가 일천하기 때문
③ 국가귀속의식 때문
④ 재정자립도가 빈약하기 때문

(2) **대책**
① 민족공동체 의식의 함양
② 시민교육의 강화
③ 중앙정부의 대폭적인 권한위임과 지방자치단체의 자율성과 독자성을 확보하기 위한 노력이 필요함.
④ 지역민들의 애향적 소비의식과 작은 지방정부의 지향 등이 필요함.

❺ 관련 헌법재판소 판례

지방자치법 제87조 제1항 위헌확인(헌재 2006.3.23, 2005헌마403)

지방자치법 제87조 제1항은 지역발전저해 방지와 유능한 인사의 자치단체장 진출확대를 통한 지방자치제도의 발전이라는 중요한 공익을 위해 자치단체장의 공무담임권을 제한하고 있으나, 그 기본권 제한의 정도를 보면 공무담임의 기회를 처음부터 박탈하는 것이 아니고 연속하지 않는 한 제한없이 재임할 수 있고 3기 연속 선출되었더라도 그 후 입후보하지 않았다가 다시 입후보할 수도 있어 피해최소성과 법익의 균형성에도 어긋나지 않음.

교육위원회교육감선거에서의 사전선거운동금지규정 위헌확인서(헌재 2006.2.26, 2003헌바84)

선거운동 역시 개별적 접촉을 통해 이루어지는 경우가 빈번할 것이라는 점을 감안하면 사진과 경력이 인쇄된 명함을 포함한 각종 인쇄물을 통해 이루어지는 사전선거운동의 영향력이 벽보, 현수막, 광고판 등의 선전시설이나 용구를 이용한 선거운동의 영향력에 현저히 뒤진다고 보기 어려울 뿐만 아니라 나아가 사전선거운동의 제한이 모든 후보자에게 동등하게 적용된다는 점에 비추어 볼 때 이 사건 심판대상조항이 평등원칙에 위배되는 것이라 볼 수도 없음.

특별시의 관할구역 안에 있는 구의 재산세를 특별시 및 구세로 하여 특별시와 자치구가 100분의 50씩 공동과세하는 지방세법 제6조의2와 특별시분 재산세 전액을 관할구역 안의 자치구에 교부하게 하는 것은 지방자치권을 침해하지 않는다(헌재 2010.10.28, 2007헌라4).

행정자치부장관(현, 행정안전부장관)이 국민안전처와 인사혁신처를 세종시 이전 대상기관에 포함하는 내용의 고시를 발령한 행위에 대하여 국회의 입법권이나 국회의원의 법률안 심의·표결권 침해가 아니다(헌재 2016.4.28, 2015헌라5).

지방자치단체의 장 선거권 역시 다른 선거권과 마찬가지로 헌법 제24조에 의해 보호되는 헌법상의 권리이다. 대통령 선거에 참여하는 선거권자와 지방자치단체의 장 선거에 참여하는 선거권자는 본질적으로 같은 비교집단이 된다고 보기 어려우므로 차별취급 여부를 논할 수 없다(헌재 2016.10.27, 2014헌마797).

현행 지방자치단체장은 특정 정당을 정치적 기반으로 할 수 있는 선출직 공무원으로 임기도 4년으로 정해져 있으므로, 지방자치단체장을 공무원연금법의 적용대상에서 제외한 것은 평등권을 침해하지 않는다(헌재 2014.6.26, 2012헌마459).

경기도가 남양주시에 대하여 실시한 감사는 남양주시의 지방자치권을 침해하는 것이다(헌재 2023.3.23, 2020헌라5).

지방자치단체장이 방역지침을 준수해야 할 시설을 확인하여 그 시설에 방역지침을 안내하였을 때 비로소 국민에 대한 확정적인 의무부과의 효과가 나타난다(헌재 2024.6.27, 2021헌마177).

제9장 경제

| 제119조 | **경제질서의 기본, 규제와 조정**

① 대한민국의 경제질서는 개인과 기업의 경제상의 자유와 창의를 존중함을 기본으로 한다.
② 국가는 균형있는 국민경제의 성장 및 안정과 적정한 소득의 분배를 유지하고, 시장의 지배와 경제력의 남용을 방지하며, 경제주체간의 조화를 통한 경제의 민주화를 위하여 경제에 관한 규제와 조정을 할 수 있다.

❶ **대한민국의 경제질서의 기본은 개인과 기업의 경제상의 자유와 창의임.**

❷ **수정자본주의 채택**

❸ **사회적 시장경제**
　① 사유재산제 보장과 영리추구, 자유경쟁을 최대한 보장하는 자본주의 체제를 원칙으로 하면서 정부에서 경제활동을 규제 · 조정하는 경제체제임.
　② 헌법 제119조 제2항에 규정되어 있으며 소득격차의 심화 해소, 사회복지, 경제민주화 등을 위해서 출현된 경제체제임.
　③ 사회적 시장경제체제를 수정자본주의 또는 혼합경제체제라고도 함.

❹ **경제적 기본질서에 관한 헌법규정의 내용**
　(1) 광물 기타 중요 지하자원의 사회화
　　① 사회화라고 함은 일정한 재산을 사유제에서 공동관리경제로 전환하는 헌법형성적 행위를 말함.
　　② 현행 헌법 제120조 제1항의 규정에 의해서 광물 기타 중요한 지하자원 · 수산 자원 · 수력과 경제상 이용할 수 있는 자연력은 법률이 정하는 바에 의하여 일정한 기간 그 채취 · 개발 또는 이용을 특허할 수 있음.
　　③ 국토와 자원은 국가의 보호를 받으며, 국가는 그 균형있는 개발과 이용을 위하여 필요한 계획을 수립한다고 규정하여 중요 지하자원의 국유화원칙을 명시하고 있음.

(2) 농지소작제 금지원칙과 예외적으로 농지의 임대차와 위탁경영 인정
① 현행 헌법 제121조의 규정에 의하여 국가는 농지에 관하여 경자유전의 원칙이 달성될 수 있도록 노력하여야 하며, 농지소작제는 금지됨.
② 농업생산성의 제고와 농지의 합리적인 이용을 위하거나 불가피한 사정으로 발생하는 농지의 임대차와 위탁경영은 법률이 정하는 바에 의하여 인정됨.

❺ 국토의 이용개발과 보전

현행 헌법 제122조의 규정은 자연보호운동과 관련되는 것으로 국가는 국민 모두의 생산 및 생활의 기반이 되는 국토의 효율적이고 균형있는 이용·개발과 보전을 위하여 법률이 정하는 바에 의하여 그에 관한 필요한 제한과 의무를 과할 수 있음.

❻ 농·어촌의 종합개발계획의 수립과 시행

현행 헌법 제123조 제1항의 규정은 농·어촌 종합개발계획의 수립 및 시행과 관련된 것으로, 국가는 농업 및 어업을 보호·육성하기 위하여 농·어촌 종합개발과 그 지원 등 필요한 계획을 수립·시행해야 함.

❼ 국가의 지역경제육성의무 및 중소기업보호육성의무

현행 헌법 제123조 제2항의 규정은 제9차 개헌에서 신설된 것으로, 국가는 지역 간의 균형있는 발전을 위하여 지역경제를 육성할 의무를 진다. 또한 국가는 중소 기업을 보호·육성하여야 할 의무를 가짐.

❽ 국가의 농수산물 수급균형 개선

현행 헌법 제123조 제4항은 농·어업인의 권익보호를 위해서 국가는 농수산물의 수급균형과 유통구조의 개선에 노력하여 가격안정을 도모함으로써 농·어민의 이익을 보호한다고 규정하고 있다. 그러나 현행 헌법규정에는 임산물의 수급균형의무가 규정되어 있지 않음.

❾ 국가의 농·어민과 중소기업의 자조조직 육성

현행 헌법 제123조 제5항은 농·어민과 중소기업의 자율적인 조직육성을 규정하고 있다. 국가는 농·어민과 중소기업의 자조조직을 육성하여야 하며, 그 자조적 활동과 발전을 보장함.

❿ 국가의 소비자보호운동 보장

① 현행 헌법 제124조에 소비자 권리보장은 규정되어 있지 않으나 소비자보호운동을 규정하고 있음.
② 국가는 건전한 소비행위를 계도하고 생산품의 품질향상을 촉구하기 위한 소비자보호운동을 법률이 정하는 바에 의하여 보장함.
③ 소비자보호를 위해서 제조물책임법이 제정·시행되고 있음.

⓫ 국가의 무역규제와 조정

현행 헌법 제125조의 규정은 수정자본주의와 관련되는 것으로 국가는 대외무역을 육성하며, 이를 규제·조정할 수 있으나, 국가만이 무역을 독점하거나 전면적인 계획경제를 채택하는 것은 헌법정신을 위배하는 것으로 인정되지 아니함.

⓬ 사영기업의 국·공유 금지

① 현행 헌법 제126조는 사유재산제를 제한할 수 있음을 명시하고 있음.
② 국방상 또는 국민경제상 긴절한 필요로 인하여 법률이 정하는 경우를 제외하고는 사영기업을 국유 또는 공유로 이전하거나 그 경영을 통제 또는 관리할 수 없음.

⓭ 과학기술의 혁신과 정보

① 현행 헌법 제127조 제1항은 정보의 중요성을 명시하고 있음.
② 국가는 과학기술의 혁신과 정보 및 인력의 개발을 통하여 국민경제의 발전에 노력하여야 함.

⓮ 국가의 국가표준제도 확립

① 현행 헌법 제127조 제2항은 도량형 통일을 명시하고 있음.
② 국가는 국가표준제도를 확립한다. 국가표준제도란 도량형을 통일하는 것이며, 관련되는 법률은 측량법, 지적법, 건축법, 전파법 등이 있음.

| 제120조 | **국토와 자원의 개발 · 이용**

> ① 광물 기타 중요한 지하자원 · 수산자원 · 수력과 경제상 이용할 수 있는 자연력은 법률이 정하는 바에 의하여 일정한 기간 그 채취 · 개발 또는 이용을 특허할 수 있다.
> ② 국토와 자원은 국가의 보호를 받으며, 국가는 그 균형있는 개발과 이용을 위하여 필요한 계획을 수립한다.

❶ 천연자원의 국유화원칙

❷ 국토와 자원의 국가보호는 헌법 제36조의 환경권과 관련됨

| 제121조 | **소작제도의 금지, 임대차 · 위탁경영의 인정**

> ① 국가는 농지에 관하여 경자유전의 원칙이 달성될 수 있도록 노력하여야 하며, 농지의 소작제도는 금지된다.
> ② 농업생산성의 제고와 농지의 합리적인 이용을 위하거나 불가피한 사정으로 발생하는 농지의 임대차와 위탁경영은 법률이 정하는 바에 의하여 인정된다.

❶ 경자유전의 원칙

❷ 소작제금지원칙 : 헌법규정

❸ 임대차 위탁경영인정은 법률에 의해서 인정

| **제122조** | **국토의 효율적 운영을 위한 제한과 의무**

> 국가는 국민 모두의 생산 및 생활의 기반이 되는 국토의 효율적이고 균형있는 이용 · 개발과 보전을 위하여 법률이 정하는 바에 의하여 그에 관한 필요한 제한과 의무를 과할 수 있다.

❶ 국토이용 · 개발과 보전을 규정하고 있음.

❷ 국토의 국민 모두 생산과 생활기반조성 규정은 9차 개헌에서 신설한 것

| **제123조** | **농어촌 개발과 중소기업의 보호 · 육성**

> ① 국가는 농업 및 어업을 보호 · 육성하기 위하여 농 · 어촌종합개발과 그 지원등 필요한 계획을 수립 · 시행하여야 한다.
> ② 국가는 지역간의 균형있는 발전을 위하여 지역경제를 육성할 의무를 진다.
> ③ 국가는 중소기업을 보호 · 육성하여야 한다.
> ④ 국가는 농수산물의 수급균형과 유통구조의 개선에 노력하여 가격안정을 도모함으로써 농 · 어민의 이익을 보호한다.
> ⑤ 국가는 농 · 어민과 중소기업의 자조조직을 육성하여야 하며, 그 자율적 활동과 발전을 보장한다.

❶ 국가의 농어촌 발전계획 수립시행 의무규정은 새마을 운동의 헌법상 근거규정

❷ 국가의 농수산물 수급균형의무규정과 국가의 지역경제육성 규정은 9차 개헌에서 신설
　　주의 임수산물 ×

❸ 관련 헌법재판소 판례

> 주세법 제38조의7 등에 대한 위헌제청(헌재 1996.12.26, 96헌가18 – 위헌)
>
> 중소기업의 보호란 공익이 자유경쟁질서 안에서 발생하는 불리함을 국가의 지원으로 보완하여 경쟁을 유지하고 촉진시키려는 데 그 목적이 있으므로, 구입명령제도는 이러한 공익을 실현하기에 적합한 수단으로 보기 어렵다. 따라서 구입명령제도는 소주판매업자의 직업의 자유는 물론 소주제조업자의 경쟁 및 기업의 자유, 즉 직업의 자유와 소비자의 행복추구권에서 파생된 자기결정권을 지나치게 침해하는 위헌적인 규정이다.

| 제124조 | 소비자보호운동의 보장

> 국가는 건전한 소비행위를 계도하고 생산품의 품질향상을 촉구하기 위한 소비자보호운동을 법률이 정하는 바에 의하여 보장한다.

❶ 소비자보호운동의 보장은 규정

❷ 소비자권리보장규정은 헌법에 미규정

| 제125조 | 무역 육성, 규제와 조정

> 국가는 대외무역을 육성하며, 이를 규제·조정할 수 있다.

❶ 국가는 대외무역을 규제하고 조정할 수 있음.

❷ 국가에서만 무역을 독점하면 위헌

|제126조| 사영기업의 국공유화 또는 경영의 통제·관리의 한계

> 국방상 또는 국민경제상 긴절한 필요로 인하여 법률이 정하는 경우를 제외하고는, 사영기업을 국유 또는 공유로 이전하거나 그 경영을 통제 또는 관리할 수 없다.

❶ 사영기업의 국유화는 금지

❷ 국방상 필요나 국민경제상 긴절한 필요가 있는 경우에는 사영기업을 국유화할 수 있음.

|제127조| 과학기술의 혁신·정보 및 인력개발·국민경제발전, 국가표준제도

> ① 국가는 과학기술의 혁신과 정보 및 인력의 개발을 통하여 국민경제의 발전에 노력하여야 한다.
> ② 국가는 국가표준제도를 확립한다.
> ③ 대통령은 제1항의 목적을 달성하기 위하여 필요한 자문기구를 둘 수 있다.

❶ 과학기술의 혁신과 정보 및 인력개발은 9차 개헌에서 신설

❷ 국가표준제도는 8차 개헌에서 신설하였으며 관련되는 법률은 측량법, 약품관리법, 전파관리법, 건축법 등을 들 수 있음.

제10장 헌법개정

| 제128조 | 헌법개정안의 제안, 중임변경의 헌법개정효력의 제한

① 헌법개정은 국회재적의원 과반수 또는 대통령의 발의로 제안된다.
② 대통령의 임기연장 또는 중임변경을 위한 헌법개정은 그 헌법개정 제안 당시의 대통령에 대하여는 효력이 없다.

❶ 헌법개정의 형식

구분	Amendment 헌법	Revision 헌법
의의	헌법의 개정조항을 추가·증보하는 형식, 기존의 조항을 그대로 유지	헌법의 조항을 수정·삭제 및 신설하는 형태
국가	미국의 연방헌법	세계의 대부분의 국가 및 우리나라 헌법

❷ 헌법개정의 방법

- 특별한 헌법회의 … 노르웨이·스위스·벨기에 헌법
- 의회의 의결 … 한국 제헌헌법, 독일·호주 헌법
- 국민투표로 확정
  - 필수적 : 일본·한국 헌법
  - 임의적 : 프랑스·한국 유신헌법
- 특별한 기관의 동의 … 자유중국·한국 유신헌법
- 연방주의 동의 … 미국·스위스 헌법

③ 헌법개정의 한계

(1) 헌법개정의 한계[분류자 : 엠케(H. Ehmke)]

헌법 외재적 한계	헌법 내재적 한계	실정법적 한계
헌법은 실정헌법보다 상위에 있는 자연법상의 원리와 국제법상의 원리 등에 의해서 헌법개정시 제한을 받는 것을 의미. 초헌법적인 한계라고도 함.	헌법의 본질적인 내용인 헌법제정권자의 의지나 동일성 등은 헌법개정의 대상이 될 수 없다는 것을 말함. 법논리적 한계라고도 함.	헌법에 명문으로 특정 조항의 개정을 금지하고 있음을 명시하는 것을 말함.

(2) 헌법개정의 한계를 직접 명문화한 헌법
  ① 한국의 제2차 개헌 : 국민주권(제1조), 민주공화국(제2조), 주권의 제약 또는 영토규정
  ② 독일의 기본법 : 연방주의와 국민주권(제79조 제3항)
  ③ 미국의 수정헌법 : 연방주의(제5조 단서규정)
  ④ 일본헌법 : 국민주권주의(전문)
  ⑤ 프랑스 제5공화국 헌법 : 공화제 국가형태(제9조 제5항)

(3) 헌법개정한계의 내용

헌법개정한계에 해당하는 것	헌법개정절차 조항의 개정 여부

① 국민주권
② 법치주의
③ 국제평화주의
④ 사유재산제
⑤ 복수정당제
⑥ 지방자치제
⑦ 권력분립
⑧ 국가형태
⑨ 의회주의
⑩ 기본권 존중주의
⑪ 헌법전문(단, 자구개정은 가능)
⑫ 민주적 기본질서 등
	헌법의 개정절차 조항을 개정하는 것은 학설의 대립이 있으나 인정된다고 볼 수 있음.
	• 엠케(H. Ehmke)의 주장
	  헌법수호를 위해서 개정절차조항의 개정을 인정. 즉, 경성헌법을 연성헌법으로 개정하는 것은 불가능. 그러나 연성헌법을 경성헌법으로 개정하는 것은 인정
	• 칼 슈미트
	  헌법개정 조항의 개정은 금지(논지 : 헌법제정권의 의의를 손상하기 때문)

(4) 헌법개정한계에 대한 학설

구분	한계설	무한계설
의의	헌법의 기본적인 동일성이나 본질적인 내용은 개정할 수 없다는 견해를 의미	헌법개정의 주체인 주권자가 헌법의 개정권을 향유하기 때문에 그 어떠한 한계도 인정할 수 없다는 견해를 말함.
주장자	시이예스(E. J.Siéyès) 칼 슈미트(C. Schmitt), 루돌프 스멘트(R. Smend), 마운츠(T. Maunz) 등 우리나라의 통설, 독일의 다수설	켈젠(H. Kelsen) 안쉬츠(G. Anschütz) 라반트(P. Laband) 등 법실증주의자들이 주장
논거	헌법개정에 있어서 동일성이나 계속성이 보전되어야 하고, 제정권자가 정립한 기본원리의 변경은 금지되어야 함은 물론, 자연법상의 원리와 헌법의 기본적 가치를 인정해야 하기 때문	헌법제정권과 헌법개정권은 구별할 수 없고, 헌법질서 상호간의 위계질서 불인정, 현재의 가치질서에 의해서 미래의 세대를 구속하는 것의 논리적인 모순, 개정금지사항을 개정한 경우의 무효를 선언할 기관의 부존재, 자립법의 존재에 대한 불인정 등을 헌법개정무한계설의 논거로 볼 수 있음.
견해	결단주의적 헌법관은 헌법개정권력은 제한권자의 근본적인 결단이므로 개정할 수 없다고 주장하였다. 또한 통합주의적 헌법관은 헌법의 동일성을 저해하거나 사회적 공동질서를 위배하여 사회통합을 저해하는 헌법개정은 인정할 수 없다는 한계설을 인정	법실증주의는 헌법규범과 사회현실 간에는 문제점이 유발되므로 이러한 문제점을 해결하기 위해서는 헌법개정을 무제한으로 수용해야 한다고 주장

4 헌법개정의 제안권자(헌법 제128조)

① 대통령 국무회의 심의를 요함(헌법 제89조).
② 국회재적의원 과반수

> 🔍 국민 : 헌법개정을 제안할 수 없음(2차 개헌에서는 국민이 개정발의할 수 있었음. 50만명 이상이 서명한 경우 인정했으나 7차 개헌에서 삭제).

| 제129조 | 헌법개정안 공고

> 제안된 헌법개정안은 대통령이 20일 이상의 기간 이를 공고하여야 한다.

❶ 공고

(1) 공고권자

① 대통령이 헌법 개정안을 공고해야 함.

② 개헌안을 공고하는 이유는 개헌안에 대한 자유로운 비평과 의사표명을 통한 국민적인 합의를 도출하기 위해서

③ 헌법개정안의 공고문의 전문에는 대통령 또는 국회재적의원 과반수가 발의한 뜻을 기재하고 대통령이 서명한 후 대통령 인(印)을 압날하고 그 일자를 명기하여 국무총리와 각 국무위원이 부서함.

(2) 공고기간

20일 이상 공고하여야 하며 공고 방법으로는 관보·신문게재·벽보 등을 통해서 해야 함.

(3) 공고기간 중에는 공고된 개헌안에 대하여 찬반 토론이 가능

| 제130조 | 헌법개정안의 국회의결과 국민투표, 공포

> ① 국회는 헌법개정안이 공고된 날로부터 60일 이내에 의결하여야 하며, 국회의 의결은 재적의원 3분의 2 이상의 찬성을 얻어야 한다.
> ② 헌법개정안은 국회가 의결한 후 30일 이내에 국민투표에 붙여 국회의원 선거권자 과반수의 투표와 투표자 과반수의 찬성을 얻어야 한다.
> ③ 헌법개정안이 제2항의 찬성을 얻은 때에는 헌법개정은 확정되며, 대통령은 즉시 이를 공포하여야 한다.

(1) 국회의결(헌법 제130조 제1항)

① 의결기간 : 공고된 날로부터 60일 이내

② 의결정족수 : 국회재적의원 2/3 이상의 찬성을 요함.

③ 국회의 투표방식 : 기명투표방식

④ 수정의결은 공고제도의 정신에 위배되기 때문에 인정되지 아니함.

(2) 국민투표(헌법 제130조 제2항)

① **실시기간** : 국회에서 의결된 날로부터 30일 이내에 국민투표를 실시하여야 함.

② **통과정족수** : 국회의원 선거권자 과반수의 투표와 투표자 과반수의 찬성을 요함.

③ 헌법개정안은 국민투표에서 확정됨.

(3) 공포(헌법 제130조 제3항)

① **공포권자** : 대통령

② **공포시기** : 국민투표에서 확정되면 즉시 공포하여야 함.

(4) 관련 헌법재판소 판례

> **신행정수도건설을위한특별조치법 위헌확인**(헌재 2005.11.24, 2005헌마579·763 병합)
>
> 1. 우리나라는 성문헌법을 가진 나라로서 우리 헌법전(憲法典)이 헌법의 법원(法源)이 되나 성문헌법이라고 하여도 그 속에 모든 헌법사항을 빠짐없이 완전히 규율하는 것은 불가능하고 또한 헌법은 국가의 기본법으로서 간결성과 함축성을 추구하기 때문에 형식적 헌법전에는 기재되지 아니한 사항이라도 이를 불문헌법(不文憲法) 내지 관습헌법으로 인정할 소지가 있음.
>
> 2. 관습헌법의 요건의 기준에 비추어 보면
>   ① 성문의 수도조항이 존재한다면 이를 삭제하는 내용의 개정이 필요하겠지만 관습헌법은 이에 반하는 내용의 새로운 수도설정조항을 헌법에 넣는 것만으로 그 폐지가 이루어짐. 우리나라의 수도가 서울인 것은 우리 헌법상 관습헌법으로 정립된 사항이며 여기에는 아무런 사정의 변화도 없다고 할 것이므로 이를 폐지하기 위해서는 반드시 헌법개정의 절차에 의하여야 함.
>   ② 헌법의 개정은 반드시 국민투표를 거쳐야만 하므로 국민은 헌법개정에 관하여는 찬반투표를 통하여 그 의견을 표명할 권리를 가지는데 이 사건 법률은 헌법 개정사항인 수도의 이전을 위와 같은 헌법개정절차를 밟지 아니하고 단지 단순 법률의 형태로 실현시킨 것으로서 결국 헌법 제130조에 따라 헌법개정에 있어서 국민이 가지는 참정권적 기본권인 국민투표권의 행사를 배제한 것이므로 동 권리를 침해하고 있음.

[부칙]

제1조

이 헌법은 1988년 2월 25일부터 시행한다. 다만 이 헌법을 시행하기 위하여 필요한 법률의 제정·개정과 이 헌법에 의한 대통령 및 국회의원의 선거 기타 이 헌법 시행에 관한 준비는 이 헌법 시행 전에 할 수 있다.

> ✓ CHECK POINT
>
> 📍 헌법개정의 효력발생
> (1) 명문 규정이 있는 경우 : 명문에 따라 그 때부터 효력 발생. 현행 9차 개정 헌법은 부칙에 명문규정을 두고 있다.
> (2) 특별한 규정이 없는 경우 : 20일 경과설(다수설) vs. 공포시설(관례)

제2조

① 이 헌법에 의한 최초의 대통령 선거는 이 헌법 시행일 40일 전까지 실시한다.
② 이 헌법에 의한 최초의 대통령의 임기는 이 헌법 시행일로부터 개시한다.

제3조

① 이 헌법에 의한 최초의 국회의원 선거는 이 헌법 공포일로부터 6월 이내에 실시하며, 이 헌법에 의하여 선출된 최초의 국회의원의 임기는 국회의원 선거 후 이 헌법에 의한 국회의 최초의 집회일로부터 개시한다.
② 이 헌법 공포 당시의 국회의원의 임기는 제1항에 의한 국회의 최초의 집회일 전일까지로 한다.

제4조

① 이 헌법 시행 당시의 공무원과 정부가 임명한 기업체의 임원은 이 헌법에 의하여 임명된 것으로 본다. 다만, 이 헌법에 의하여 선임방법이나 임명권자가 변경된 공무원과 대법원장 및 감사원장은 이 헌법에 의하여 후임자가 선임될 때까지 그 직무를 행하며, 이 경우 전임자인 공무원의 임기는 후임자가 선임되는 전일까지로 한다.
② 이 헌법 시행 당시의 대법원장과 대법원 판사가 아닌 법관은 제1항 단서의 규정에 불구하고 이 헌법에 의하여 임명된 것으로 본다.
③ 이 헌법 중 공무원의 임기 또는 중임제한에 관한 규정은 이 헌법에 의하여 그 공무원이 최초로 선출 또는 임명된 때부터 적용한다.

제5조
이 헌법 시행 당시의 법령과 조약은 이 헌법에 위배되지 아니하는 한 그 효력을 지속한다.

제6조
이 헌법 시행 당시에 이 헌법에 의하여 새로 설치될 기관의 권한에 속하는 직무를 행하고 있는 기관은 이 헌법에 의하여 새로운 기관이 설치될 때까지 존속하며 그 직무를 행한다.

MEMO

MEMO

MEMO

채한태
명품헌법
조문해설집

5판 1쇄	2025년 5월 22일
편저자	채한태
발행인	윤훈희
발행처	(주)넥스트스터디
디자인/제작	메가스터디DES
주소	서울시 강남구 강남대로120길 11, 4층 461호
전화	02-3498-4202
팩스	02-3498-4344
등록	제 2024-365 호
ISBN	979-11-7360-130-9 (13360)
정가	14,000원

이 책에 실린 모든 내용에 대한 저작권은 (주)넥스트스터디에 있으므로
무단으로 전재하거나 복제 배포할 수 없습니다.
파본이나 잘못된 책은 구입처에서 바꾸어 드립니다.

탁월한 적중률! 합격의 동반자!

채한태
명품헌법